Rosemary Crossley / Anne McDonald
Annie – Licht hinter Mauern

Rosemary Crossley / Anne McDonald

Annie – Licht hinter Mauern

Die Geschichte der Befreiung eines behinderten Kindes

Mit 5 Fotos
Aus dem Englischen von Rosemarie Schöpel

Piper
München Zürich

Die Originalausgabe erschien 1980 unter dem Titel »Annie's Coming Out« bei Penguin Books Australia Ltd., Ringwood, Victoria

ISBN 3-492-03338-5

Gesetzt aus der Sabon-Antiqua
Umschlag: Federico Luci
Foto: Film Australia, Szenenfoto aus dem Film »Annie's Coming Out« (Regie: Gil Brealy, 1984)
Gesamtherstellung: Clausen & Bosse, Leck
Printed in Germany

WIDMUNG

Dies Buch ist Annes Freunden in St. Nicholas gewidmet:

Mark Corkhill
Stephen Cunliffe
Dennis Morris und
Lesley Waddingham
erlebten ihre Entlassung nicht mehr.

Mark Anderson
Leonie McFarlane
Philip Marmo
Noelene Morgan
Sharon Pertzel
Angela Puglielli
Shirley Steele
und Angela Wallace
verließen St. Nicholas, bevor die Anstalt 1985 endgültig geschlossen wurde, und leben in therapeutischen Wohngemeinschaften. Philip, Sharon und Angela W. sind inzwischen gestorben.

Für Menschen mit schweren Behinderungen ist verspätete Gerechtigkeit allzu oft verweigerte Gerechtigkeit.

Inhaltsverzeichnis

Die Autorinnen

Anne McDonald wurde 1961 in einer Kleinstadt im australischen Bundesstaat Victoria geboren. Seit ihrer Geburt durch Zerebralparese schwer behindert, kam sie im Alter von drei Jahren ins St.-Nicholas-Hospital nach Melbourne. Sie blieb dort bis zu ihrem achtzehnten Lebensjahr, als sie zu Rosemary Crossley zog. Sie studiert Geisteswissenschaften und schreibt an einem Buch über Technik und Behinderte.

Rosemary Crossley wurde 1945 im Bundesstaat Victoria geboren. Nach dem Studium der Geisteswissenschaften arbeitete sie als Forschungsassistentin und Computerprogrammiererin im Staatsdienst. Sie bereiste Europa und Asien. Ab 1972 arbeitete sie bei der Spastikergesellschaft von Victoria. Von 1974 bis 1980 war sie am St.-Nicholas-Hospital; nebenbei studierte sie Pädagogik und wurde Lehrerin. Ab 1980 durfte sie nicht mehr in St. Nicholas arbeiten: Sie wurde zwangsversetzt und tat in einer Behördenbibliothek Dienst. Zwei Jahre später kündigte sie, um an der Verfilmung von »Annie« mitzuarbeiten. 1984 ging sie wieder zur Spastikergesellschaft. Seit seiner Eröffnung im Jahre 1986 arbeitet sie als Lehrerin und Koordinatorin am DEAL-Kommunikationszentrum (Dignity-Würde, Education-Erziehung, Language-Sprache). Für ihre Verdienste um Menschen mit schweren Kommunikationsproblemen wurde sie von der englischen Königin zum Mitglied des »Order of Australia« ernannt.

Annies Vorwort

Es ist furchtbar, im eigenen Körper gefangen zu sein. Eingesperrt in einer Anstalt für geistig schwer Behinderte zu leben, ist nicht ganz so schrecklich: es nimmt einem nur jede Hoffnung.

Ich kam als Dreijährige nach St. Nicholas. Das Hospital war der Mülleimer der Nation. Ganz kleine Kinder wurden für immer dort untergebracht, ungeachtet ihrer geistigen Fähigkeiten. Waren sie mißgebildet, entstellt oder behindert, so sollte die Welt sie nicht sehen und sich zu ihnen bekennen müssen. Wir wußten, wir hatten den Standardanforderungen für Babys nicht entsprochen. Und nun erwartete man von uns zu sterben.

Wir wußten nicht, wie normale Kinder waren, denn wir hatten nie welche gesehen. Worin hatten wir versagt? Unvorstellbar, daß in unseren häßlichen Körpern Geist und Seele wohnen sollten. Entscheidende Merkmale kennzeichneten uns als »menschliche Wesen«, aber das gab uns nicht das Recht, wie normale Kinder zu leben. Wir fielen ganz aus dem Rahmen der menschlichen Spezies.

Anne McDonald

Einleitung von Bruce Ford

Trotz aller Bitterkeit ist die Geschichte von Rosemary Crossleys langem, geduldigem Kampf um Annes Kommunikation tief bewegend. Die schrittweise Befreiung eines lebendigen menschlichen Wesens mit Sinnesempfindungen, Gefühlen und Gedanken ist ein Wunderwerk an Geduld, Durchhaltevermögen und Erfindungsgeist.

Freiheitsbeschränkung und Mangel an Anregung sind oft charakteristisch für Institutionen. Über dem Konflikt zwischen diesen Problemen, den traditionellen medizinischen und psychologischen Methoden, die Fähigkeiten eines Menschen einzuschätzen, und Rosemaries wütendem Kampf um die Individualität ihrer Schützlinge, ist die eigentliche Frage verlorengegangen: daß nämlich die medizinische Wissenschaft bislang nicht das Problem gelöst hat, wie hinter massiven Kommunikationsproblemen die echte Person, hinter der Mauer grober Verunstaltungen, unkontrollierter Bewegungen und unverständlicher Geräusche das einzigartige Individuum gefunden werden kann. Leider sieht es nicht so aus, als ob die medizinische Wissenschaft sich mit dieser Frage wirklich auseinandersetzen wolle. Sie zieht es vor, Müllhalden für Menschen anzulegen, die »Langzeitkliniken« oder »Genesungsheime« genannt werden. Auch besteht in meinem Beruf die Tendenz, menschliche Wesen mit Etiketten zu versehen: »dement«, »vegetiert nur noch dahin«, »geistig behindert«, »schizophren«. Mit solchen Begriffen wird schnell der Wert eines menschlichen Wesens festgelegt, und man verliert den Mut, das zu entdecken, was auch schwer hirngeschädigte Menschen genießen können: Gefühle, Geschmack, Sinnesempfindungen und die Wärme in Beziehungen zu anderen Menschen.

Der Begriff »Institution« wird in unserer Gesellschaft allmählich zu einem Schimpfwort, assoziiert mit düsteren Gebäuden, menschenunwürdiger Unterbringung, schlechter Ausstattung und Betreuern, denen es nur um die Beaufsichtigung ihrer Schutzbefohlenen geht –

nicht um deren Glück. Nach der Klischeevorstellung werden die Wünsche der Bewohner nicht berücksichtigt und ihr Leben von Stundenplänen und Abläufen diktiert, die nur den Betreuern dienlich sind. Aber nicht alle modernen Institutionen entsprechen diesem Bild, und in den letzten zwanzig Jahren gab es ständig Reformbemühungen mit dem Ziel, aus Insassen Bewohner werden zu lassen, die an den Entscheidungen über ihr Leben und ihren Körper beteiligt sind. Die *Mental Health Authority* kann auf ihre Anstrengungen in dieser Richtung wirklich stolz sein; aber Reformen werden nicht über Nacht verwirklicht, und es gibt noch zu viele heruntergekommene Institutionen in unserer Gesellschaft, in denen das Personal unter so unzumutbaren Bedingungen arbeitet, daß sich nur selten eifrige Reformer wie Rosemary Crossley berufen fühlen, sich hier einzureihen.

Zugleich mit dieser fachlichen Reform muß unsere Gesellschaft eine sehr viel grundlegendere Veränderung in Angriff nehmen: daß behinderte Menschen keine Patienten, sondern Bürger sind, die sowohl Rechte einfordern können als auch Regeln gehorchen müssen. Die Erklärung der Menschenrechte der Vereinten Nationen schenkt diesem Grundsatz besondere Beachtung; unsere Regierung hat ihn anerkannt. Das Problem besteht darin, ihn in die Praxis umzusetzen.

Doch Reformer kommen und gehen. Je freimütiger und kompromißloser sie sind, desto lästiger sind sie den Autoritäten. Die Angriffslustigen bringen das System oft eine Zeitlang schneller in Schwung als das geduldige Heer von Pflegekräften und Therapeuten, die sich tagtäglich in ihrem Bereich um Reform bemühen – manchmal unter der Leitung von Direktoren und Oberinnen, deren Regiment eher an die Armenhäuser viktorianischer Zeiten als an heutige Ideale gemahnt. Die hitzigen Reformer haben ihre Erfolge; auf Dauer aber kehrt sich das System gegen sie und feuert sie – wie auch Rosemary Crossley. Doch haben Menschen wie sie im Prozeß gesellschaftlicher Veränderungen eine wichtige Funktion: sie beschleunigen, überwinden Hindernisse und bekämpfen den schlimmsten aller Feinde – unsere Apathie.

Juli 1980

Bruce Ford
Direktor der Abteilung für Rehabilitation
Alfred/Caulfield Hospital, Melbourne

1. Hinter Mauern

Anne wurde am 11. Januar 1961 in einer kleinen Stadt im Süden Australiens, im Bundesstaat Victoria, geboren, wo ihr Vater ein Geschäft besitzt und ihre Familie noch immer lebt. Anne ist das zweite von fünf Kindern. Ihre Eltern sind gesund und intelligent – Annes Behinderungen sind die Folge einer schwierigen Geburt.

Die Schwangerschaft gab keinen Anlaß zur Besorgnis; aber Anne war eine Steißgeburt, das heißt, daß sie mit dem Po voran den Mutterleib verließ. Sie atmete nicht sofort nach ihrer Geburt. Innerhalb von 24 Stunden wurde sie nach Melbourne in die Königliche Kinderklinik gebracht. In ihrem medizinischen Befund steht: »Am 2. Tag wurden 4 ml Blut vom linken Subduralraum aspiriert, und in der Folge mußten von beiden Seiten noch weitere Mengen aspiriert werden. Sie hatte intermittierende Anfälle von Zyanose und Nakkensteifigkeit und mußte mit der Sonde ernährt werden.« Annes erste Lebenstage waren wegen dieser Hirnblutungen aufs äußerste belastet.

Anne blieb mit einer schweren Schädigung zurück: der athetotischen Form einer Zerebralparese. Das Stammhirn, der unterste Abschnitt des Gehirns, der direkt ins Rückenmark übergeht, war geschädigt. Alle Befehle des Gehirns an die Muskeln müssen hier hindurchlaufen.

Wenn man sich das Gehirn wie ein großes Versandhaus vorstellt, dann funktioniert Annes Gehirn etwa so, als würde die Versandabteilung von einem Verrückten geleitet. Die Informationen, die über Augen und Ohren hereinkommen, werden korrekt weitergeleitet. Sie gehen an die entsprechenden Abteilungen, und alle notwendigen Verarbeitungsprozesse werden richtig ausgeführt. Sauber gepackte Päckchen mit korrekten Adressen und genauen Versandbestimmungen werden an die Versandabteilung geliefert. Doch dort ist der Teufel los: Adressen werden mutwillig durcheinandergebracht, die Päckchen an Leute geschickt, die nichts bestellt haben, während die eigentlichen Empfänger leer ausgehen. Annes Arme und Beine bekommen Befehle, die nicht für sie bestimmt sind, so daß ihr ganzer Körper sich krampfartig bewegt und die für Athetotiker typischen Bewegungsmuster entstehen. Auch ihre Zunge empfängt ungeplante Befehle, die sie unwillkürlich herein- und herausfahren lassen: Der Zungenstoß ist ein besonders charakteristisches Merkmal für eine Stammhirnschädigung. Er bereitet beim Essen und Sprechen größte Schwierigkeiten.

Diese unfreiwilligen Bewegungsmuster begleiten Anne vom Aufwachen bis zum Einschlafen. Aber auch, wenn sie etwas willkürlich tun will, geht es in ihrer Schaltzentrale durcheinander. Wenn sie versucht, einen Arm zu bewegen, fährt ihr Kopf zurück oder zur Seite. Will sie einen Arm und ein Bein gleichzeitig bewegen, dann geht das andere Bein vermutlich mit. Jede Bewegung ist voller Unwägbarkeiten: Selbst wenn es ihr gelingt, den richtigen Körperteil zu bewegen, kann sie nicht sicher sein, wie schnell oder wie heftig er reagieren wird. Und so fegt sie womöglich das ganze Geschirr vom Tisch, wenn sie nur nach dem Löffel greifen wollte.

Nach der Geburt sagte man Annes Mutter, daß ihre Tochter immer vollkommen hilflos bleiben würde. Sie wurde aus der Kinderklinik entlassen, und ihre Eltern nahmen sie mit nach Hause, wo sie die nächsten drei Jahre mit ihnen und ihrem älteren Bruder Ewan lebte. Niemand glaubte, daß Anne lange leben würde: Viele schwerbehinderte Kinder starben jung. Es war damals noch nicht abzusehen, welch revolutionäre Folgen die Erfindung der Antibiotika haben würde.

Während dieser Zeit kam Anne immer wieder in die Kinderklinik, wo sie von verschiedenen Spezialisten untersucht wurde. Bei einem dieser Besuche entstand ein psychologisches Gutachten, das einzige in den ersten 16 Jahren ihres Lebens. Dort heißt es:

»Zur Zeit zeigt sie wenig Entwicklungsfortschritte. Im Alter von einem Jahr und zehn Monaten kann sie noch nicht selbständig sitzen. Sie braucht soviel Unterstützung wie ein sechs Monate altes Baby. Allerdings ist sie lebhafter in ihren Reaktionen und in ihrem Ausdrucksverhalten und ist in der Lage, Gegenstände kurzfristig festzuhalten.« Die Gutachterin erwähnt nicht, daß Anne geistig behindert sei.

Es ist außerordentlich schwierig, die intellektuelle Begabung bei sehr kleinen Kindern einzuschätzen. Die üblichen »psychologischen« Tests für Säuglinge und Kleinkinder stellen fest, welche Fähigkeiten das Kind hat und wann es sie erreicht hat, und daraus wird auf seine Intelligenz geschlossen. So prüft man zum Beispiel, ob es ohne Unterstützung sitzen oder laufen oder nach der Anweisung des Psychologen Türme aus Bauklötzen bauen kann. Es leuchtet ein, daß derartige Tests nichts über die Intelligenz eines Kindes aussagen, das körperlich zu sehr behindert ist, um die Testaufgaben auszuführen. Die Psychologin, die das Gutachten verfaßte, scheint sich dieser Schwierigkeiten bewußt gewesen zu sein, denn sie tat Anne nicht als geistig behindert ab, nur weil ihre Intelligenz mit den standardisierten Verfahren kaum zu messen war.

Offiziell wurde St. Nicholas am 13. Dezember 1964 eröffnet, doch die ersten Patienten zogen schon ein paar Tage früher ein. Unter ihnen war Anne. Ein Facharzt für Orthopädie an der Kinderklinik hatte ihre Einweisung vorgeschlagen. In der Überweisung des Hausarztes wurde sie als »retardiertes, spastisch gelähmtes Kind« beschrieben. Es gibt jedoch keine Unterlagen, aus denen hervorginge, daß Anne vor ihrer Aufnahme in St. Nicholas von einem Spezialisten der *Mental Health Authority* * untersucht worden wäre.

Man kann ihren Eltern keinen Vorwurf machen, daß sie Anne in St. Nicholas unterbrachten, denn ihnen stand keine bessere medizinische Beratung zur Verfügung. Auch heute bietet der Staat Victoria wenig Unterstützung bei der Betreuung von behinderten Kindern, die im Elternhaus leben. 1964 gab es praktisch keine ambulanten Hilfen, und die Versorgung eines so pflegebedürftigen Kindes lastete rund um die Uhr einzig und allein auf den Eltern. Große Institutionen waren noch nicht in Mißkredit geraten, und

* Die »Mental Health Authority« ist eine Abteilung der »Health Commission (siehe S. 55), zuständig für die Versorgung von Menschen, die als intellektuell beeinträchtigt (früher »geistig behindert«) oder als psychisch krank (früher »geisteskrank«) diagnostiziert werden.

St. Nicholas war als Aushängeschild geplant. Hier sollten all die Therapiemöglichkeiten, modernen Geräte und erstklassigen medizinischen Behandlungsmethoden geboten werden, die überall sonst fehlten. Annes Eltern konnten beim besten Willen nicht wissen, daß St. Nicholas diesen Ansprüchen nicht gerecht werden würde.

St. Nicholas wurde in der früheren Kinderklinik untergebracht, die, als sie in den Neubau im Königlichen Park umzog, ihre alten Gebäude der *Mental Health Authority* vermachte. Man renovierte einiges, riß anderes ab und verkündete dann die Eröffnung einer Einrichtung zur stationären Kurzzeitunterbringung von körperbehinderten Kindern mit schwerer geistiger Behinderung.

Ursprünglich sollte St. Nicholas die Kinder nur für ein paar Wochen aufnehmen, damit ihre Eltern sich einmal von der Last der Rundumversorgung erholen könnten. Die Altersgrenze sollte bei acht Jahren liegen. Aber in Victoria gab es praktisch keine anderen Heime für Behinderte, und so wurde die Idee kurzfristiger Unterbringung bald über Bord geworfen. Die meisten der Kinder, die nach St. Nicholas kamen, gingen nie wieder nach Hause.

St. Nicholas, so benannt nach dem Schutzpatron der Kinder, lag im Zentrum von Melbourne. Die vier Abteilungen, in denen die Kinder untergebracht waren, befanden sich in zwei Gebäuden, die noch aus den neunziger Jahren des letzten Jahrhunderts stammten: dreistöckige rote Backsteingemäuer mit Balkonen, die zur Vergrößerung der Räume in die Zimmer einbezogen waren. Das Ganze war von hohen Backsteinmauern umgeben, die obenauf noch mit Glassplittern und Stacheldraht gesichert sind. Innerhalb der Anlage hatte man einige Gebäude abgerissen und dafür Grünflächen angelegt. Da St. Nicholas nur für wenige Kinder gedacht war, blieb genug Platz für neue Verwaltungsgebäude; dazu kamen ein Diagnosezentrum und eine beschützende Werkstätte für geistig behinderte Erwachsene, die zu Hause wohnten.

Ich hatte nach dem Studium in der Forschung gearbeitet und als Programmiererin. Aber das befriedigte mich nicht. Ich mußte immer an das Spastikerzentrum denken, in dem ich als Studentin einmal die Ferien über gejobt hatte: Die Arbeit war wirklich faszinierend gewesen. Ich fragte nach, ob ich dort wieder arbeiten könne, und während ich auf die Zusage wartete, bewarb ich mich auch in St. Nicholas.

Ich sehe es noch ganz deutlich vor mir. Die Dame, die das Bewerbungsgespräch mit mir führte, konnte einfach nicht glauben, daß ich mich ernsthaft für diese Arbeit interessierte und länger als einen Monat bleiben würde. Um meine Aufrichtigkeit auf die Probe zu stellen, führte sie mich durch das Hospital. Sie glaubte wohl, das würde mich gründlich ernüchtern.

Es war ein Sommernachmittag, und das Sonnenlicht flutete durch die Fenster. In der ersten Abteilung lagen die Kinder in ihren Gitterbettchen, mit denen der Schlafsaal vollgestellt war. Die beiden, die nicht im Bett waren – zwei Kleinkinder mit Down-Syndrom –, saßen ganz allein in einem riesigen, kahlen Spielzimmer. Glänzendweißer Kunststoff bedeckte den Boden und den unteren Teil der Wände. Die Fenster waren so hoch, daß man nicht hinausschauen konnte. Sonst gab es hier nichts, nicht ein einziges Spielzeug, gar nichts. Es war bedrückend, aber ich ließ mich nicht entmutigen: Ich wollte hier arbeiten. Ich bekam die Stelle und sollte eine Woche später anfangen. Doch dann erfuhr ich, daß es auch im Spastikerzentrum eine Stelle für mich gab, und die nahm ich an.

Heute bin ich froh, daß ich nicht schon 1972 nach St. Nicholas ging. Die Erfahrungen, die ich im Spastikerzentrum machte, waren für mich von unschätzbarem Wert. Ich lernte viele behinderte Menschen mit den verschiedensten körperlichen und geistigen Behinderungen kennen. Die am schwersten körperlich behindert waren, gehörten manchmal zu den Intelligentesten. Andere wieder, körperlich kaum eingeschränkt, waren geistig schwer behindert. Ich lernte körperlich schwerstbehinderte, intelligente Athetotiker kennen und wurde mit ihren unkoordinierten Bewegungen vertraut.

Die Zeit im Spastikerzentrum hat meine Ansichten stark geprägt. Die Mitarbeiter waren sich darin einig, daß jeder Mensch mit Zerebralparese eine einzigartige Persönlichkeit ist. Sie zogen nicht den einfachen Schluß: »Kann nicht laufen, kann nicht sprechen, kann nicht intelligent sein.« Dank ihrer Therapie- und Bildungsangebote bewiesen viele, die weder laufen noch sprechen konnten, daß sie ebenso intelligent waren wie Menschen, die beides konnten, manchmal sogar intelligenter. Der Personalschlüssel war gut. Es war hier selbstverständlich, daß jeder Mensch das Recht auf Förderung hat, ganz gleich, wie schwer seine körperlichen und geistigen Behinderungen sind. Man scheute keine Mühe, den Kindern soviel Selbständigkeit wie möglich beizubringen, um ihren Eltern das Leben zu erleichtern.

Ich lernte eine Menge von den Therapeuten. Sie erklärten mir, warum ein Spastiker automatisch das Bein anbeugen muß, wenn man an seinem Fuß zieht, um das Bein zu strecken. Sie zeigten mir, wie man ihn anfassen oder berühren muß, um das gewünschte Ziel zu erreichen. Die Krankengymnastinnen machten Bewegungsübungen mit den Kindern und achteten besonders darauf, die schwerer behinderten Kinder, die nie würden laufen oder sich selbständig fortbewegen können, optimal zu lagern. Die Beschäftigungstherapeuten bemühten sich, die Fingerfertigkeit der Kinder zu fördern, und dachten sich raffinierte Methoden aus, um den bewegungsgestörten Kindern die üblichen kindlichen Freuden ein wenig zugänglicher zu machen. Sie veränderen Tuschpinsel so, daß sie sich leichter festhalten ließen, oder sie erfanden eine Art zu malen, bei der die Kinder gar nichts halten mußten. Spiele wurden so abgeändert, daß auch Kinder ohne Sprachvermögen mitmachen konnten. Es war selbstverständlich, daß genügend Mittel für Spezialanfertigungen zur Verfügung standen. Man legte Wert darauf, daß Kinder wie Erwachsene soweit wie möglich die normalen Umgangsformen pflogen. So sprachen die Betreuer die Kinder mit ihren Vornamen an, baten sie höflich, bestimmte Dinge zu tun, redeten nicht in ihrer Gegenwart über sie und behandelten sie, soweit ihre intellektuellen Defizite dies zuließen, wie normale Kinder.

Mein Vater starb Ende 1972, und ich erbte genug, um mir eine Zusatzausbildung leisten zu können. Ich bekam die Zusage für einen Lehrgang am Institut für Frühkindliche Entwicklung und kündigte meine Stelle im Spastikerzentrum. Der Zufall wollte es, daß eben dieser Lehrgang zwei Wochen vor Beginn gestrichen wurde, und so hing ich in der Luft: An meinen Arbeitsplatz konnte ich nicht zurück, und die Bewerbungsfristen für andere Lehrgänge waren abgelaufen.

Ich hatte die leitende Psychologin der *Mental Health Authority*, Jean Vant, kennengelernt, als sie mit Studenten das Spastikerzentrum besichtigte. Sie bildete Lehrer für die Arbeit mit geistig leicht behinderten Kindern aus. Ich rief sie an, ob sie vielleicht kurzfristig noch einen Platz für mich in ihrem Lehrgang hätte. Sie hatte keinen – aber sie bot mir eine Stelle an.

Sie brauchte eine Assistentin für die Kursleitung, und sie fragte mich, ob ich am nächsten Tag anfangen könne. Dankbar sagte ich zu, und so fing ich Ende Februar 1974 in der Rehabilitations-Abteilung der *Mental Health Authority* an. Die Zentrale dieser Abteilung war in St. Nicholas untergebracht.

1975 schrieb ich einen Bericht für ein Untersuchungskomitee, das der Premierminister von Victoria zur Überprüfung der Versorgung geistig Behinderter eingesetzt hatte. Ich wollte nicht St. Nicholas im besonderen anprangern – die meisten Institutionen der *Mental Health Authority* hatten ähnliche Probleme –, aber meine Darstellung des Lebens in einer Institution beschreibt ziemlich genau, unter welchen Bedingungen Annie damals lebte.

Mauern machen noch kein Gefängnis und Eisenstangen keinen Käfig, doch beides zusammen ergibt eine Institution der *Mental Health Authority*. Die Anstalt besteht wahrhaftig aus anderem Material als ein normales Wohnhaus: Türrahmen, Badezimmer und Toiletten, Schränke, alles ist aus Stahl. Die Fenster sind vergittert. Dies ist eine abnorme Umgebung, und sie produziert abnormes Verhalten.

In so einer Institution ist nichts wie zu Hause, vor allem wegen der vielen Bewohner. Was am meisten ins Auge fällt, sind die Größenverhältnisse: ein Schlafsaal mit vierzig Betten, ein Tagesraum für vierzig Kinder. Im Gegensatz zu normalen Wohnungen sind die Räume kaum nach ihrer Nutzung differenziert. Die kleine Küche dient nur zum Geschirrspülen und wird von den Kindern nie betreten. Der Spielraum ist gleichzeitig Eßraum, gelegentlich auch Schlafraum oder Umkleideraum. Es gibt eine Toilette, aber das Personal ist so überlastet, daß die Windeln meist in den beiden anderen Räumen gewechselt werden. Aus diesem

Mangel an Differenzierung erklärt sich wahrscheinlich einiges an sozial inadäquatem Verhalten der Kinder. Sie haben niemals lernen können, daß gewisse Tätigkeiten normalerweise nur im Badezimmer oder auf der Toilette stattfinden. Die große Zahl von Kindern innerhalb einer Abteilung bedingt, daß Kinder mit einem breiten Spektrum an Verhaltensweisen und Fähigkeiten zusammenkommen. Wegen des gegenwärtigen Personalmangels kann aber bei der Versorgung der Kinder immer nur vom kleinsten gemeinsamen Nenner, nämlich den Fähigkeiten der Schwächsten, ausgegangen werden.

In so einer großen Gemeinschaft besteht ständig erhöhte Infektionsgefahr. Dem versucht man mit schneeweißen Linoleumfußböden, ebenso schneeweißen Linoleumwänden, emaillierten Eisenbetten, weißen Kunststofftischen und einheitlich weißen, kunststoffbezogenen Metallstühlen entgegenzuwirken. Die Möblierung beschränkt sich auf diese Basisausstattung, und die Notwendigkeit, Hygiene und Wirtschaftlichkeit unter einen Hut zu bringen, zwingt zu absoluter Gleichförmigkeit. Es gibt in der Reichweite der Kinder keine Sessel, keine Teppiche, kein Stück Stoff. Die gebohnerten Fußböden sind eine ständige Gefahrenquelle für Kinder, die gerade erst laufen lernen, und so ist es für sie viel einfacher, auf ihrem Po über den Boden zu rutschen als zu krabbeln. Achtung vor persönlichem Eigentum können sie nicht lernen, denn es gibt keinen persönlichen Besitz. Die Kinder haben keinen Platz, an dem sie ihre Schätze aufbewahren könnten. Die Ausstattung der Badezimmer und Toiletten macht die Sauberkeitserziehung und jegliche Form von Selbständigkeitstraining schwierig.

Bei vierzig Kindern in einem Raum ist die Geräuschkulisse ohnehin schon problematisch, und der Mangel an geräuschdämpfenden Materialien und die Größe der Räume machen alles noch schlimmer. Wie auf einer lauten Party schraubt sich der Lärmpegel höher und immer höher, da jeder den Krach zu übertönen versucht. Dieses Problem läßt sich niemandem wirklich verständlich machen, der es noch nicht hautnah erlebt hat. Manche Kinder leiden offensichtlich unter dem Lärm, und wahrscheinlich rühren auch einige ihrer Verhaltensstörungen daher; ganz eindeutig ist jedenfalls der negative Effekt auf das Personal.

Die Kinder sind beim Einkaufen der Lebensmittel oder beim Zubereiten der Mahlzeiten nie dabei. Sie bekommen ihr Essen erst zu sehen, wenn es auf den chromblitzenden Servierwagen hereingerollt wird. Kein Kind kann sich aussuchen, was oder wieviel es essen oder ob es dazu vielleicht etwas trinken möchte. (Zu trinken gibt es morgens um sechs, vormittags um zehn, nachmittags um zwei und abends um sechs.)

Das Personal ist gezwungen, die Mahlzeiten so schnell wie möglich zu verabreichen. Das hat zur Folge, daß nur ganz wenige Kinder selbständig essen. Es geht ja wesentlich schneller, ein Kind zu füttern, als mit ihm essen zu üben. Den Kindern, die selbständig essen, wird ihre Mahlzeit kleingeschnitten vorgesetzt, damit sie schneller fertig werden. Sie essen mit Löffeln aus Schüsseln, trinken aus Bechern und bekommen nie Messer, Gabel, Teller oder Tassen mit Untertassen zu sehen. Sie können auch nie Erwachsene beim Essen beobachten und haben deshalb keine Ahnung von den üblichen Tischsitten.

Die Kinder, die nicht selbständig essen können, bekommen vitaminisierte Breikost, damit das Füttern schneller geht. So können sie nicht die Erfahrung machen, daß Speisen verschieden schmecken und sich im Mund verschieden anfühlen. Vor allem aber haben sie keine Möglichkeit zu kauen. Ohne diese Vorübung ist es viel schwieriger, sprechen zu lernen. Der Mangel an fester Nahrung ist auch die Hauptursache für die in solchen Heimen häufig auftretenden Zahnfleischerkrankungen. Sie beeinträchtigen die Gesundheit der Kinder insgesamt und können nur geheilt werden, indem man Zähne zieht. Fehlende Zähne erschweren natürlich wiederum das Sprechenlernen und machen das Gesprochene schlechter verständlich. Wenn erst einmal Zähne gezogen sind, sind die Kinder für den Rest ihres Lebens zu Breikost verdammt. Breikost jedoch führt zu Verstopfung. Die Kinder leiden darunter, und das Pflegepersonal muß viel kostbare Zeit verschwenden, um etwas dagegen zu tun.

Ernährungsdefizite sind ein großes Problem. Nur wenige Kinder essen je frisches Obst oder Gemüse. Die Diätassistentin schreibt notgedrungen durchschnittliche Nahrungsmengen vor und überläßt es dem Pflegepersonal, diese entsprechend den individuellen Bedürfnissen zu verteilen. In der Praxis bedeutet dies leider, daß alle Kinder dasselbe bekommen. Die Mahlzeiten werden zwar so zusammengestellt, daß eine ausgewogene Diät entstehen sollte, aber bei der Verarbeitung geht ein hoher Prozentsatz flüchtiger Nährstoffe verloren. Damit die Küchenorganisation funktioniert, wird das Essen schon Stunden vorher gekocht und dann in beheizten Servierwagen warmgehalten. Das zerstört einen großen Teil des Vitamingehalts und schafft ideale Bedingungen für die Vermehrung von Bakterien. Der Vitaminmangel erhöht noch die ohnehin große Anfälligkeit der Kinder für Nasen- und Racheninfektionen, und die beeinträchtigen ihr intellektuelles Leistungsvermögen. Manchmal sind Kinder durch Infektionen der Gehörgänge auch taub, was in der Anstaltsumgebung oft gar nicht diagnostiziert wird.

Da ich mich in diesem Bericht auf die Probleme beschränken wollte, die allen großen Institutionen gemeinsam sind, habe ich dem Komitee des Premierministers nichts über die eigenartigen Fütterungsmethoden in St. Nicholas erzählt. Alle Kinder, auch solche, die sitzen konnten, wurden zum Füttern hingelegt. Der Kopf ruhte im Schoß der Schwester, während der Körper über einen Stuhl gelegt wurde, der vor ihren Knien stand. Den Kindern wurde also beim Füttern der Kopf zurückgebogen, eine Methode, die man aus einleuchtenden Gründen »Vogelfütterung« nennt: Durch die Schwerkraft fällt das Essen direkt nach hinten in den Hals, so daß die Kinder nicht kauen können. Sie sollten ihren Mund zwischen zwei Happen möglichst nicht schließen, damit schneller nachgestopft werden konnte. Ich habe einmal gefilmt, wie eine Schwester ein Kind fütterte: Das Essen häufte sich auf seinem Gesicht, weil es nicht so schnell schlucken konnte, wie sie weiterfütterte. Es muß entsetzlich sein. In dieser Lage ist Schlucken schwierig, man würgt und hat das Gefühl zu ersticken.

Damals mußte eine Schwester zehn Kinder in einer Stunde füttern – Geschwindigkeit war das oberste Gebot. Heute hat jede Schwester nur fünf bis sechs Kinder, aber die Methode ist noch dieselbe. Wie die Schwestern es je geschafft haben, zehn Kinder zu versorgen, Kinder, die alle hilflos wie Säuglinge sind, wird mir immer ein Rätsel bleiben.

Auch in der Art und Weise, wie die Kinder mit Kleidung versorgt wurden, zeigte sich die depersonalisierende Wirkung großer Institutionen:

> Die Kleidung kommt in Säcken und auf Karren auf die Station. Nie erleben die Kinder mit, wie die Sachen eingekauft oder gewaschen und gebügelt werden. Außerdem hat diese Massenabfertigung, die doch eigentlich dem Wohle der Kinder dienen sollte, noch weitere üble Folgen: Die Kleidungsstücke werden nicht nach den Bedürfnissen der Kinder, sondern sozusagen nach den Bedürfnissen der Waschmaschine eingekauft, und aus Gründen der Wirtschaftlichkeit werden beim Großeinkauf nur wenige Durchschnittsgrößen besorgt. Es gibt vier Grundausstattungen an Kleidung: Sommerkleidung für Jungen, Winterkleidung für Jungen, Sommerkleidung für Mädchen, Winterkleidung für Mädchen. Es gibt nur eine beschränkte Auswahl an Größen und Farben und überhaupt keine Unterschiede in Material oder gar Kleidungsstil. Kleidungsstücke, die für uns selbstverständlich sind, wie Strickjacken, Schlafanzüge oder Röcke, existieren nicht in der Welt dieser Kinder. Die speziell für die Anstalt angefertigten Kleidungsstücke brandmarken die Kinder bei ihren Ausflügen in die Öffentlichkeit. (Vermutlich wirkt sich die Kleidung auch auf das Verhältnis des Personals zu den Kindern aus. Wenn eine Schwester ein Lieblingskind hat, kann man das zuerst daran erkennen, daß dies Kind besser gekleidet ist als die übrigen und damit »normaler« aussieht.) Für alle Kinder von 1–17 Jahren gibt es nur drei Größen: klein, mittel und groß. (Die Säuglinge bekommen Babykleidung – hauptsächlich aus Kleiderspenden.) Wenn man Glück hat, tragen wenigstens ein paar Kinder passende Kleider. Wenn es ganz schlimm kommt, weil es Schwierigkeiten in der zentralen Waschküche gibt, finden sich in der Klei-

derkammer überhaupt keine passenden Kleidungsstücke. Dann sind die Kinder so grotesk angezogen, daß sich ihre Kleidung wie eine zusätzliche Behinderung auswirkt. Die Kinder sehen fast nur Menschen in Arbeitsuniform, was ihre Möglichkeit, einmal andere Kleidungsstücke zu sehen oder andere Materialien zu fühlen, noch weiter einschränkt. Wegen des Personalmangels werden die Kinder nicht ermuntert, sich selbst anzuziehen – auch hier ist es wieder einfacher, sie zu bedienen, als sie zur Selbständigkeit zu erziehen. Die Folge ist nicht nur, daß die Kinder sich nicht selbst anziehen können, sondern sie verlieren damit eine der elementaren Möglichkeiten, den eigenen Körper kennenzulernen und Konzepte wie »links« und »rechts«, »hinten« und »vorne« zu entwickeln.

Inzwischen haben sich die Zustände etwas gebessert. Viele Kinder sind mittlerweile sechzehn Jahre alt und beziehen seitdem Invalidenrente. Davon können sie sich eigene Kleidung kaufen. Auch aus Stiftungsmitteln konnte private Kleidung für die Kinder beschafft werden. Aber grundlegende Veränderungen hat es nicht gegeben. Ich zitiere weiter:

> Wie in allen großen Anstalten besteht auch in St. Nicholas die Gefahr, daß der Kontakt zu den Bedürfnissen der Menschen, denen die Anstalt dienen soll, verlorengeht. Ein Grund dafür ist die enge Spezialisierung der Dienstleistungen: Anstelle einer Mutter und eines Vaters haben die Kinder Krankenschwestern, Haushälterinnen, Putzfrauen, Köchinnen, Fahrer und Gärtner. Jeder von ihnen aber hat seine eigenen Vorstellungen von seiner Arbeit, und wenn er nicht direkt mit den Kindern in Kontakt kommt, spielen die Kinder in diesen Vorstellungen möglicherweise gar keine Rolle. So will etwa der Gärtner nicht, daß Kinder mit Farbe auf dem Rasen spielen, weil davon das Gras schmutzig wird. Noch schwerer wiegen die gewerkschaftlich festgelegten Arbeitszeiten: Sie stehen in keiner sinnvollen Beziehung zu den Bedürfnissen der hospitalisierten Menschen. So ergibt sich ein Tageslauf, der nichts mehr mit dem Tageslauf normaler Kinder zu

tun hat. Die Kinder in St. Nicholas essen um halb zwölf zu Mittag und bekommen ihr Abendessen um halb vier. Dann warten sie sechzehn Stunden lang auf ihr Frühstück um Viertel vor acht am nächsten Morgen. Darum müssen auch alle Aktivitäten der Kinder so geplant werden, daß sie um halb vier wieder auf der Station sind; sie verpassen die wichtigsten Fernsehsendungen, die gerade in der Zeit liegen, in der sie essen und für die Nacht fertiggemacht werden; ihr Tag ist drastisch verkürzt und der Spielraum für Aktivitäten außerhalb der Station stark eingeschränkt. Wie vieles andere bezieht sich auch der Tageslauf auf den niedrigsten gemeinsamen Nenner: In St. Nicholas leben ein paar ganz kleine Kinder, die freilich wenig darunter leiden, wenn sie um fünf im Bett sein müssen und das Licht ausgeknipst wird. Den Siebzehnjährigen auf derselben Station geht es damit entschieden schlechter.

Auch das Fachpersonal wird von den Anstaltszwängen beeinflußt. Auf den Gesundheitszustand der Heimkinder achtet man nicht so genau, wie es wohl in den meisten Elternhäusern üblich ist. Ein Kind mit Hautausschlag zum Beispiel wird kaum je auf eine Nahrungsmittelallergie untersucht, auch wenn man ihm die Hände verbinden muß, damit es aufhört, sich zu kratzen – was natürlich zugleich alle produktiven Aktivitäten verhindert. Ist ein Kind erst einmal mit der Diagnose »geistig schwer behindert« versehen, dann glauben viele, daß damit schon alles gesagt ist. So sehen die Ärzte unter Umständen keine Notwendigkeit mehr, zum Beispiel einen Hörtest zu veranlassen, dem normale Kinder (bei denen die statistische Wahrscheinlichkeit, daß sie taub sind, wesentlich geringer ist) selbstverständlich bei der medizinischen Einschulungsuntersuchung unterzogen werden. Es scheint ihnen nicht in den Sinn zu kommen, daß die Diagnose »taub« bei einem sehr kleinen Kind vielleicht ein anderes Licht auf die ursprüngliche Diagnose »geistig schwer behindert« werfen könnte... Die Zahl der Bewohner hat zur Folge, daß Dienstleistungen ins Haus geholt werden, die normalerweise außerhalb stattfinden: Unterhaltsame Unternehmungen wie Haareschneiden, Arzt- und Zahnarztbesuche, Kleidungskäufe und derglechen finden alle innerhalb des Hauses statt. So entgehen den Kindern viele wertvolle soziale Erfahrungen, nämlich normalen Menschen zu begegnen und das Leben in der normalen Welt kennenzulernen.

Die Beispiele für die Zwänge der Anstaltsroutine lassen sich beliebig fortsetzen. Der Tageslauf ist genauso stereotyp wie das Essen und die Kleidung. Jedes Kind wird zu festen Zeiten auf die Toilette gesetzt, auch wenn es vielleicht gerade zehn Minuten vorher eingekotet hat. Alle Kinder werden zur selben Zeit zu Bett gebracht, und auf der ganzen Station werden die Windeln gleichzeitig gewechselt. Die gesamte Versorgung bezieht sich auf den niedrigsten gemeinsamen Nenner, und zwar nicht aus Gründen, die beim Personal liegen, sondern aufgrund institutioneller Zwänge. Wie absurd auch immer manche Praktiken erscheinen mögen, das Personal hat für alles eine Begründung parat. Die körperbehinderten Kinder, die auf Gummimatten im Tagesraum liegen, werden jeden Tag in der gleichen Position auf dieselbe Matte gelegt. Da die Kinder gelähmt sind, würde es ihnen nur ein häufiger Positionswechsel möglich machen, einmal andere Kinder zu sehen oder die Station aus verschiedenen Winkeln zu betrachten. Das Personal begründet die derzeitige Praxis so: »Auf die Art wissen wir immer, wo sie sind.«

Zu all dem muß man sich noch die speziellen Bedingungen von St. Nicholas zur damaligen Zeit hinzudenken: vorwiegend unqualifizierte Betreuer, von denen die meisten kaum richtig Englisch sprechen konnten; hohe Überbelegung und extrem schlechter Personalschlüssel, ganz ungeeignete Gebäude (zwei Stationen hatten keine Toiletten); kein Spielzeug, fast kein Wandschmuck; Kinder, die ihr ganzes Leben auf dem Rücken liegend verbrachten, weil es keine geeigneten Sitzmöglichkeiten gab. Maureen Osmin hat in ihrem Buch »Children in Long Stay Hospitals« bewegend dokumentiert, wie behinderte Kinder in ähnlich schlecht ausgestatteten Institutionen in England unter hochgradiger Isolation litten. Sie beobachtete das Verhalten des Betreuungspersonals und der Kinder über einen Zeitraum von achtzehn Monaten. Ihr Ergebnis war, daß jedes Kind etwa fünf Minuten am Tag »bemuttert« wurde, daß also mit ihm gespielt, gesprochen, geschmust wurde. Eine Stunde täglich war für Körperpflege Zeit. Für die meisten Kinder in St. Nicholas galt ähnliches, sofern sie keine Krankengymnastik hatten.

Seit damals hat sich sicher einiges geändert. Heute leben weniger Kinder in St. Nicholas, und der Personalschlüssel ist besser. Mehr Beschäftigungsprogramme werden angeboten, und die Kinder machen öfter Ausflüge in die Umgebung. Es gibt Bilder und Plakate an den Wänden, viele Fernseher, Plattenspieler und eine Menge Spielzeug.

Die Essenszeiten aber haben sich nicht geändert, auch wenn die Kinder inzwischen fünf Jahre älter sind, und Neunzehnjährige müssen immer noch nachmittags um fünf in ihren Betten liegen. Viele Kinder verlassen die Station die ganze Woche nicht. Die meisten Kinder bekommen immer noch keine Krankengymnastik, keine Stiefel und keine Rollstühle. Wie es in der Natur der Sache liegt, haben sich die rigiden Regeln des Krankenhauslebens am wenigsten geändert.

Und noch etwas hat sich nicht geändert: St. Nicholas ist noch immer eine offiziell nicht anerkannte Institution und unterliegt daher keiner Kontrolle. Als ich das erste Mal dort war, sah ich, daß einige schwierige Kinder auf eine besonders brutale Art festgebunden waren. Ich sprach den Direktor darauf an und erwähnte die strikten Grenzen, die laut Gesetz für derartige Zwangsmaßnahmen gelten: »Ach, wissen Sie das nicht?« sagte er. »St. Nicholas fällt nicht unter den *Mental Health Act* *.« Aus verwaltungstechnischen Gründen unterstand St. Nicholas nicht diesem Gesetz, das vor allem die Behandlung psychiatrischer Patienten betrifft. Für St. Nicholas galt also keine der Schutzmaßnahmen, die im *Mental Health*

* Durch dieses Gesetz wurde die »Mental Health Authority« eingerichtet. Die Institutionen, die ihr unterstehen, müssen nach den Bestimmungen des »Mental Health Act« geführt werden. St. Nicholas jedoch wurde eröffnet, nachdem das Gesetz bereits verabschiedet war, und fiel, obgleich eine staatliche Anstalt, nicht darunter. Nach dem Erscheinen von »Annie« wurde das Gesetz aufgehoben und das Gesundheitswesen von Victoria neu organisiert.

Act niedergelegt sind, und da es sich um eine staatliche Institution handelte, konnten auch die Verordnungen außer acht gelassen werden, die für private Heime galten. (Wäre St. Nicholas eine private Einrichtung, es wäre wegen Überbelegung geschlossen worden.) Doch so schlüpfte es geschickt durch die Maschen des Gesetzes. Als ich in St. Nicholas anfing, hatte ich keine Ahnung, wo ich da hingeraten war, und wäre schon gar nicht auf die Idee gekommen, daß ich sechs Jahre später noch immer dort arbeiten würde.

ANNIE: Ich lebte bis zu meinem 18. Lebensjahr in St. Nicholas. Mit sechzehn Jahren war ich noch unfähig, mich mit Erwachsenen zu verständigen, denn ich bin eine schwerbehinderte Athetotikerin. Athetose ist eine Schädigung des Gehirns, die viele unkontrollierbare Bewegungen zur Folge hat; außerdem war mein Muskeltonus stark erhöht. All das bedeutete, daß ich weder meine Hände benutzen noch laufen, noch verständlich sprechen konnte.

Dann lernte ich, mich mit einer Alphabettafel verständlich zu machen: Ich deute auf die einzelnen Buchstaben und buchstabiere damit Sätze. So habe ich auch meinen Beitrag zu diesem Buch geschrieben.

Das Schlimmste an St. Nicholas war für mich, daß ich von allem getrennt wurde, was mir bis dahin vertraut gewesen war. Wenn Eltern ihr Kind nach St. Nicholas brachten, durften sie ihm weder Spielzeug noch Kleidung mitgeben. Mein Kaninchen, das ich so liebte, durfte nicht mitkommen und auch all die andern Tiere nicht, mit denen wir gespielt hatten. Die grausame Art, wie man den Kindern ihr Spielzeug wegnahm, war typisch für die Behandlung überhaupt. Wir warfen all die puritanischen Vorstellungen des Personals über das Verhalten von Kindern über den Haufen. Wir waren keine braven Patienten. Wir weinten, weil wir uns verlassen fühlten. Die Schwestern wußten nicht, was sie mit uns anfangen sollten; sie wußten nicht, daß wir Angst und Schmerzen empfinden konnten. Die Anstalt führte nicht Buch über gebrochene Herzen.

Die Schwestern wurden davon abgehalten, die Kinder zu liebkosen. Wenn ein Kind weinte, wurde es »zu seinem eigenen Besten« bestraft. So würde es lernen, sich damit abzufinden, daß es keine

Liebe gab, und bald auch ohne glücklich sein. Die Strafe bestand darin, das weinende Kind in eine kleine, dunkle Vorratskammer zu sperren. Für das Hospital war ein ruhiges Kind ein glückliches Kind. Unser Schweigen war nicht nur Gold, es war auch voller Haß und Traurigkeit. Die Schwestern haben nie die Blicke gesehen, die wir ihnen nachschickten, wenn sie ein Kind wegbrachten.

Die Ärzte waren kein bißchen besser. Abends, wenn das Geschrei am schlimmsten wurde, gingen sie nach Hause.

Man konnte sich leichter an zu Hause erinnern, wenn man einfach so ins Bett gesteckt wurde – ohne Spielzeug, Gutenachtgeschichten oder Betthupferl. Wir wollten keinen Gutenachtkuß – das hätte uns unerträglich traurig gemacht –, aber es wäre schön gewesen, wenn sich mal jemand gefreut hätte, uns morgens zu sehen.

Die Schwestern sprachen vor allem über unsere Scheiße. Ihr Englisch war sehr begrenzt, und das meiste davon waren Schimpfwörter. Deshalb versuchten wir unseren Stuhlgang so lange zurückzuhalten, bis wir fast platzten, nur um das schreckliche Geschimpfe zu vermeiden. Selbst wenn es Toiletten gegeben hätte, wir hätten ja doch nicht selbst dort hingehen können, und so trugen wir alle Windeln.

Wer keine Verdauung hatte, dem wurde ein Zäpfchen in den Po gerammt. So wollten es die Vorgesetzten, die ein Buch angelegt hatten, in dem jede diesbezügliche Lebensäußerung für die Nachwelt aufgezeichnet wurde. Es hieß »Töpfchen-Buch« und brachte uns Qualen ohne Ende, denn »kein Stuhlgang« bedeutete »Abführmittel«. Nach einem Tag »ohne« gab es Tabletten, nach zwei Tagen Zäpfchen, nach drei Tagen einen Einlauf. Wir wurden nicht gefragt. Manche Schwestern machten keine Eintragungen, und so bekamen wir viele unnötige Zäpfchen. Wenn man dann endlich Stuhlgang hatte, mußte man sich auch noch die Bemerkungen über den Gestank und die Sauerei anhören. Statt die Abführmittel abends zu geben, wo sie am wenigsten Ärger gemacht hätten, bekamen wie sie immer morgens oder mittags, so daß Vormittag oder Nachmittag garantiert verdorben waren. Das wäre nicht so schlimm gewesen, wenn es ab und zu mal vorgekommen wäre, doch manche bekamen jeden zweiten Tag Abführmittel.

Aber wir hofften, daß wir irgendwann wieder nach Hause kämen – vielleicht würden wir ja geheilt. Wie wenig wir wußten! St. Nicholas heißt nur »Hospital«, weil es in den Gebäuden der ehemaligen Kinderklinik untergebracht ist. Die waren natürlich nur deshalb für uns frei geworden, weil man sie als zu unsicher und für Kinder ungeeignet befunden hatte. Medizinisch wurden wir schlechter versorgt als zu Hause. Lachen war unsere einzige Medizin außer Abführmitteln und krampfhemmenden Medikamenten. Doch Lachen war gefährlich, weil es mit epileptischen Anfällen verwechselt und mit Valiumspritzen behandelt wurde. Die Schwestern hatten noch nie mit körperbehinderten Menschen zu tun gehabt und konnten überhaupt nicht unterscheiden, welche Äußerungen denen normaler Kinder entsprachen und welche wichtige Schmerzsignale waren, die man behandeln mußte.

Überbesorgte Schwestern hielten uns oft für kränklich und ließen uns im Bett, bis wir Fieber hatten. Danach wurden sogar Kinder, die nicht körperbehindert waren, schwach und blaß. Für die spastisch gelähmten Kinder war das Liegen eine Katastrophe. Ihre Krämpfe wurden im Liegen schlimmer als im Sitzen, sie konnten weniger klar sprechen, sich schlechter durch Gesten verständlich machen, jede Interaktionsmöglichkeit wurde ihnen genommen. Wir waren alle in den Käfig unserer Einsamkeit verbannt. Unsere Lebenskraft sank. Wir wurden anfällig für Infektionen, was die Schwestern darin bestätigte, daß sie recht hatten, uns im Bett zu behalten. Und dann kamen Außenstehende und lobten die Schwestern, weil sie uns so gut versorgten!

Trotzdem mochte ich manche Schwestern gleich sehr gerne. Ich finde es bewundernswert, wie sie mit den vielen Kindern fertig wurden und dennoch liebevoll mit uns umgingen. Alle Schwestern behandelten uns wie Babys, aber manche eben wie süße Babys.

Die Nachtschwester von Station vier hatte ich besonders gerne. Sie war nie nervös oder aufgeregt, sondern ging aufmerksam und geschickt mit uns um. Sie behandelte uns immer gut, gleich, ob wir darauf reagierten oder nicht.

Es dauerte ein bißchen, bis uns klar wurde, daß wir hier gar nicht behandelt wurden. Schließlich erwartet man von einem Hospital, daß die Patienten auch anders als in Särgen entlassen werden. Manche Kinder kamen nur für kurze Zeit zu uns: Merkwürdigerweise starben viele von ihnen. Meist wußten diese Kinder, daß sie nur auf Besuch waren und wieder gehen würden. Sie gehörten nicht richtig zur Station und fühlten sich uns Langzeitpatienten überlegen. (Wie üblich spreche ich nur von denen, die sich verständlich machen konnten – die meisten konnten das nicht.) Wir gaben uns Mühe, sie nicht zu hassen, aber das fiel uns schwer. Nicht nur, daß sie wieder nach Hause durften, sie bekamen auch viel mehr Aufmerksamkeit, als ihnen gerechterweise zustand. Die Schwestern machten furchtbar viel Aufhebens von ihnen, und wir gerieten dabei noch mehr ins Hintertreffen. Denn es interessierte sie herzlich wenig, wenn einer von uns mager, kränklich oder traurig war.

Wir fanden Wege, uns untereinander zu verständigen. Normalerweise versuchten wir, jedes »Kurzzeit-Kind« aufzumuntern, indem wir herausstrichen, wieviel besser es ihm ging im Vergleich zu uns. Es konnte wohl nirgends schrecklicher sein als in St. Nicholas, aber draußen gab es anscheinend auch Probleme. Die meisten »Kurzzeitler« waren sehr schwer körperbehindert. Diejenigen, die sprechen konnten, waren unglücklich, weil keiner sie verstand und sie niemanden hatten, mit dem sie reden konnten. Wir hatten wenigstens uns. Manche Kinder wollten uns helfen, aber auch für sie war es zu schwierig, sich andern verständlich zu machen.

Ob man starb, hing davon ab, wie man sich fühlte. Die Arbeit in psychiatrischen Einrichtungen zieht nicht gerade die besten Ärzte an, und Supervision gab es nicht. Die Patienten konnten sich nicht beschweren. Wer sterben wollte, hatte dazu jede Möglichkeit. Viele »Kurzzeitler« nutzten das. Mich lockte der Tod nie, denn ich wollte Rache. Heute scheint mir das nicht mehr wichtig. Was zählt, ist, andere Kinder vor dem zu bewahren, was wir durchmachen mußten. Es gab eine Zeit, da war Haß mein stärkstes Gefühl, und Haß macht einen stark. Zärtliche Gefühle machten einen gefährlich schwach. Unversöhnlicher Haß auf die ganze Welt verzerrte jahrelang meine Beziehungen zu andern Menschen – Haß auf eine Welt, die behinderte Kinder auf Müllhalden wie St. Nicholas warf.

Der beste Zeitvertreib im Hospital war Selbstbetrug. Man malte sich aus, man könne perfekt sprechen und käme für immer heraus. Man träumte davon, geheilt aufzuwachen. Man nahm seinen Zustand niemals ernst, nie so wichtig, wie die anderen es taten. Wir hatten nie gehen können, und es sah auch nicht so aus, als ob wir es je lernen würden. Damit waren wir aufgewachsen. Um die Gefängnismauern zu sprengen, schien das Sprechen erstrebenswerter. Wir wußten, daß es in St. Nicholas Kinder gab, die laufen konnten, aber da war keines, das ordentlich sprechen konnte. Die Erfüllung all unserer Träume hing vom Sprechen ab.

2. Heißt du Annie?

Da St. Nicholas keine Verbindung zu Bildungseinrichtungen für körperbehinderte Kinder hatte, nahmen alle Mitarbeiter an, die Kinder wären auch geistig behindert. Die Besucher kamen, um geistig- und nicht körperbehinderte Kinder zu besuchen, und den intelligenten Kindern war natürlich auch nicht klar, daß es noch andere, ähnlich Behinderte gab, die dennoch die Möglichkeit hatten, sich mit normalen Menschen zu verständigen. In Annies Worten: »Wir glaubten, wir wären die einzigen.« Es ist grauenhaft, sich das vorzustellen. Die intelligenten Kinder müssen sich wie Gefangene ihres Körpers gefühlt haben, und da sie den gesunden Menschen nicht mitteilen konnten, daß sie intelligent waren, würde kein Erwachsener es je von selbst merken.

Zufällig entdeckte ich es. Es war viel Glück dazu nötig und viel Zeit – drei Jahre.

Ich sah Annie zum erstenmal, als ich von einer Oberschwester durch die Stationen geführt wurde. Annie lag auf dem Fußboden im Spielraum von Station vier, auf der Seite, denn wegen der Art ihrer Behinderung konnte sie nicht auf dem Rücken liegen. Ihre Beine waren nach hinten gebeugt, Kopf und Nacken nach hinten gestreckt, auch die Arme stießen nach hinten. Ihr Körper war wie ein Bogen gespannt, und die Arme, mit denen sie fast die Fersen berührte, bildeten die Sehne. Noch nie hatte ich ein Kind in so einer Haltung gesehen. Sie war ungefähr einen Meter groß und unglaublich mager. Ihre Muskeln zeichneten sich deutlich unter der Haut ab, und ihr Gesicht ähnelte einer Totenmaske. Riesige Augen leuchteten daraus hervor, eingerahmt von einem Netz aus Lachfalten. Ihre Zunge fuhr ununterbrochen herein und heraus. Als ich »Hallo« sagte, verzog sich ihr Mund zu einem Grinsen, und ich sah, wie sich die Muskeln in ihren Wangen bewegten. Das Grinsen machte ihr Gesicht einem Totenschädel noch ähnlicher.

Abbildung 1

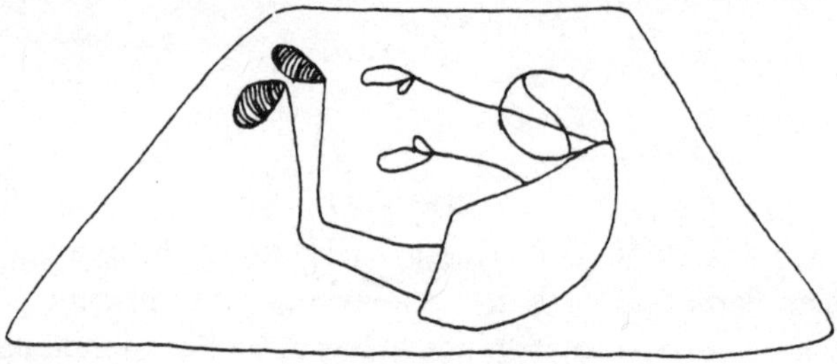

Taktlos fragte ich die Schwester, wer das sei und was ihr fehle. Dies sei Annie, dreizehn Jahre alt, mit hochgradigem Muskelspasmus, der immer schlimmer würde. Es sei täglich schwieriger, sie zu füttern, in einem halben Jahr würden die Fersen den Kopf berühren, und sie würde sterben. Das erzählte mir die Schwester in Annies Gegenwart.

Die Mitarbeiter von St. Nicholas waren daran gewöhnt, Kinder sterben zu sehen. Ungefähr 150 Kinder sind dort gestorben. Natürlich sahen sie es nicht gern, wenn Kinder, an denen sie hingen, starben, und schon gar nicht, wenn sie unter Qualen starben. Aber sie taten nicht unbedingt etwas dagegen, wenn sie den Tod eines Kindes nahen sahen. Angesichts des Lebens, das die Kinder führten, konnte man diese Haltung vielleicht entschuldigen, aber ich war neu hier und nicht bereit, den Tod eines Kindes einfach so hinzunehmen.

Annies Spasmus war so schlimm, daß sie auf keinem der Stühle in St. Nicholas sitzen konnte, und sie wurde immer häufiger in einer höchst ungewöhnlichen Position gefüttert. In dieser Haltung lag ihr gesamtes Gewicht auf ihrem Nacken: Sie konnte kaum schlucken, ihr Zungenstoß verstärkte sich, wodurch sie den Löffel mit dem Essen noch häufiger als sonst zurückstieß. Damals mußten die Schwestern zehn Kinder in einer Stunde füttern. Unter diesen Umständen war der erste Löffel, den ein Kind »verweigerte«, auch sein letzter. Annies Zungenstoß beendete viele Mahlzeiten frühzeitig, und so war sie immer nahe am Verhungern und – Sterben.

Abbildung 2

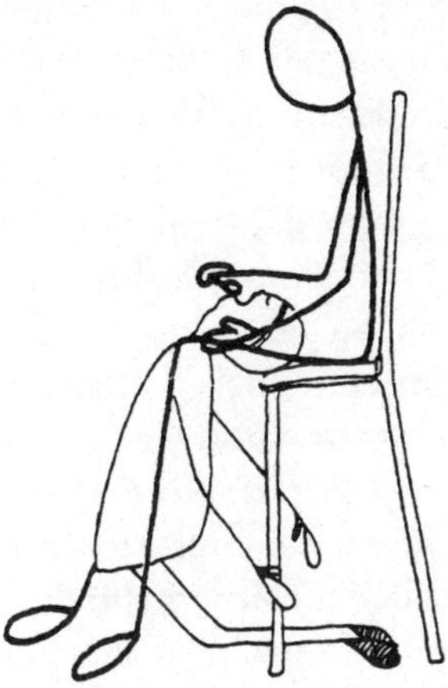

Viele der Kinder, die starben, kannte Annie wohl nur oberflächlich, aber sie hat sicher gehört, wie die Schwestern darüber sprachen. Andere jedoch waren ihre guten Freunde. In St. Nicholas sterben die Kinder vor aller Augen. Ist ein Kind dem Tode nahe, wird meist ein Wandschirm um sein Bett gestellt, aber oft kommt der Tod auch ohne diese Vorsorge. Auf der sogenannten Krankenstation, wo die schwächeren Kinder liegen, gibt es mehr Todesfälle als auf den anderen Stationen. Annie lebte eine Zeitlang dort, und so hat sie zweifellos viel Tod und Sterben gesehen.

Stirbt ein Kind, so bemüht sich niemand darum, das den anderen Kindern zu verheimlichen oder es ihnen deutlich und schonend beizubringen. Auch die Kinder, die den Tod nicht sehen oder hören können, bekommen ihn dadurch mit, daß die Schwestern nach einem Leichentuch in der richtigen Größe herumrennen und quer durch die Station rufen, daß Baumwollunterlagen für die Aufbahrung gebraucht werden. Die Kinder auf den anderen Stationen hören es hintenherum, die Schwestern sprechen darüber, und wenn sie nur einen Kosenamen oder eine Kurzform des Namens benutzen, müssen die Kinder selbst herausfinden, wer denn nun gestorben ist.

Als Assistentin der Ausbildungsleiterin war es eine meiner Aufgaben, Praxiserfahrungen für die auszubildenden Lehrer zu organisieren. Ich organisierte Besichtigungen von Schulen und Ausbildungsstätten in ganz Melbourne und hatte dafür zu sorgen, daß die Studenten mit einigen Kindern praktisch arbeiten konnten. Das hieß auch, daß ich mir die Stationen anschauen mußte.

Bevor ich die Spielgruppen zusammenstellte, hatte man für die Studenten immer die Kinder ausgesucht, die am wenigsten körperbehindert waren, denn man nahm an, daß dies auch die intelligenteren wären. Das überraschte mich. Ich kannte keines der Kinder, aber vom Spastikerzentrum wußte ich, daß man bei Kindern mit Zerebralparese aus dem Grad der Körperbehinderung nichts ableiten kann. Statistisch gesehen nimmt der Grad der geistigen Behinderung mit dem Ausmaß der Körperbehinderung zwar zu, aber das ist nur der statistische Mittelwert, der nichts über den Einzelfall aussagt. Außerdem findet man in der Literatur immer wieder Hinweise auf Menschen, die nicht in die Statistik passen: Sie sind schwer körperbehindert und überdurchschnittlich intelligent.

Ich fand es ungerecht, nur Kinder auszuwählen, die wenig körperbehindert waren (ungerecht sowohl gegenüber den schwerer behinderten Kindern als auch gegenüber allen körperbehinderten Kindern, mit denen die Studenten zukünftig arbeiten würden), und so stellte ich eine Gruppe von »klügeren«, aber stark körperbehinderten Kindern zusammen. Jean Vant, meine Vorgesetzte, gab gern ihre Einwilligung.

Ich ging durch die Stationen und stellte den Kindern einfache Aufgaben, um ihr Wortverständnis einzuschätzen. Keines konnte sprechen, und es war offensichtlich unangebracht, ihnen motorische Fertigkeiten abzuverlangen. Sie hatten sehr wenige Lernerfahrungen gemacht, die man hätte überprüfen können. Ich versuchte es so: Ich schaute zum Beispiel Leonie an – den Namen fand ich auf einem Schild am Kopfende ihres Bettes – und fragte sie: »Heißt du Mark?« Vielleicht sah das Kind mich dann verwundert an. »Heißt du Leonie?« Rief das ein strahlendes Lächeln hervor, dann hatte Leonie ihren Namen vermutlich erkannt. »Kannst du mit deinen Augen blinzeln, schau so?« fragte ich und blinzelte. Jedes Kind, das dieser Aufforderung folgte, hatte vermutlich ein gewisses Wortverständnis.

All diese Versuche basierten auf Vermutungen. Es war sehr wichtig, viele verschiedene Arten von Fragen zu stellen, denn so stieg die Wahrscheinlichkeit, daß ein Kind den Test nicht rein zufällig bestand. Ich hielt zum Beispiel zwei Gegenstände in den ausgestreckten Händen und sagte: »Schau auf die Hand, in der ich den Löffel halte!« Ich wiederholte dies mit vielen andern Dingen und ließ den benannten Gegenstand nach dem Zufallsprinzip von einer Hand in die andere wandern. »Kannst du eine deiner Hände bewegen?« Wenn ja, dann konnte ich das Kind bitten, Gegenstände zu berühren. Oder ich beugte mich über das Bett und bat das Kind, meine Nase anzustubsen – Kinder lieben das. Und ab und zu bekam ich tatsächlich einen Nasenstüber. Oder ich fragte: »Kannst du deine Zunge herausstrecken?«

All das sollte mir zeigen, wieviel Sprachverständnis die Kinder hatten. Ich wollte keine umfassende Einschätzung aller Kinder im Hospital vornehmen, sondern nur acht schwer körperbehinderte Kinder mit gutem Wortverständnis finden. Es war mir gleich, wie viele Kinder ich übersah, solange ich diese acht fand. So fiel jedes Kind aus, das sich gerade nicht gut fühlte, dem mein Gesicht nicht gefiel, das taub war und darum nicht reagierte. Ich habe einfach nur 160 Kinder sehr schnell »durchgeforstet«.

Annie schnitt bei dem einfachen Verständnistest, den ich ihr gab, sehr gut ab und gehörte zu den acht Kindern. Bei zwei von ihnen hatte ich mich geirrt: Ihre geistigen Fähigkeiten entsprachen nicht denen der andern, auch wenn ihre motorischen Fähigkeiten größer waren und mich irregeführt hatten. Zwei andere Kinder aus der Gruppe sind seither gestorben. Mit den übrigen vier – Annie, Mark, Angela und Lesley – arbeitete ich bis Mai 1980. Sie bildeten den Kern der Gruppe. Diese vergrößerte sich während meiner Jahre in St. Nicholas, als ich die Kinder besser kennenlernte und immer mehr fand, die in die Gruppe paßten. Einige blieben nur so lange dabei, bis ich sicher wußte, daß ich sie falsch eingeschätzt hatte (im Laufe der Zeit hatte ich weitere Gruppen zusammengestellt, insofern bedeutete diese Rückstufung nicht, daß sie alles verloren).

Zunächst hatte ich nur eine Spielgruppe geplant: Die Studenten taten die Arbeit, und ich begleitete sie als Supervisorin. Die schwerer behinderten Kinder bekamen dieselben Aufgaben wie die vergleichsweise leichter behinderten. Manches war offensichtlich unmöglich für sie, aber ich wollte ja vor allem den Studenten zeigen, daß mit allen Kindern, ungeachtet ihrer körperlichen Behinderungen, normale Vorschulaktivitäten möglich sind.

Wir arbeiteten mit der Annahme, daß die Kinder von St. Nicholas im besten Fall auf dem geistigen Entwicklungsstand von Drei- bis Vierjährigen waren. Wir hatten es mit Kindern zu tun, die von fast allen normalen Lernerfahrungen ausgeschlossen waren. Selbst die Kinder mit besseren motorischen Fähigkeiten hatte fast nie jemand zu konstruktivem Spielen angeleitet, und die schwerer Behinderten hatten, seit sie im Hospital lebten, überhaupt nie die Chance zu spielen gehabt.

Die Gruppe kam einmal in der Woche zusammen. Da das Praktikum der Studenten nur über zwei Semester lief, sollte das Gruppenprogramm im August beendet werden. Aber ich konnte den Gedanken nicht ertragen, diese Gruppe aufzulösen. Jean Vant war flexibel und selbst sehr daran interessiert, den Kindern im Hospital zu helfen, und so erlaubte sie mir, die Gruppe fortzuführen und mir dafür jede Unterstützung zu suchen, die ich finden konnte. Die Kinder, die sich besser fortbewegen konnten, waren mittlerweile in einem Kindergartenprogramm, mit dem die Physiotherapeutin Anfang des Jahres begonnen hatte. Für diese Kinder war das Ende der Spielgruppe nicht ganz so hart, und so arbeitete ich nur mit den schwerer körperbehinderten Kindern weiter.

Zuallererst erarbeitete ich mit jedem Kind eine Verhaltensäußerung, mit der es »Ja« und »Nein« ausdrücken konnte. Da sie nicht sprechen konnten, war eine Verständigung zwischen uns nur möglich, indem ich ihnen Fragen stellte und sie als Antwort Zeichen gaben. Im Spastikerzentrum hatte ich mit einem Mädchen gearbeitet, das auf die gleiche Art mit der Zunge stieß wie Annie, und dieses Mädchen hatte mit Zungenbewegungen Zeichen für »Ja« und »Nein« gegeben. Ich schlug Annie vor, es genauso zu machen.

Eines Abends, als Annie schon zu Abend gegessen hatte und im Bett lag, ging ich auf ihre Station. Um diese Zeit arbeitete ich meist mit den Kindern, weil ich tagsüber immer noch meinen Verwaltungsjob hatte. Ich nahm Annie mit in den verlassenen Spielraum, setzte mich neben sie auf den Boden und erklärte ihr, daß ich schon mit andern Kindern gearbeitet hatte, die so waren wie sie, und daß diese Kinder alle Ja-Nein-Antworten benutzt hatten. Ich sagte ihr, daß unsere Beziehung sich nur dann weiterentwickeln würde, wenn es ihr gelänge, sich mit mir zu verständigen. Zeichen für »Ja« und »Nein« würden helfen. Janet vom Spastikerzentrum hatte für »Nein« ihre Zunge hinter die Zähne zurückgenommen und für »Ja« zwischen den Lippen herausgestreckt.

»Hast du verstanden, was ich gesagt habe?« Mit einem überwältigenden Grinsen streckte sie die Zunge heraus.

Für Annie war das sicher wahnsinnig aufregend – ich aber hätte sofort begreifen müssen, daß diese Antwort und dieses Grinsen nie von einem geistig schwer behinderten Kind kommen konnten. Ich dachte nicht genug darüber nach, wie schnell sie die Ja-Nein-Antwort gelernt und sofort angewandt hatte. Ja, hinterher erzählte ich es den Studenten sogar als Beispiel dafür, daß selbst geistig schwerbehinderte Kinder manchmal ganz überraschend lernten. Aber ich verstand es nicht so, wie ich es hätte verstehen müssen, denn ich dachte nicht weiter. Arme Annie! Sie war so glücklich: Sie muß geglaubt haben, jetzt stünde ihr endlich die Welt offen.

Während der nächsten zwei oder drei Jahre nahm sie begeistert an allen Gruppenaktivitäten teil, obwohl Sitzen für sie ein großes Problem war. Sie konnte mit einigen Schwierigkeiten in einem Sitzsack liegen, aber dann fiel ihr Kopf nach hinten, und sie sah nichts mehr. Sie konnte nicht in einem Sportwagen sitzen, da ihr Körper zum Bogen gespannt war. Einmal schleppte ich sie von der Station hinüber zur Spielgruppe, was mir viele blaue Flecken eintrug, nicht weil sie etwa gestoßen oder gezappelt hätte, sondern weil ich versucht hatte, ihrer starken Muskelspannung Gegendruck entgegenzusetzen. Ich sprach deswegen mit der Stationsärztin, und sie verordnete Annie Diazepam (ein Medikament, das eher unter einer seiner Markenbezeichnungen bekannt ist, nämlich Valium). Im Laufe der nächsten Jahre wurde die Dosis bis auf 40 mg täglich erhöht. Das ist schon für einen normalen Erwachsenen eine Menge, wieviel erst für ein Leichtgewicht von knapp dreizehn Kilogramm.

Das Medikament ließ die Krämpfe nicht verschwinden, aber zusammen mit meinem Bemühen, Annie besser zu lagern, bewirkte es wenigstens, daß sie nicht schlimmer wurden. Sie konnte noch gerade so viel essen, daß sie nicht verhungerte, und so überlebte sie.

ANNIE: Ich hatte damals so große Angst vor dem Sterben, daß ich gar nicht begriff, was Rosie für mein Leben bedeuten könnte. Schwester Z. sagte, ich würde in einem halben Jahr sterben. Bevor Rosie Schwester Z. bat, etwas gegen meine Krämpfe zu unternehmen, hatte ich gar nicht gewußt, daß man dagegen etwas tun könne; die Schwestern sagten nur immer, es würde so schlimm werden, daß man mich nicht mehr füttern könnte. Der Gedanke, an Unterernährung sterben zu müssen, hat mich fast verrückt gemacht.

Der Tod lebte mit uns auf den Stationen von St. Nicholas. Oft war er freundlicher als die Schwestern. Er schlich um mein Bett herum, aber ich hatte noch genug Fleisch auf den Rippen, um den Würmern den Fraß zu verweigern. Dabei wäre ich dem Tod oft so dankbar gewesen, wenn er mich geholt hätte.

Wenn ich an die Zeit vor Rosie zurückdenke, wird mir ganz elend. Sie war der erste normale Mensch, der wirklich mit uns sprach – und daran glaubte, daß so schwer Behinderte wie wir sie auch verstanden.

Ursache und Wirkung waren das einzige, woran ich glaubte: Widerstand leisten zum Beispiel bedeutete, zwar nicht beliebt zu sein, aber dafür länger zu leben.

Rosie: »Was meinst du mit Widerstand leisten?«

Annie: »Widerstand leisten heißt, nicht freundlich zu lächeln, wenn sie einen in der Babysprache anreden, und sich gegen alle Übergriffe auf den eigenen Körper zu wehren.«

Rosie: »Was für Übergriffe?«

Annie: »Kitzeln, Zwangsernährung ...«

Rosie: »Wie kamst du darauf, daß Widerstand leisten dir helfen würde, länger zu leben? Wurden die Lieblinge nicht besser behandelt?«

Annie: »Ich glaube, daß es den Lebensmut schwächt, Lieblingskind zu sein. Wenn man dann fallengelassen wird, verliert man den Willen zu überleben.«

Rosie: »Warst du je Lieblingskind?«

Annie: »Ja.«

Rosie: »Warum hast du trotzdem überlebt?«

Annie: »Als ich Liebling war, kannte ich die Gefahren schon und konnte mich dagegen wappnen.«

Rosie: »Wie alt warst du da?«

Annie: »Acht.«

Rosie: »Wie konntest du dich gegen die Gefahr wappnen?«

Annie: »Indem ich achtgab, nie von einem Menschen abhängig zu werden.«

Rosie: »Warum warst du eines Tages kein Liebling mehr?«

Annie: »Das Personal wechselt eben. Und es brachte mich doch sehr aus der Fassung, als ich so verlassen wurde. Es war so schlimm, daß ich mir schwor, mir nie wieder zu erlauben, eine Schwester zu mögen. Kindern konnte man trauen, Erwachsenen nicht.«

Als Rosie mir vorschlug, die Zunge für »Ja« und »Nein« zu benutzen, war ich wahnsinnig aufgeregt: Zum erstenmal in meinem Leben konnte ich ein bißchen selbst bestimmen, was mit mir geschah! Nie zuvor hatte irgend jemand auch nur versucht herauszufinden, ob wir vielleicht etwas verstehen könnten. Ich war ungeheuer erleichtert, daß da nun jemand war, der mehr sah als nur unsere Körper. Es gab also Menschen, die nicht glaubten, daß die geistige Entwicklung nur von den körperlichen Fähigkeiten abhängt.

Ich war so glücklich. Für den Anfang genügte es mir, die anderen Kinder zu treffen. Einige kannte ich schon, bevor ich nach Station vier verlegt wurde, aber ich wußte nicht einmal, ob sie noch lebten. In St. Nicholas war es riskant, Freundschaften einzugehen, weil man nie wieder seine alte Station besuchen durfte, wenn man einmal verlegt worden war. Die Kinder wurden nach den Bedürfnissen des Personals auf die Stationen verteilt, und so konnte eine Freundschaft durch einen einzigen Federstrich für immer zerstört werden.

3. Die Gruppe

Immer mehr wurde ich in das Stationsleben miteinbezogen, und zwar vor allem wegen der Finanzen. Um die Spielgruppe einzurichten, brauchten wir viel Neues an Spielzeug und Ausstattung. Ich erfuhr bei der Verwaltung, daß sich ein Haufen Geld angesammelt hatte, der nur darauf wartete, ausgegeben zu werden. Denn die Regierung zahlte regelmäßig Geld für jedes Kind, und da niemand außer der Physiotherapeutin je etwas damit anzufangen gewußt hatte, lagen nun etwa 60000 Dollar in der Kasse. Der Verwalter war nur zu gern bereit, sie für mich auszugeben.

Ich arbeitete mich langsam vorwärts. Als erstes stellten wir die Ausstattung für die Spielgruppe zusammen: Sitzsäcke (die meisten Kinder konnten nicht anders sitzen), Buggies und Sportwagen, denn das Transportproblem war sofort aufgetaucht. Bei dem Leben in St. Nicholas waren die Kinder verhältnismäßig klein für ihr Alter, und so paßten sie bequem in Baby-Buggies.

Dann machte ich mich daran, die Stationen freundlicher zu gestalten. Zuerst schlug mir eine Welle von Widerstand entgegen. Viele Schwestern arbeiteten schon seit Jahren hier, und für sie war dies ein Hospital und kein Zuhause. Für sie galten nur medizinische Argumente, und Poster erregten Anstoß, weil sie Staub anzogen und Brutstätten für Keime boten. Dasselbe galt für Mobiles und Spielzeug, das es überhaupt nur zu besonderen Gelegenheiten gab.

Ich kann mich noch gut daran erinnern, wie ich meine ersten Poster aufhängte: ein Hundebaby, ein Kätzchen und eine Entenfamilie – drei Poster für eine ganze Station. Die Oberschwester riß sie herunter und sagte, sie seien absolut fehl am Platz. Glücklicherweise gab es in St. Nicholas zwei Schwestern aus Neuseeland, die ganz anderer Meinung waren und mir eine Chance gaben. Die Oberschwester ging in Urlaub, die Neuseeländerinnen ermutigten mich, und allmählich entstand eine gewisse Konkurrenz unter den jüngeren Schwestern: »Die kriegt Plakate für ihre Station«, hieß es dann, »und was ist mit meiner?«

Ich hängte ein Mobile auf und bat die Besucher, bei der Oberschwester anerkennende Bemerkungen darüber fallenzulassen – und siehe da, sie wies mich an, sofort mehr Mobiles aufzuhängen. Ich war sehr zufrieden. Ich brachte die Studenten dazu, noch mehr Mobiles für die riesigen Räume des Hospitals anzufertigen. Immer mehr Plakate kamen an die Wände, und an den Betten befestigten wir Spielzeug, so daß die Kinder etwas anzufassen hatten. Für jede Station wurde ein Kassettenrecorder angeschafft: Nun gab es Musik. Ich verbrachte viel Zeit damit, von einer Station zur anderen zu gehen und Poster auszutauschen, denn wir hatten längst nicht genug, und so mußten die wenigen oft ausgewechselt werden, damit die Kinder immer wieder etwas Neues sahen. Da die Kinder nicht aus dem Hospital herauskamen, wollten wir die Atmosphäre drinnen so abwechslungsreich wie möglich machen. Ich befestigte die unterschiedlichsten Gegenstände an den Wänden, damit die Kinder durch Berühren verschiedene Oberflächen und Materialien kennenlernen konnten, ich tauschte die Musikkassetten in den Stationen aus und versuchte die Verwaltung davon zu überzeugen, daß es gut wäre, für jede Station einen Farbfernseher zu kaufen. Dazu schrieb ich folgende Begründung:

> Einige unserer Kinder verstehen recht gut, was im Fernsehen gezeigt wird, und können auch mit einem Schwarzweißbild etwas anfangen. Wenn sie in einer normalen Umgebung leben würden, gäbe es keinen Grund, warum sie einen Farbfernseher haben sollten. Aber so ist dies ihre einzige Möglichkeit, sich ein Bild vom Leben außerhalb der Station zu machen. Wenn man diesen Kindern eine Geschichte vorliest, merkt man schnell, wie begrenzt ihre Welt ist und wie sehr sie durch Farbfernsehen erweitert werden könnte. So ist Wasser in Geschichten und auf Bildern normalerweise blau. Wenn das einzige Wasser, das man je zu sehen bekommen hat, aus dem Wasserhahn kommt, was für eine Farbe hat Wasser dann? Was bedeutet »blau« für so ein Kind?

Die Leitung befürchtete, daß die Betreuer vor dem Fernseher sitzen würden, statt zu arbeiten, und das war dann auch manchmal so, aber für die Kinder war das Fernsehen lebenswichtig.

In jenem Jahr erzählte ich meinen Freunden oft, wie selten die Kinder aus dem Hospital herauskämen. Einer von ihnen nahm Kontakt zu einer Gruppe an der Universität von Melbourne auf, die sich um soziale Wiedereingliederung kümmerte. Dort fanden sich Leute bereit, einmal in der Woche ins Hospital zu kommen, und ich sorgte dafür, daß die Kinder zum Spazierengehen herausgeholt werden durften. So etwas hatte es noch nie gegeben, und ich mußte allen Eltern Briefe schreiben, in denen ich ihr Einverständnis erbat, daß ihre Kinder das Krankenhausgelände verlassen durften.

Gegen Ende des Jahres überlegte ich, ob ich nicht wieder studieren sollte. Meine Tätigkeit als Assistentin der Ausbildungsleiterin lief aus, da die Struktur der Kurse geändert worden war. Der Verwaltungsleiter und der Direktor baten mich jedoch, zu bleiben und ganztags mit den Kindern zu arbeiten. Ich sollte ein Beschäftigungsprogramm planen, weiter für eine anregende Umgebung sorgen und dafür, daß die Kinder auch die Welt außerhalb des Hospitals kennenlernten. Begeistert sagte ich zu. So wurde 1975 für mich die erste Ganztagsstelle am Hospital eingerichtet, bei der es ausschließlich um Beschäftigungs- und Lernprogramme für die Kinder ging. In den Büchern lief ich immer noch als Stationshilfe. Zwar bemühte sich die Verwaltung, mich anders einzugruppieren, aber bei der Behörde existierte keine Stellenbeschreibung für jemanden, der weder in die Kategorie »Schwester« noch in die Kategorie »Therapeut« paßte.

Mit dieser neuen Stelle und soviel moralischer Unterstützung begann ich Geld auszugeben wie ein betrunkener Seemann. Mit staatlichen Stiftungsmitteln konnten wir Teilzeitkräfte als Freizeitpädagogen anstellen, darunter ausgebildete Lehrer, die Teilzeitarbeit suchten, aber vor allem Studenten, die ich bei der Arbeit anleitete. Wir bezogen einige der Räume, die vorher von den Lehramtsstudenten genutzt worden waren, und so hatten die Kinder zum erstenmal eigene Zimmer außerhalb der Station.

Das waren nur kleine Veränderungen, und ich wußte, daß größere nötig waren, wenn die Kinder je ein erträgliches Leben führen sollten. Aber solche Veränderungen mußten auf höherer Ebene stattfinden. Der Premierminister von Victoria hatte ein Komitee einberufen, das alle Aspekte der Versorgung und Ausbildung geistig Behinderter untersuchen sollte, und im Mai 1975 lieferte ich dem Komitee einen Bericht mit dem Titel: »Der behindernde Effekt des gegenwärtigen Versorgungssystems geistig behinderter Kinder und Vorschläge zur Verbesserung«. Bei einer öffentlichen Anhörung am 10. November sprach ich darüber und zeigte einen Videofilm über St. Nicholas, und am nächsten Tag waren die Zeitungen voll davon. Besonders die Mahlzeiten wurden vielfach kommentiert. Im Leitartikel des »Age« hieß es unter der Überschrift »Schlafenszeit in St. Nicholas«: »Es ist eindeutig skandalös, daß Kinder nachmittags um halb vier ihr Abendessen bekommen und um vier Uhr ins Bett müssen...« Der Leitartikel im »Herald«, »Rigide Regeln – Kinder leiden«, meinte, daß mein Beweismaterial »jeden schockieren müsse, der glaubte, derartige Zustände gäbe es seit Charles Dickens nicht mehr... Kinder werden nachmittags um vier ›für die Nacht‹ schlafen gelegt und müssen eine 16stündige Pause vom ›Abendessen‹ bis zum Frühstück überstehen«.

Daß die Mahlzeiten auch heute noch zu diesen Zeiten stattfinden, wirft ein klares Licht darauf, wer mächtiger ist – die Presse oder die Bürokratie.

In St. Nicholas jedenfalls war ich erledigt. Die Schwestern waren wütend und fühlten sich kritisiert, was ich gar nicht beabsichtigt hatte. Doch an diesem 11. November 1975 geschah noch etwas: Der sich abzeichnende Skandal, der in St. Nicholas wohl noch so manche Leiche aus dem Keller ans Licht gefördert hätte, wurde überschattet vom Sturz des Premierministers durch den Vertreter der Königin, den Generalgouverneur Sir John Kerr. Heute glaube ich, es war gut, daß wir so schnell wieder aus dem Licht der Öffentlichkeit verschwanden. Auf jeden Fall war es gut für Annie. Hätte man damals in St. Nicholas aufgeräumt, so wäre ich selbstgefällig von dannen gezogen, Annie wäre zurückgeblieben und heute wahrscheinlich tot.

Das Komitee des Premierministers konnte nichts an den Mißständen in St. Nicholas ändern, und so wandte ich mich mit dem Problem der Mahlzeiten an den Ombudsmann von Victoria. Er hatte sich mit Beschwerden der Insassen von Pentridge, dem Hochsicherheitstrakt des Gefängnisses von Melbourne, beschäftigt und befunden, daß die Gefangenen sich zu Recht über die unbillige Härte beklagten, ihr Abendessen um halb vier und das Frühstück um halb acht zu bekommen. Ich schrieb ihm einen kurzen Brief, in dem ich fragte, ob man das, was für die Gefangenen zu hart sei, behinderten Kindern in staatlichen Einrichtungen zumuten könne – sie hätten nämlich dieselben Essenszeiten. Ich war so dumm, mit meinem Namen zu unterschreiben. Er fragte bei der *Mental Health Authority* nach, ob dort eine Rosemary Crossley bekannt sei, holte Auskünfte ein und befand dann, dies sei keine unzumutbare Härte für die Kinder. Er antwortete:

> Es ist nicht erwiesen, daß die frühen Zubettgehzeiten die Verdauung des Abendessens beeinträchtigen. Ich nehme zur Kenntnis, daß viele Kinder sich morgens nicht wohl fühlen, aber wohl nicht, weil sie Hunger haben, sondern, wie der Direktor erklärt, eher weil sie sich langweilen.
>
> Ich glaube nicht, daß die Zeit, zu der es gegenwärtig Abendessen für die Kinder im St.-Nicholas-Hospital gibt, eine unbillige Härte für sie bedeutet...

Aber in diesem Jahr gab es auch einen großen Aufschwung: Zum erstenmal schickte das Kultusministerium Personal nach St. Nicholas. Ich hatte schon mit der St.-Paul-Schule für Blinde und dem Monnington-Bildungszentrum für taub-blinde Kinder Kontakt aufgenommen. Denn daß in St. Nicholas auch taub-blinde Kinder lebten, hatte mich am meisten erschreckt, weil man die Intelligenz eines Kindes, das sowohl taub als auch blind ist, nicht einschätzen kann, wenn man es nicht lehrt, sich verständlich zu machen. Und das hatte nie jemand mit diesen »geistig behinderten«, tauben und blinden Kindern versucht. Es gab zwar mittlerweile einige Kinder, die in verschiedene Einrichtungen außerhalb ein paar Tage in der Woche »zur Schule« gingen, aber daß uns das Kultusministerium nun Personal schickte, war ein riesiger Schritt vorwärts. Vom zweiten Semester an hatten wir ganztags einen ausgebildeten Lehrer, einen mit einer Teilzeitstelle und sechs oder sieben Hilfslehrer. Sie nahmen mir einige Last von den Schultern, denn bis dahin war ich für den Unterricht von 160 Kindern verantwortlich gewesen. Ich arbeitete jede Woche mit vierzig bis fünfzig Kindern, die Freizeitpädagogen betreuten weitere dreißig; doch gab es noch immer siebzig Kinder, die gar keine Förderung bekamen. Ich versuchte, mich auch um sie zu kümmern, indem ich durch die Stationen ging und mich bemühte, ihre Umgebung anregender zu gestalten. Doch selbst die Kinder, mit denen wir arbeiteten, kamen nur für wenige Stunden in der Woche zu uns. Es blieb noch ungeheuer viel zu tun, und mit den neuen Lehrern hatten wir nun immerhin eine Chance, es zu schaffen.

1976 begann ich ein Teilzeitstudium für das Diplom in Pädagogik. Ich hatte St. Nicholas eigentlich verlassen wollen und blieb nur noch dort, damit die Lehrer sich einarbeiten konnten. Ich wollte nicht gehen, bevor jemand kam, der mich ersetzen konnte, doch ich wußte, daß die *Mental Health Authority* meine Stelle nicht wieder besetzen würde, wenn ich das Hospital verließe. Deshalb entschloß ich mich schließlich für ein Teilzeitstudium und richtete es so ein, daß die meisten meiner Seminare in das Gebiet der Sonderpädagogik mit geistig und körperlich behinderten Kindern fielen.

Noch immer arbeitete ich mit meiner »klugen« Körperbehinderten-Gruppe. Mittlerweile waren es zehn, die wöchentlich ein oder zwei Nachmittage in die Spielgruppe kamen, und noch immer bot ich ihnen ein Programm, das auf Vorschulkinder zugeschnitten war.

Die Kinder waren zwischen zehn und fünfzehn, aber wegen ihrer mangelhaften Lernerfahrungen hatten sie gewaltige Lücken. Wir spielten mit Sand und Wasser, malten mit Fingerfarben, formten Knetgummi, je nach den Behinderungen der Kinder. Wir kochten, züchteten Pflanzen, spielten Theater und schrieben Bücher.

Jedesmal gab es auch eine Geschichte, und je mehr die Kinder lernten, sich zu konzentrieren, desto anspruchsvoller wurden die Geschichten. Und in all unseren Spielstunden redete ich ununterbrochen, denn die Schwestern sprachen oft gar nicht mit den Kindern. Ich verdeutlichte den Sinn der Worte so plastisch wie möglich, denn ich glaube, daß wir vieles nur dann richtig verstehen, wenn wir es konkret erfahren haben, und diese Kinder hatten wegen ihrer körperlichen Behinderungen kaum Erfahrungen machen können. So verbrachte ich viel Zeit damit, sie auf Tische zu heben, durch Tunnel zu ziehen und so weiter. Alle wichtigen Wörter für Formen, Farben und Zahlen wurden eingeführt und anschaulich gemacht. Ihr Gehör mußte auch geschult werden, und wir spielten Spiele, bei denen Geräusche erkannt werden sollten. Lieder aus der »Sesamstraße« waren unsere Hintergrundmusik – Stunde für Stunde dieselben: das ABC-Lied, ein Lied von den Formen, Zähl-Lieder und Lieder über die Körperteile. Hier gab es viel zu tun, denn wegen ihrer Behinderungen wußten die Kinder nur wenig über ihren Körper. So hatten wir Unterrichtsstunden mit dem Thema: »Lern deine Füße kennen«. Ich bereitete verschiedene Schüsseln vor, eine mit eiskaltem Wasser, eine mit Schlamm und eine mit heißem Seifenwasser. Ich tauchte ihre Füße nacheinander in die Schüsseln und sprach darüber, wie sich das wohl anfühlte. Beim Abtrocknen spielte ich mit ihren Zehen.

Da die Kinder auf den Stationen nie die Wahl hatten, bot ich ihnen immer zwei verschiedene Getränke an, und sie wählten, indem sie auf das Gewünschte zeigten oder die Augen darauf richteten. Ich versuchte auch, ihre Kenntnisse über Essen und Trinken zu erweitern – so war etwa der Geschmack von Kaffee und frischem Obst neu für sie. Sobald alle Kinder wählen konnten, nutzte ich diese neue Fähigkeit, ihr Begriffsvermögen zu überprüfen. Um ihre begrenzten Vorstellungen von Geschirr zu erweitern (auf den Stationen gab es nur Becher, Schüsseln und Teelöffel), kaufte ich Campinggeschirr mit Tassen, Untertassen und Tellern in vier Farben. Bevor ich die Getränke verteilte, gab ich jedem Kind eine Untertasse und ließ sie dann von meinem Tablett mit Tassen die aussuchen, die dazu paßte. Auf ähnliche Weise fand ich heraus, welche Begriffe sie noch kannten, und bald spielten wir Spiele, in denen wir diese Kenntnisse anwandten.

Das war alles recht simpel, und heute weiß ich, daß ich damit dem Intelligenzniveau der Kinder nicht gerecht wurde, aber die Zeit war sicher auch nicht ganz vergeudet. Erst allmählich begann ich zu ahnen, daß sie womöglich etwas Anspruchsvolleres verdienten als eine Spielgruppe.

ANNIE: Ich verkam in St. Nicholas, bis ich durch Rosie erlebte, daß es Menschen gibt, die wissen, daß in unseren hilflosen Körpern Geist und Seele wohnen können, auch wenn Rosie nicht erkannte, daß manche von uns sogar normal intelligent waren. Aber allein das Gefühl, wenigstens als lebendiges Wesen betrachtet zu werden und nicht nur als dahinvegetierender Körper, war Grund genug zur Hoffnung. Die Spielgruppe bedeutete viel für uns, nicht nur, weil sie unsere Vorstellungswelt erweiterte, sondern auch, weil dort intelligente Kinder von allen Stationen zusammenkamen. Wir trafen Kinder, die kommunizieren konnten, und waren nicht mehr so allein, auch wenn es den anderen kein bißchen besser ging als uns. Vorher hatten wir ständig in der Angst gelebt, daß wir auf Stationen verlegt würden, wo keiner sprechen konnte. Wasserplantschen, Sandspielen und Fingermalen waren neue Lustbarkeiten für uns – solche Babyspiele sind sonst nicht attraktiv für Teenager, aber für uns war dieser Kindergarten die einzige Spielmöglichkeit und die einzige Schule, die wir je hatten.

4. Die Welt draußen

Ende des Jahres 1976 starb Joey. Er war von Anfang an bei der Gruppe gewesen. Ich glaube, er mochte mich nicht besonders und starb, weil er jede Hoffnung aufgegeben hatte. Ich habe vielleicht nicht genug für ihn getan. Joey machte immer viele Geräusche, und mir war klar, daß er zu sprechen versuchte, aber ich konnte nicht verstehen, was er sagte. Hätte ich mich mehr bemüht, und wäre ich geübter darin gewesen, ungewöhnliche Lautmuster zu verstehen, dann hätte ich vielleicht eher erkannt, daß sowohl er wie die anderen Kinder intelligent waren. Als ich es endlich begriff, war es für Joey zu spät.

Sein Tod veranlaßte mich, genauer auf die anderen Kinder in der Gruppe zu achten. Zur gleichen Zeit ging es auch mit Annie bergab: Sie wurde depressiv, nahm nicht mehr an den Gruppenaktivitäten teil und magerte ab – dabei wog sie ohnehin nur dreizehn Kilo und hatte nicht viel zuzusetzen. Ich nahm an, daß Annie eine gewisse Intelligenz besaß, wenn auch nicht viel, und ich wußte, ich würde es nicht ertragen, noch ein mit Intelligenz begabtes Kind sterben zu sehen. Ich beschloß also, Annie übers Wochenende mit nach Hause zu nehmen. Ich hatte schon viel darüber nachgedacht, denn es hieß, daß nun auch Chris Borthwick, der Mann, mit dem ich seit elf Jahren zusammenlebte, in mein Leben in St. Nicholas mit einbezogen werden würde. Er hatte sich ohnehin schon ständig meine Erzählungen anhören müssen, aber dies würde ihn viel konkreter und auf lange Sicht betreffen. Man kann ein Kind nicht nur für ein Wochenende einladen, sondern muß sich darauf einstellen, es regelmäßig mitzunehmen. Aber ich fühlte mich dazu in der Lage, und auch Chris war einverstanden.

Zuerst mußte ich Annies Eltern um Erlaubnis bitten. Ihre Mutter war überglücklich: Am Tag nach meinem Anruf war sie schon in der Stadt, um das Erlaubnisformular zu unterschreiben. Sie freute sich sehr, daß jemand sich so um ihre Tochter bemühte. Zufällig kam sie gerade, als Annie mit der Gruppe im Spielraum Ostern feierte. Sie zitterte vor Freude, als sie Annies Fingermalereien an der Wand hängen sah, denn man hatte ihr gesagt, daß Annie nie zu solchen Leistungen fähig sein würde. Nun nahm sie gleich einen ganzen Stapel Bilder mit, um sie der Familie zu zeigen.

Mitte April nahm ich Annie zum erstenmal übers Wochenende mit nach Hause. Sie war eine ganz unbekannte Größe für mich: ein sechzehnjähriges Mädchen, das vielleicht soviel verstand wie eine gesunde Sechsjährige. Und nicht einmal dessen war ich mir sicher.

Als ich Freitag mit der Arbeit fertig war, lag Annie schon seit zwei Stunden im Bett. Ich zog ihr einen Anzug über das Nachthemd und darüber einen Anorak, damit sie einigermaßen ordentlich aussah. Außerdem packte ich große Plastiktüten mit Ersatzkleidung und Bettwäsche ein. Ich nahm einen Buggy, damit ich sie transportieren konnte, und bestellte ein Taxi. Im Taxi mußte ich Annie auf den Schoß nehmen – sie konnte im Auto nicht sitzen – und hielt sie hoch, damit sie aus dem Fenster schauen konnte. Ich erklärte ihr, warum wir bei Rot anhielten. Sie sprudelte über vor Glück.

Als wir ankamen, zeigte ich Annie erst einmal das ganze Haus. Chris war nicht da. So setzte ich sie in den Buggy, und wir zogen los in Richtung Ladenzeile, um ihn zu suchen. Chris hatte Annie noch nie gesehen, und als wir ihn schließlich trafen, war er genauso verwirrt wie sie. Ich stellte die beiden einander vor, Chris ging nach Hause, und wir bummelten weiter an den Geschäften entlang. Auf dem Rückweg war es schon ziemlich dunkel. Es war das erste Mal seit Jahren, daß Annie abends draußen war, und so sprach ich mit ihr über Mond und Sterne. Chris hatte inzwischen das Essen gerichtet mit Brot und Käse und allerlei Delikatessen. Annie hatte im Hospital schon zu Abend gegessen, aber sie konnte gut noch eine zweite, größere Mahlzeit vertragen. In St. Nicholas hatte sie noch nie eine Scheibe Brot bekommen, geschweige denn Pastete, Krabbensalat oder schwarze Oliven, doch sie probierte alles. Salat und Pastete schmeckten ihr, nur die Oliven waren nicht ganz nach ihrem Geschmack.

Nach dem Abendessen legten wir sie auf einer Matratze in unserem Zimmer zum Schlafen. Wir waren nicht sicher, was uns erwartete, und wollten sie nicht aus den Augen lassen. Sie benahm sich gut, schlief aber unruhig.

Samstagmorgen badeten wir sie. Wir konnten hier auch nicht mehr Rücksicht auf ihr Schamgefühl nehmen als im Hospital, denn ohne Chris' Hilfe wäre das Baden zu gefährlich gewesen. In St. Nicholas vermieden die Schwestern das Risiko, daß ihnen die Kinder beim Baden ertranken, indem sie sie in Metallbottichen abspritzten. Annie genoß es sehr, einmal zivilisierter zu baden, und unsere asymmetrisch gebaute Badewanne paßte genau zu ihrem bogenförmigen Rücken.

Zum Frühstück gab es Haferbrei, und dann gingen wir einkaufen. Wir besorgten die Verpflegung fürs Wochenende, und bei Woolworth kaufte ich Annie eine Puppe und ein kleines, goldenes Buch. Sie freute sich sehr, und ich befestigte die Puppe neben ihr im Buggy. Sie war so winzig, daß die Puppe überhaupt nicht unpassend wirkte. In den Geschäften wurde sie einige Male angesprochen, worauf sie mit einem Lächeln antwortete.

Ich hatte mit unserer Nachbarin Sue Jones ausgemacht, daß uns ihre beiden Kinder – Sally fünf und Jodie drei Jahre alt – am Nachmittag besuchen sollten, denn ich nahm an, daß sie vom geistigen Entwicklungsstand her gut zu Annie passen würden. Die Kinder waren entsetzt, als sie sahen, wie behindert Annie war. Sie lag auf dem Boden, weil es für sie zu unbequem war, längere Zeit im Buggy zu sitzen, und so im Liegen war ihre körperliche Behinderung sehr auffällig. Sally und Jodie hatten ein Lego-Spielzeug mitgebracht, das man hinter sich herziehen konnte, und das zeigten sie Annie. Es gefiel ihr sehr, sie kringelte sich vor Lachen und benahm sich überhaupt prächtig.

Als die beiden wieder gegangen waren, machten wir einen Spaziergang zum nahegelegenen Park und zum Spielplatz. Annie hatte Spaß daran, den Kindern beim Spielen zuzusehen, bei alledem, was sie selbst nicht konnte, und Chris ging mit ihr auf die Rutsche, schaukelte mit ihr und fuhr mit ihr Karussell. Wir schauten bei einem befreundeten Kollegen von Chris vorbei, der in einem Haus am Park wohnte, und luden uns zum Tee ein. Annie ertrug die Vorstellung, daß das Abendessen nicht um halb vier serviert werden würde, mit Grazie. Sie hatte beim Frühstück und zu Mittag ohnehin mehr gegessen als Chris oder ich. Und auch die Abendunterhaltung war kein Problem. Wir hatten zwar keinen Fernseher, aber wir nahmen sie einfach mit in die Küche, wo sie uns zuschaute, wie wir Geschirr spülten und das Abendessen machten.

Am Sonntag waren wir zum Mittagessen eingeladen. Vorher wollten wir uns in der Nationalgalerie eine Ausstellung amerikanischer Kunst ansehen, die nur noch einige Tage lief. Für Annie würde es interessant genug sein, die Leute zu beobachten, und ihr darum nichts ausmachen, ungefähr eine Stunde in der Galerie zu bleiben. Doch Annie überraschte mich: Sie sah sich nicht die Leute, sondern die Bilder an! Als ich sie das erste anschauen sah, machte ich eine Bemerkung über das Bild. Daraufhin betrachtete sie jedes Bild, und es war eine große Sammlung. Sie sah sich immer zuerst das Bild an, drehte sich dann um – fast die einzige Bewegung, die sie ohne Hilfe machen konnte – und wartete auf meinen Kommentar. So gingen wir durch die ganze Ausstellung. Manche Leute müssen es sehr komisch gefunden haben, daß da jemand mit einem Kind über die Gemälde sprach, mit einem Kind, das nicht nur offensichtlich behindert war, sondern außerdem so aussah, als wäre es gerade vier Jahre alt.

In der Lithographie-Ausstellung nebenan kam dann der Durchbruch: Ich schob Annie vor eine Lithographie, und sie lachte. Sie lachte niemals grundlos, und ich sah genauer hin, was sie wohl so amüsierte. Es war eine Lithographie von Toulouse-Lautrec: Ein fetter Mann in einem dreiteiligen Anzug mit Gamaschen tanzt auf Zehenspitzen, die Arme weit ausgebreitet. Er ist betrunken und wirkt wirklich komisch. Annie lachte also über eine Schwarzweißlithographie. Geistig schwer behinderte Menschen reagieren nicht so.

ANNIE: An diesem ersten Wochenende draußen war ich überwältigt! Seit dem Streik der Schwestern hatte ich keine einzige Nacht außerhalb von St. Nicholas verbracht – und das war das erste und einzige Mal in dreizehn Jahren gewesen. Ich konnte mich nicht an Geschäfte und an Geld erinnern. In St. Nicholas bekamen wir nie Geld zu sehen, denn alles wurde ja vom Staat bezahlt. Nichts wurde direkt im Laden gekauft, und wir Kinder betraten nie einen. Regale voller Eßwaren hatte ich zwar im Fernsehen gesehen, aber ich dachte, das sei nur Reklame. Ich hätte nicht im Traum geglaubt, daß es so etwas wirklich gibt. Wie erstaunt war ich, daß die Leute die Lebensmittel in den Geschäften nicht einfach nahmen und aßen. Hätte ich mir die Sachen aus den Regalen angeln können, ich hätte das sicher getan. Ich konnte auch nicht begreifen, wie sie bei einem so großen Angebot überhaupt je wissen, was sie haben wollen.

Das Abendessen war eine Sensation – noch nie hatte ich so etwas gekostet. Rosie legt viel Wert auf gutes Essen; erst viel später wurde mir klar, daß eine solche Auswahl guter Sachen nicht überall auf den Tisch kommt.

Aus dem Fernsehen kannte ich Badezimmer, in denen nicht alles aus Nirosta-Stahl war wie in St. Nicholas. Aber ich hatte noch nie ein Bad mit blauen Fliesen und Messingarmaturen gesehen. Da mein Rücken so gebogen ist, paßte ich genau in die dreieckige Wanne und badete zum erstenmal in meinem Leben so richtig mit Behagen. Es ist herrlich, sich verwöhnen zu lassen – dieses Glück hatte ich noch nie erlebt!

Am schönsten war es, wie ich mit Geschichten und Spielen ins Bett gebracht wurde – ein erfreulicher Gegensatz zum Hospital des Schutzheiligen der Kinder, wo es weder das eine noch das andere gab.

Am nächsten Tag lernte ich Freunde von Chris und Rosie kennen. Am meisten hat mich beeindruckt, wie sehr sie sich bemühten, daß ich mich willkommen fühlte. Überall, wo wir hinkamen, wurde ich wie ein normales Kind behandelt, zwar wie ein sechsjähriges, aber jedenfalls wie ein normales Kind. Dies Vergnügen war mir auch zum erstenmal beschieden.

Am Sonntag gingen wir in die Gemäldegalerie. Da ich von Kunst keine Ahnung hatte, interessierte mich vor allem, was auf den Bildern zu sehen war, und nicht, wie es dargestellt war. Im Kulturprogramm des Fernsehens hatte ich ein paar theoretische Grundlagen mitbekommen, aber ich wußte noch gar nicht, was mir gefiel. Über den Toulouse-Lautrec mußte ich lachen, weil der Mann in seiner feinen Kleidung so lächerlich aussah mit den gespreizten Armen und auf Zehenspitzen.

Ich war sicher, daß Rosie über meine Intelligenz Bescheid wußte. Warum hätte sie mich sonst mit in die Ausstellung genommen? Inzwischen weiß ich, daß sie sich keineswegs darüber klar war, und um so erstaunlicher finde ich es, daß sie mich so freundlich behandelt hat.

Chris ist groß und dunkel und sehr haarig. Er redet sehr schnell und stottert dabei wie ein Maschinengewehr. Er besitzt die erstaunliche Fähigkeit, fünf Bücher gleichzeitig zu lesen. Wenn er Feuer macht, muß er unbedingt erst einmal lesen, was auf dem Anheizpapier steht. Kritik beeindruckt ihn wenig, und er macht uns oft damit verrückt, daß er an keinem Stück Papier vorbeikommt, ohne es zu lesen.

Chris behandelte mich und die anderen Kinder immer so, als wären wir ganz normal. Im Gegensatz zu den meisten Menschen, die nicht wissen, wie sie sich einem Stummen gegenüber verhalten sollen, fiel es ihm niemals schwer, mit uns zu reden. Bevor Chris nach St. Nicholas kam, glaubten mir die andern Kinder nicht, wenn ich ihnen erzählte, daß es noch mehr Menschen wie Rosie gab, die uns wie intelligente Wesen behandeln.

Chris war der erste Mann, der mich nicht abstoßend oder lächerlich fand. Es war, als beachtete er meinen Körper gar nicht. Jedenfalls gestattete er es sich nicht, Gefühle von Abneigung zu zeigen. Das war mir nach meiner bisherigen Erfahrung mit Männern fast unbegreiflich.

Außer Rosie ist Chris der Mensch, der am meisten für uns getan hat, und das trotz ständiger Schikanen durch die *Health Commission.**

* Die »Health Commission« ist für die Verwaltung der Krankenhäuser und alle anderen Einrichtungen des Gesundheitswesens in Victoria zuständig. In Australien ist das Gesundheitswesen Sache der einzelnen Bundesstaaten. Daher unterscheidet es sich von Staat zu Staat.

5. Mit den Händen sprechen

In der folgenden Woche schlug ich mich mit zwei Problemen herum: Welches Verständigungsmittel sollte ich Annie an die Hand geben und wo die Zeit hernehmen, es ihr beizubringen? In meinem Studium war ich so weit, daß ich darangehen mußte, Daten für meine Diplom-Arbeit zu sammeln. Alle anderen Studenten beschäftigten sich mit Kindern, die Unterstützung beim Lesenlernen brauchten. Da ich wegen meiner Tätigkeit in St. Nicholas in einer besonderen Situation war, erlaubte mir mein Professor, meine Arbeit über ein Kind mit Down-Syndrom zu schreiben. Dieses Kind konnte nicht sprechen, und ich wollte ihm als Kommunikationsmittel die Bliss-Symbole beibringen. Das ist eine Art Zeichensprache, die Charles Bliss zur besseren internationalen Verständigung entwickelt hat. Sie wird heute oft zur Kommunikation mit Körperbehinderten verwendet.

Ich hatte noch nicht begonnen und erhielt ohne Schwierigkeiten die Erlaubnis, statt dessen Annie zum »Subjekt« meiner Diplom-Arbeit zu machen. Das war die Lösung meiner Zeitprobleme, beantwortete aber nicht die Frage, was ich ihr beibringen sollte. Meiner Ansicht nach hat das Bliss-System für behinderte Kinder drei große Nachteile. Der erste und besonders schwerwiegende gilt für alle Systeme mit festgelegtem Vokabular: Wie soll der Benutzer mitteilen, daß er ein Wort verwenden möchte, das nicht im Wortschatz des Systems enthalten ist, wenn das Vokabular nicht von ihm selbst ausgewählt werden kann? Manchmal kann man sich helfen, indem man Umschreibungen wählt. Mit »ein Ding, das schneidet und in die Hosentasche paßt«, könnte man »Taschenmesser« umschreiben, falls man nicht »Nagelschere« sagen wollte. Aber manche Wörter, besonders Eigennamen, bestimmte Gegenstände und Gefühle, lassen sich kaum auf diese Art vermitteln. Außerdem sind die Bliss-Symbole tabellenförmig angeordnet, so daß es für einen ernsthaft körperbehinderten Menschen äußerst schwierig ist, sich eindeutig damit auszudrücken: Die Wahrscheinlichkeit, daß der Finger oder die Hand, die auf das Wort zeigen sollen, zwischen zwei Symbolen landen, ist hoch. Auch ist die Menge der Wörter, die ihm zur Verfügung stehen, begrenzt, nicht durch seine Lernfähigkeit, sondern durch die Anzahl der Worte, die sich innerhalb seines Bewegungsbereichs unterbringen lassen. Das dritte Problem lag darin, daß mit den Lehrmethoden, die damals an der Pädagogischen Fakultät üblich waren, viel Zeit auf das Erlernen der Symbole verwandt wurde und wenig auf tatsächliche Kommunikation. Ich glaubte noch immer, Annie sei geistig schwer behindert, und wäre nie auf die Idee gekommen, daß sie auch nur im entferntesten normal begabt sein könnte. So konnte ich mir nicht vorstellen, daß sie je buchstabieren oder komplexe, ja nicht einmal einfache Sätze bilden lernen würde. Meiner Ansicht nach brauchte sie ein Kommunikationssystem, mit dem sie von Anfang an ihre Bedürfnisse mitteilen und sich im Rahmen ihrer »geistigen Beschränktheit« so frei wie möglich ausdrücken könnte.

Als ich beschloß, mit Annie zu arbeiten, wußte ich noch keine Lösung für diese Probleme. Nur eins war klar: Ein paar Grundbedingungen mußten erfüllt sein, wenn man überhaupt ein Kommunikationssystem verwenden wollte, und ich mußte mich vergewissern, ob Annie sie erfüllte. Sie mußte meinen Anweisungen gemäß wählen und für ihre Wahl ein eindeutiges Zeichen geben können. Und sie mußte den Wunsch haben, sich verständlich zu machen.

Dienstag nahm ich Annie abends mit in den Spielraum der Station. Bevor ich an die Aufgaben ging, erklärte ich ihr, was ich vorhatte. »Annie«, sagte ich, »ich glaube, ich kann dir das Sprechen beibringen. Nicht mit deinem Mund, das kann keiner, aber mit deinen Händen. Doch zuerst muß ich sehen, ob du mit den Händen auf Bilder zeigen kannst.«

Ihr Gesicht erhellte sich, und dann arbeitete sie, als hinge ihr Leben davon ab.

Ich legte sie in Seitenlage auf den Fußboden, diesmal nicht nach hinten gebogen, sondern vorwärts: ihre Arme waren nach vorne gestreckt und auch ihr Kopf, so daß sie sehen konnte, was ihre Hände taten. Ich mußte mich hinter sie knien, um sie in dieser Position zu halten. Dann nahm ich irgendwelche Gegenstände, die sich gerade anboten, legte sie vor Annie hin und bat sie, auf das zu zeigen, was ich nannte. Ich begann mit zweien und erhöhte die Zahl allmählich auf sechs Objekte, deren Position ich häufig änderte. Mehr paßten nicht in den Halbkreis innerhalb ihrer Reichweite. Sie deutete richtig und mit Bestimmtheit auf alles, was ich benannte. Sie war ganz ruhig und konzentrierte sich angespannt auf ihre Aufgabe.

Ich war so aufgeregt, daß ich die Stationsschwester zum Zuschauen holte, und jetzt wurde Annie nervös. Zwar gab sie noch richtige Antworten, aber dann fing sie so an zu lachen, daß sie eine verpfuschte. Erst als die Schwester wieder gegangen war, beruhigte sie sich und arbeitete fehlerfrei wie zuvor.

Nun wußte ich sicher, daß Annie die Fähigkeiten hatte, die sie brauchte, damit ich mit ihr arbeiten konnte. Ich weiß noch, wie ich durch die Anlagen gegenüber dem Hospital ging: zitternd vor Aufregung und mein Gehirn nach einer neuen Kommunikationsmethode marternd. Die Arbeit dieses Abends hatte gezeigt, daß eine größere Tafel mit Bliss-Symbolen Annie wenig nützen würde, da sie nur eines aus einer Reihe von sechsen auswählen konnte. Aber meine Erfahrungen als Programmiererin kamen mir zugute, und während ich weiter durch den Park wanderte, dachte ich an die Venn-Diagramme, die in der Mengenlehre verwendet werden – daraus könnte man doch eine Kommunikationsmethode entwickeln. Das Set für Getränke würde zum Beispiel wie in Abbildung 3 (S. 59) aussehen.

Der leere Kreis stünde für »Sonstiges«. Wenn der Benutzer Milch oder Wasser oder sonst etwas haben wollte, das im Set nicht vorkam, müßte er auf den leeren Kreis zeigen, und man könnte dann herausfinden, was er sich wünschte, indem man ihm eine Reihe von Ja-Nein-Fragen stellte. Innerhalb der Kreise könnte man Bilder, Symbole oder Wörter verwenden, je nach Benutzer. So würde man allmählich mit Hierarchien von Sets arbeiten, für die man ein Buch anlegte, wie in Abbildung 4.

Die Zahlen in den Kreisen sind Seitenangaben. Wenn auf »körperliche Bedürfnisse« gezeigt würde, schlüge man Seite zwei auf und fände ein Set wie auf Abbildung 5.

Wenn dann auf »unangenehm« gezeigt würde, schlüge man Seite sechs auf und fände ein Set wie in Abbildung 6.

Abbildung 3

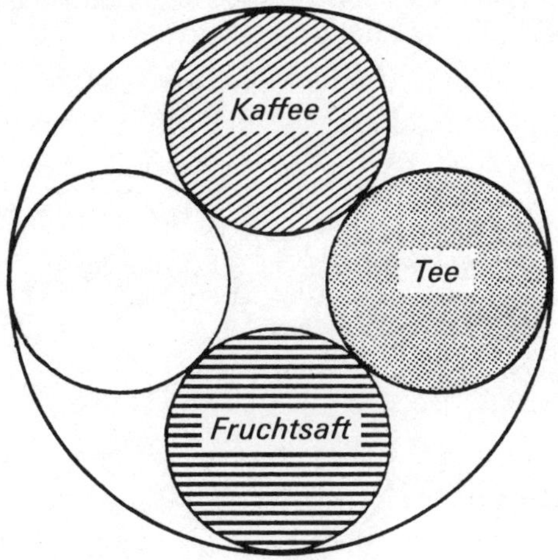

Abbildung 4

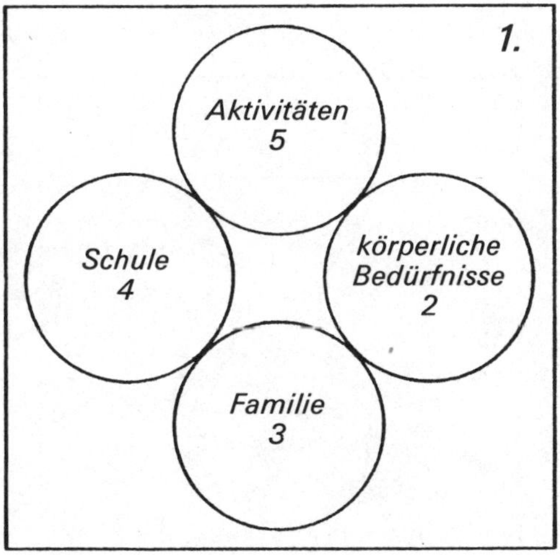

Abbildung 5

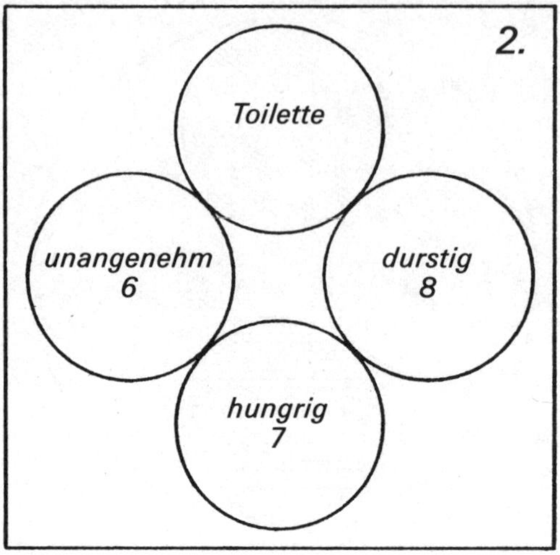

Abbildung 6

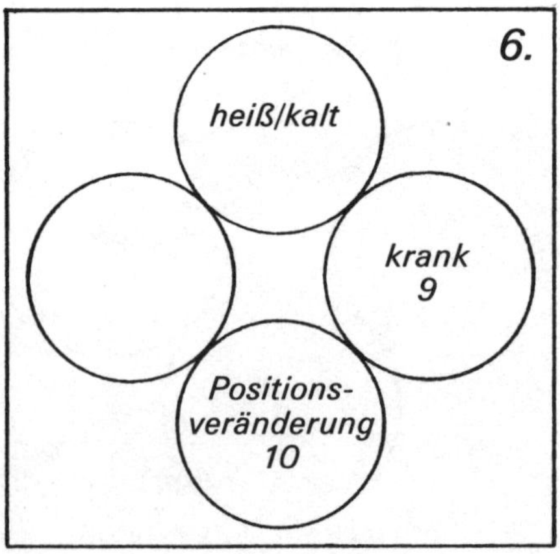

Wenn dann auf »heiß/kalt« gezeigt würde, müßte man mit Ja-Nein-Fragen herausfinden, was gemeint sein könnte. Dazu könnte man die jeweiligen Ja-Nein-Antworten der Benutzer verwenden.

Eine Ja-Nein-Frage muß so gestellt werden, daß sie sinnvollerweise mit »Ja« oder »Nein« beantwortet werden kann. Manche Leute fragen ein stummes Kind: »Frierst du oder schwitzt du?« und wundern sich, wenn es nicht antwortet.

So entstünde ein flexibles Kommunikationssystem, in das man bei Bedarf neue Sets einfügen könnte. Man könnte sie sofort zeichnen, wenn sie notwendig würden. Da die einzelnen Bestandteile der Sets sich an verschiedenen Stellen der Schautafel befänden und nicht direkt aneinandergrenzen würden, gäbe es kaum noch Schwierigkeiten bei der Interpretation der Bewegungen des Benutzers. Ich beschloß, daß die Kreise gut faustgroß sein sollten, damit man gegebenenfalls mit der ganzen Hand darauf deuten könnte. Wenn der Benutzer Schwierigkeiten mit dem Gedächtnis hätte, könnte man ihn immer wieder daran erinnern, wofür jeder Kreis stünde, und jedes Set von Wahlen wäre klein genug, um es während der Entscheidung im Kopf zu behalten. Je größer die Sets wären, die der Benutzer physisch und intellektuell meistern könnte, desto weniger Sets und entsprechend weniger Durchgänge würde man brauchen, um ans Ende der Verzweigungen des Kommunikationsbaumes zu gelangen.

Eine Person mit einem Vokabular von 200 Wörtern, die mit nur drei Kreisen auf einmal arbeiten könnte, würde fünf Hierarchien von Kreisen benötigen, um diese 200 Wörter abzudecken: drei Kreise führen zu neun Kreisen, neun führen zu 27, 27 zu 81, 81 zu 243. Wenn sie mit vier Kreisen arbeiten könnte, hätte sie mit der vierten Hierarchie Zugang zu 256 Wörtern, und die Verständigung wäre sowohl schneller als auch einfacher.

Am nächsten Tag hatten wir unsere zweite Unterrichtsstunde: Ich wollte herausfinden, ob Annie auf meine Aufforderung hin auf Bilder deuten konnte, denn ich war immer noch nicht ganz sicher, welche Art von System ich mit ihr benutzen wollte. Annie saß in ihrem »Baby-Buggy Major«, einem großen, speziell für behinderte Kinder konstruierten Buggy, und ich schob sie an einen Tisch. Das war damals die beste Sitzgelegenheit, aber selbst darin konnte sie nicht normal sitzen. Wenn ich ihr Gesicht nicht fest nach vorne hielt, drehte sich ihr Körper winkelförmig herum, und der Kopf streckte sich zurück und nach einer Seite. Solange sie auf dem Boden lag und ich ihr Kopf und Schultern mit meinen Knien nach vorne drückte, hatte sie ohne Unterstützung auf die Gegenstände zeigen können. Nun, da sie im Buggy saß, bewegten sich ihre Schultern automatisch nach hinten. So konnte sie den Arm nicht mehr bewegen, und selbst wenn ihr das gelungen wäre, hätte sie nicht sehen können, worauf ihre Hand deutete. Damit sie auf die Kreise zeigen konnte, mußte ich mich hinter sie stellen, mit der linken Hand ihren Kopf nach vorn drücken und mit der rechten ihren rechten Arm zwischen Schulter und Ellbogen unterstützen.

Es gibt Berge von Fachliteratur über sogenannte »Unterstützungstechniken«; und ich hatte gute Gründe für die Position, die ich wählte. Ich wollte dem Extensor-Krampf entgegenwirken, der Annies Bewegungskontrolle beeinträchtigte. Dazu mußte man sie in der Hüfte beugen, ihr Kopf und Schultern nach vorn drücken und gleichzeitig die Muskeln an der Unterseite des Arms stimulieren, der gestreckt werden sollte. Wenn ich Annies Schultern nach vorn drückte, ohne gleichzeitig ihren Arm zu unterstützen, konnte sie ihn nicht über den Tisch heben, weil er trotzdem noch nach hinten schlug. Legte man ihren Arm auf den Tisch, dann entstand so viel Druck und Spannung, daß sie ihn nicht mehr auf dem Tisch bewegen konnte. Auch waren da die Krämpfe – wer mit Menschen arbeitet, die an Zerebralparese leiden, weiß ein Lied davon zu singen. Wenn es Annie endlich gelang, den Arm zu bewegen, schnappte er plötzlich zu wie eine Kaninchenfalle: Der Unterarm wurde gegen den Oberarm gedrückt oder gegen ihr Gesicht gepreßt, wenn er vorher quer über ihrem Körper gelegen hatte. Und dann konnte sie ihn gar nicht mehr gezielt bewegen.

Dem konnte man entgegenwirken, indem man die Streckmuskeln des Arms stimulierte und gleichzeitig die Stimulation der Beugemuskeln so gering wie möglich hielt; so unterstützte ich ihren Oberarm, der auf meiner flachen Hand ruhte. Ich verhielt mich sozusagen wie ein reaktionsfähiges Möbelstück: Ich bewegte ihren

Arm nicht von mir aus, sondern unterstützte nur ihre eigenen Bewegungen. Damals wie heute zeigt Annie ihre Antworten, indem sie den Unterarm samt Hand und Fingern vom Ellbogen aus bewegt. Diese Bewegungen lassen sich kaum durch Manipulationen am Oberarm beeinflussen.

Ich wollte die Stunde nutzen, um diese Unterstützungsmethode auszuprobieren und gleichzeitig mehr über Annies Fähigkeiten zu erfahren. Um festzustellen, wie gut sie zeigen könnte, hatte ich einige Fotografien von Gegenständen aus dem Umfeld des Hospitals zusammengestellt. Sie waren auf quadratische Hartfaserplatten gezogen, von denen ich immer nur drei in Annies Reichweite auslegen konnte. Die ersten Gegenstände, die ich benannte, zeigte sie richtig. Aber es war rein physisch ausgesprochen schwierig für sie, viel schwieriger, als wenn sie auf dem Fußboden lag. Nach einer halben Stunde verloren wir beide die Lust. Die Mühe, die wir hatten, bestätigte meine Befürchtungen hinsichtlich der Bliss-Symbole, und so beschloß ich, die Sets auszuprobieren, die ich mir am Abend zuvor ausgedacht hatte.

Da Annie für mich eine so unbekannte Größe war, mußte ich auf gut Glück auf irgendeinem Niveau beginnen. Ich entschied mich für einfache Farbsymbole. Jedesmal, wenn Annie etwas trinken wollte, würde ich ihr ein Set vorlegen mit einem blauen Kreis oben für »Tee«, einem braunen Kreis rechts für »Kaffee« usw. Ich schrieb die Bezeichnungen in die bunten Kreise, als Gedächtnisstütze für mich und um Außenstehenden das System leichter erklären zu können. Auf Dauer würde vielleicht auch Annie einige Wörter wiedererkennen, wenn sie sie oft genug gesehen hatte. Da das System Annies Bedürfnissen entsprechen und ihr nicht übergestülpt werden sollte, vergewisserte ich mich immer erst, ob sie überhaupt Durst hatte. Dann zeichnete ich das Set mit den Getränken vor ihren Augen und erzählte ihr, was ich da machte. Ich malte die Kreise aus und erklärte, daß der Kreis oben auf dem Blatt für »Tee« stünde und daß sie auf diesen Kreis zeigen müsse, wenn sie Tee haben wolle. Ich schrieb »Tee« hinein. Der braune Kreis rechts sollte für »Kaffee« stehen, und ich schrieb »Kaffee« hinein. Der rote Kreis unten war für »Fruchtsaft«, und ich schrieb »Fruchtsaft« hinein. Der vierte

Kreis wurde nicht ausgemalt, und ich schrieb nichts hinein. Dieser leere Kreis sollte für »Sonstiges« stehen, und auf ihn sollte sie zeigen, wenn sie ein anderes Getränk als Tee, Kaffee oder Fruchtsaft haben wollte. Ich erklärte ihr die Bedeutung des leeren Kreises nicht genauer, weil mir das zu abstrakt schien. Das Konzept des leeren Kreises würde sie wahrscheinlich erst in ein paar Monaten verstehen, aber ich wollte von Anfang an das vollständige Schema der Sets einführen. Ich ging noch einmal alles durch, indem ich Annies Hand nacheinander auf jeden Kreis legte und dazu sagte: »Wenn du Tee möchtest, mußt du deine Hand hier hintun, auf den blauen Kreis.« Dann fragte ich sie, was sie trinken wolle. Sie zeigte eindeutig auf »Kaffee«. Den hatte sie in der Spielgruppe immer am liebsten getrunken, und so war ich nicht erstaunt. Um ganz sicher zu gehen, daß es kein Zufall war, nahm ich ihre Hand von der Tafel und bat sie, noch einmal auf das Getränk ihrer Wahl zu zeigen, und wieder deutete sie auf »Kaffee«. Ich machte ihr also eine Tasse Kaffee, und als sie ausgetrunken hatte, fragte ich, ob sie noch eine Tasse wolle. »Ja«, antwortete sie und wählte wieder Kaffee.

Ich sagte ihr, sie könne sich jetzt aussuchen, was wir als nächstes tun wollten, und malte ein neues Set mit Wahlmöglichkeiten. Diesmal gab es »Spaziergang«, »Musik«, »Malen« und den leeren Kreis. Annie wählte »Spaziergang« – ich hätte mich gewundert, wenn es anders gewesen wäre. Bei den Kindern von St. Nicholas konnte man sicher sein, daß sie immer am liebsten nach draußen gingen, ganz gleich, welche verlockenden Aktivitäten im Hospital angeboten wurden. Jedesmal, wenn Annie wählte, überprüfte ich mit Ja-Nein-Fragen: »Du möchtest also einen Spaziergang machen?«, »Heißt das, du möchtest spazierengehen?« Außerdem ließ ich sie ihre Wahl noch mal zeigen, indem ich ihre Hand ganz von dem großen Kreis wegnahm und sagte: »Ich konnte das nicht eindeutig erkennen, kannst du es noch mal zeigen?« Da sie »Spaziergang« gewählt hatte, mußte ich noch ein Set von Kreisen malen, um zu sehen, wo sie hingehen wollte.

Langsam und sorgfältig zeichnete ich all die Kreise, malte sie farbig aus und beschriftete sie, während Annie mir zuschaute, und ich glaube, das war ein wichtiger Teil des Unterrichts.

Das Set mit den Ausflugszielen teile ich genauso auf wie die beiden vorigen: »Park«, »Geschäfte«, »Hospitalgarten« und »Sonstiges«. Ich bat sie zu wählen, und sie zeigte auf den leeren Kreis. Das wunderte mich. Ich dachte, sie hätte einen Fehler gemacht und bat sie, noch mal zu zeigen. Wieder zeigte sie auf den leeren Kreis. Ich überprüfte die Wahl mit Ja-Nein-Fragen: »Möchtest du woanders hingehen, an einen Ort, der nicht auf dem Blatt steht?«

»Ja«, antwortete sie.

Ich hatte doch alles aufgelistet, was zu Fuß von St. Nicholas aus zu erreichen war – was meinte sie nur? Plötzlich ging mir ein Licht auf: Als ich den Kreis für »Park« gezeichnet hatte und ihn ausmalte, hatte ich gesagt: »›Park‹, du weißt, der Park gegenüber, neben den Ausstellungsgebäuden, der Park mit dem See.«

Der Park wird aber durch die Ausstellungsgebäude und die dazugehörigen Parkplätze unterteilt, und die eine Seite hat einen See, die andere einen Abenteuerspielplatz.

Ich sagte: »Du meinst, daß du in den Park mit dem Spielplatz gehen willst, nicht wahr?«

»Ja!« Ein strahlendes, klares »Ja«.

Sie hoffte wohl, daß ich sie wieder auf die Rutsche heben würde. Ich schrieb »Spielplatz« in den leeren Kreis und malte ihn rosafarben aus. Ich sagte Annie, sie solle zeigen, wo sie hinwolle, und sie zeigte auf »Spielplatz«. Wir gingen, aber ich ließ sie nicht auf die Rutsche, da ich nicht so schwer heben wollte.

Ich war sehr aufgeregt und konnte es kaum erwarten, Chris zu erzählen, daß mein System sich als brauchbar erwies und wie gut Annie damit arbeitete. Und die größte Überraschung war, wie sie den leeren Kreis benutzt hatte.

Am nächsten Tag holte ich Annie nur kurz zum Unterricht, um zu sehen, was sie von unserer Arbeit behalten hatte. Ich fragte, ob sie etwas zu trinken haben wolle, und legte dann das Set mit den Getränken vor sie hin, ohne ein Wort darüber zu verlieren, was die Kreise bedeuteten. Was wollte sie trinken? Ohne zu zögern wählte sie »Kaffee«. Während ich den Kaffee machte, fragte ich sie nach den Kreisen für »Tee« und »Fruchtsaft«, und sie zeigte beide richtig. Als ich dann fragte, was wir zusammen unternehmen wollten, wählte sie wieder »Spaziergang« und als Ziel »Geschäfte«. Ich vergewisserte mich anhand ihrer Ja-Nein-Zeichen:

»Möchtest du zu den Geschäften gehen?«

»Ja«, zeigte sie.

Ich bat sie, mir zu zeigen, wo sie gestern gewesen sei, und sie deutete auf »Spielplatz«. Dann ließ ich sie noch mal zeigen, was sie heute tun wollte, und diesmal war ihre Antwort »Spielplatz«. Ich fragte sie, ob sie ihre Meinung geändert habe – schließlich könnte sie ja zufällig auf »Geschäfte« gezeigt haben und dann ebenso zufällig eine andere Antwort getroffen haben – und sie gab eine Art »Jein«-Antwort, indem sie ihre Hand zwischen »Geschäfte« und »Spielplatz« hin- und herbewegte.

»Möchtest du beides?« fragte ich.

Sie lächelte breit und machte eindeutig ihr »Ja«.

Wir hatten nicht viel Zeit, und so mußte sie wählen. Diesmal zeigte sie eindeutig auf »Geschäfte«, und wir gingen los und kauften ihr ein Paar gebrauchte Stiefel und ein Paar Socken, die ersten, die ihr wirklich gehörten.

Diese Stunde war noch verheißungsvoller als die letzte. Daß Annie sich die Sets gleich beim ersten Mal gemerkt hatte, fand ich höchst beachtlich. Der nächste Tag war ein Freitag, und ich holte Annie kurz herauf, weil ich sie einigen Lehrern aus Monnington vorstellen wollte, die jede Woche kamen. Ich sagte ihr, daß wir nicht viel Zeit hätten – sie könne sich etwas zu trinken aussuchen und ein paar Leute kennenlernen, aber wir würden nicht spazierengehen, denn es war kurz vor dem Mittagessen. Daraufhin drehte sie sich um und sah auf die Uhr! Sie benutzte das Getränke-Set ganz richtig, zeigte auf »Tee« für das Getränk, das sie jetzt wollte und auf »Kaffee« für das, was sie gestern gehabt hatte. Ein ungläubiger Thomas versuchte Wasser in den Wein zu mischen und sagte, daß ich, ob absichtlich oder nicht, ihren Arm bewegen würde. Dann kam noch ein Lehrer herein und wollte zuschauen. Ich fragte Annie, ob sie noch eine Vorstellung geben würde, und sie antwortete mit einem deutlichen »Ja«. Diesmal unterstützte ich ihren Arm so, daß er ein gutes Stück von dem Blatt entfernt blieb. Um den rechten

Kreis zu erreichen, mußte sie den Arm ganz von meiner Hand lösen. Ich fragte: »Was willst du jetzt trinken?«

»Tee.«

»Was hast du gestern getrunken?«

»Kaffee.«

Ihr Zeigen war sehr deutlich, und der Blick, den sie dem Zweifler zuwarf, sagte ebenso deutlich: »Na siehste!«

Am Freitagabend machte ich meine übliche Wochenschlußrunde, ging durch alle Stationen, sagte den Kindern gute Nacht, drehte hier ein Radio an und reichte dort ein Spielzeug hin. Dann machte ich Annie für das Wochenende bei uns fertig. Sie hatte im Hospital zu Abend gegessen, aber zu Hause fragte ich sie, ob sie noch Appetit auf einen Eierflip hätte – der hatte ihr beim letzten Besuch gut geschmeckt. Sie machte ihr »Ja«, und während ich die Milch aufwärmte, fragte ich, auf welchen Kreis sie wohl zeigen müßte, wenn sie mir anhand des Getränke-Sets sagen wolle, daß sie gern einen Eierflip hätte. Sie zeigte deutlich auf den leeren Kreis. Da sie bei ihrem letzten Besuch die halbe Nacht aufgeblieben war, las ich ihr heute vorsichtshalber »Bedtime for Frances« vor, die entzükkende Geschichte von einem Dachs, der sich mit hundert Ausreden vorm Ins-Bett-Gehen drückt. Sie genoß es sehr, und es ist auch wirklich eine wunderhübsche Geschichte, aber ich hätte sie ihr sicher nicht vorgelesen, wenn ich sie nicht immer noch für ein Kleinkind gehalten hätte.

So eine aufregende Woche hatte ich in meinem ganzen Lehrerinnen-Dasein noch nicht erlebt. Jeden Abend war ich voll neuer Geschichten heimgekommen, und Chris konnte es kaum erwarten, bis Annie am Wochenende nach Hause kam und er endlich mit eigenen Augen sehen konnte, was da geschah. Aber obwohl Annie gut mitarbeitete und so schnell lernte, traute ich ihr noch längst keine normale Intelligenz zu.

Das Getränke-Set war an diesem Wochenende ständig in Gebrauch, aber ansonsten verbrachten wir unsere Zeit einfach damit, Annie das Leben am Stadtrand zu zeigen. Einen gesunden Menschen hätte das wohl kaum interessiert, aber Annie fand alles sehr spannend. Sie war im Waschsalon, auf dem Kinderspielplatz, in Geschäften und in der Bibliothek, wo sie zusah, wie wir unsere Bücher tauschten. Wenn man über das Leben in Institutionen spricht, vergißt man leicht, daß den Kindern nicht nur besondere Ereignisse wie Ausgehen und Festefeiern entgehen, sondern auch die ganz banalen Dinge: zu sehen, wie eine Straße aufgegraben wird, wie Lastwagen be- und entladen werden – all die Erfahrungen, auf denen ein Großteil unseres Wortschatzes beruht. Es ist ein Irrtum zu glauben, die Schäden der Hospitalisierung ließen sich aufheben, indem man mit den Kindern Ausflüge an den Strand oder ins Theater macht. So etwas ist lange nicht so wichtig wie all die anderen Dinge, die wir für selbstverständlich halten. Wenn Annie bei mir zu Hause war, sah sie mir beim Kochen zu. Konzepte und Wörter, die sich aufs Kochen beziehen, begegnen uns auf Schritt und Tritt, doch in den meisten Heimen erleben die Kinder nie mit, wie eine Mahlzeit zubereitet wird. Es ist einer der Widersprüche des Lebens in Institutionen, daß deren Insassen öfter Ballettänzer zu sehen bekommen als Menschen, die kochen.

Annie hatte zwei Arten von Bildung nachzuholen: Wenn ihre intellektuellen Fähigkeiten über das Kindergartenniveau hinausgehen sollten, mußte ihre Lebenserfahrung erweitert werden.

ANNIE: Als Rosie sagte, daß sie mir das Sprechen beibringen könnte, wußte ich schon, daß Wörter mir nicht genügen würden. Ich wollte buchstabieren lernen. Aber wie sollte ich das Rosie mitteilen? Zwar freute ich mich, aber eine schnelle Verständigungsmöglichkeit war nicht das, was ich brauchte. Ich brauchte einen Weg, den Menschen zu zeigen, daß ich mehr wußte, als sie glaubten.

6. Lesen lernen

Sonntagabend brachten wir Annie nach St. Nicholas zurück und gingen dann mit einem Freund essen, der wegen seiner Fähigkeit berühmt war, für technische Probleme praktische Lösungen zu finden. Ich wollte mit ihm besprechen, wie man Annies Kommunikationsmöglichkeiten verbessern könnte und ob sich vielleicht eine Technik entwickeln ließe, die sie unabhängig machen würde. Über dieses Gebiet wußte ich fast nichts. Ich hatte mit Leuten geredet, die Alphabettafeln und Worttafeln verwendeten – manche der Erwachsenen in der beschützenden Werkstätte des Spastikerzentrums gebrauchten sie –, aber ich hatte nie jemanden unterrichtet, der selbst eine benutzte. Ich kannte niemanden, der mit moderneren technischen Hilfsmitteln arbeitete, und die anspruchsvollste Kommunikationshilfe, die mir bisher begegnet war, bestand in einer mehrfach unterteilten hölzernen Tafel mit allen Buchstaben des Alphabets und einigen nützlichen Wörtern, die an einem Ledergriff von der Rückenlehne des Rollstuhles herabhing.

Das Gespräch dieses Abends hatte ein Ergebnis, das nichts mit Technik zu tun hatte. Sean fragte mich, wie Annie sich die Kreise merkte: anhand der Position, der Farben oder der Wörter, die hineingeschrieben waren? Das wußte ich beim besten Willen nicht. Aber es war offensichtlich eine Frage von grundsätzlicher Bedeutung. Konnte Annie womöglich Wörter erkennen?

Am nächsten Morgen holte ich Annie zu einer äußerst wichtigen Stunde in den Spielraum. Ich hatte die Wörter nur deshalb in die Kreise geschrieben, damit ich sie nicht vergaß, allerdings auch die Hoffnung gehabt, daß Annie auf Dauer vielleicht lernen könnte, sie wiederzuerkennen und mit den Dingen und Aktivitäten in Verbindung zu bringen, für die sie standen. Hatte sie das vielleicht längst getan?

Ich erklärte Annie, worum es ging: Ich wollte sehen, ob sie Wörter wiedererkennen konnte, denn dann könnte sie vielleicht lesen lernen. Sie strahlte mich an, obwohl es ihr anscheinend gar nicht gut ging. Ich holte ein paar Holzklötze und beschrieb Karten mit »Kaffee«, »Tee« und »Fruchtsaft«. Die Wörter waren in Druckschrift geschrieben, schwarze Buchstaben auf weißem Grund. Ich sagte Annie, was auf jeder Karte stand, klebte die Karten auf die Klötze und bat sie, mir zu zeigen, was sie am Morgen getrunken habe. Sie zeigte richtig auf »Kaffee«. Ich mischte die Klötze. Sie hatten den Vorteil, daß ihre Hand nicht so über die Worte wegrutschte, wie wenn sie nur auf einem Blatt Papier standen.

Ich ließ Annie weiter zeigen: Von drei Wörtern, die vor ihr lagen, mußte sie das richtige finden. Sie machte eine Weile mit, und alles war richtig; aber bald verlor sie die Lust und reagierte nicht mehr. Ich hatte wohl zuviel verlangt, und sie war sich ihrer Antworten vielleicht nicht sicher, wenn ich die Klötze immer wieder durcheinanderbrachte. Aber vielleicht langweilte sie sich auch? »Bisher haben wir immer einzelne Wörter benutzt«, sagte ich, »so wie ›Kaffee‹, ›Tee‹ oder ›Fruchtsaft‹. Aber wenn ich spreche, sage ich keine einzelnen Wörter, sondern ganze Sätze. Ein Satz ist eine Gruppe von Wörtern, die zusammengehören. ›Annie mag Kaffee‹ ist ein Satz. Möchtest du einen Satz machen?« Sie gab mir eine klare Ja-Antwort.

Ich beklebte Klötze mit »Annie« und »mag«, legte den mit »Kaffee« dazu und brachte die drei Klötze in die richtige Reihenfolge: »Annie mag Kaffee.« Dann sagte ich ihr, was da stand, mischte die Klötze und bat sie, den Satz wieder herzustellen. Sie zeigte in der richtigen Reihenfolge auf die Wörter. Ich holte ein leeres Ringbuch, eins für kleine Kinder mit einer Puppe vorne drauf. Ich schrieb den Satz hinein, zeichnete eine Tasse mit Untertasse, und Annie malte das Bild mit meiner Unterstützung an. Ich sagte ihr, daß sie noch einen Satz machen dürfe.

»Welche Wörter möchtest du benutzen?« fragte ich. »Magst du Tee?«

»Ja«, antwortete sie.

»Magst du Fruchtsaft?«

»Nein.«

»Gut, dann mach' einen Satz mit ›Tee‹«, schlug ich vor und legte die vier Klötze mit »Tee«, »Annie«, »Kaffee« und »mag« vor sie hin. Sie zeigte auf: »Annie mag Tee.« Ich schrieb auch das ins Ringbuch, zeichnete einen Teebecher, und wir malten das Bild an. Immer wenn ich einen Satz eintrug, setzte ich einen Punkt ans Ende und sagte Annie, warum.

Ich wüßte noch etwas, was Annie mag, sagte ich, und wenn sie einen Satz für mich bauen würde, könne sie das haben. Ich schrieb »Spazierengehen« auf einen Klotz, legte alle Klötze hin, und sie zeigte »Annie mag Spazierengehen« in der richtigen Reihenfolge. Ich schrieb den Satz ins Ringbuch und ließ den Punkt am Ende weg. Fehlte etwas? Sie deutete auf das Satzende. Wir zeichneten eine Straße mit Häusern und malten die Häuser an. Annie wählte »Spielplatz« aus dem Set mit den Ausflugszielen, und wir gingen bis zum Mittagessen dorthin.

Am Nachmittag bekam sie Fieber und eine heftige Erkältung. Zehn Tage lang ging es ihr sehr schlecht, und sie war außer Gefecht.

Diese Stunde war nicht nur in Annies Entwicklung ein Meilenstein, sondern auch in meiner. Für ihre Bedürfnisse reichten meine Kreise offensichtlich nicht aus, und da sie Wörter erkennen konnte, bestand vielleicht auch die Möglichkeit, daß sie lesen lernte.

Und noch etwas lernte ich an diesem Tag. Es gibt immer mindestens zwei mögliche Gründe, warum ein Schüler keine Lust hat mitzuarbeiten, abgesehen von reiner Widerborstigkeit: Wir gehen zu schnell vor und verlangen zuviel, so daß der Schüler nicht mitkommt. Oder aber, wir gehen nicht schnell genug voran, und der Schüler langweilt sich. Sicher hatte Annies Desinteresse, bevor wir mit den ganzen Sätzen anfingen, auch etwas mit ihrer Krankheit zu tun. Aber wie sie sofort wieder begeistert mitarbeitete, als ich mit Grammatik und Satzkonstruktion anfing, beweist eindeutig, daß sie sich vorher gelangweilt hatte.

Wenn Annie mit den Kreisen arbeiten konnte, dann konnten vielleicht auch einige von den andern Kindern lernen, sie zu verwenden. Ich nutzte die Gelegenheit, solange Annie krank war, und lehrte ein anderes Kind, sich so zu verständigen. Mark war siebzehn Jahre alt, und ich hatte immer das Gefühl gehabt, er sei der Intelligenteste in der Spielgruppe. Ich ging mit ihm genauso vor wie mit Annie, aber er war ihr gegenüber im Vorteil, weil er seinen Arm ohne Unterstützung zum Zeigen benutzten konnte. Das tat meinem Selbstbewußtsein sehr gut, denn noch immer hatte ich Zweifel, ob ich Annies Bewegungen nicht doch unbewußt beeinflußte – bei Mark erübrigte sich diese Frage.

Mark begriff das System genauso schnell wie Annie, und ich fragte mich allmählich, wieviele der schwer körperbehinderten Kinder in St. Nicholas ebenfalls lernen könnten, sich zu verständigen, wenn man ihnen nur die Chance gab. Die übrigen Kinder der Gruppe waren offensichtlich bevorzugte Kandidaten für so ein Unternehmen; aber es gab noch andere Kinder im Hospital, die vermutlich eine ähnlich gute Auffassungsgabe besaßen.

Ich besuchte die kranke Annie oft und las ihr Gutenachtgeschichten vor, Geschichten für Kinder unter fünf Jahren. Man sieht also, wer von uns beiden lernbehindert war!

Donnerstag ging es Annie wieder besser, so daß sie in den Spielraum kommen konnte. Ich erklärte ihr, daß ich, wenn ich Kaffee haben möchte, sagen würde: »Ich möchte bitte Kaffee«, und nicht einfach: »Kaffee!« Ich erklärte ihr das Pronomen »ich«, obwohl ich bei ihrem guten Wortverständnis davon ausging, daß sie es schon kannte, auch wenn sie es nicht benutzen konnte. Ich machte Klötze für »ich«, »möchte« und »bitte« und sagte Annie, was darauf stand. Ich mischte die Klötze mitsamt dem Block für »Kaffee«, und sie zeigte: »Ich möchte bitte Kaffee«. Ich übertrug den Satz in ihr Buch und machte ihr Kaffee.

Als sie ausgetrunken hatte, fragte ich, ob sich in letzter Zeit etwas Interessantes ereignet hätte. Ich dachte daran, daß sie ja krank gewesen war. Ich machte ihr Klötze mit »war« und »krank« und »gestern« und sagte ihr, was darauf stand. Dann machte ich noch einen für »und« und erklärte ihr, daß man damit sagen kann: »Ich mag Tee und Kaffee«, ohne daß man dafür zwei Sätze braucht. Ihr Lächeln zeigte mir, daß ihr die Idee gefiel. Ich tat diese vier Klötze zu den übrigen, und aus allen acht Klötzen fand sie den Satz: »Gestern war ich krank«. Ich schrieb ihn ins Buch und zeichnete dazu ein Bild, wie sie in ihrem Bettchen lag. Mir fiel ein, daß sie für mich noch kein Wort hatte, und ich machte ihr einen Klotz mit »Rosie«. Ich sagte ihr, daß sie ihn benutzen könne, wenn sie mich um etwas bitten oder etwas fragen wolle. Dann meinte ich, es gäbe sicherlich noch etwas, das sie sich wünschte, und wenn sie mich mit einem Satz darum bitten würde, könnte sie es bekommen. Ich legte ihr sechs Klötze hin, ohne vorzulesen: »Rosie«, »Spaziergänge«, »ich«, »Tee«, »möchte« und »bitte«. »Spaziergänge« und »Tee« hatten wir heute noch nicht benützt. Zu meiner Überraschung zeigte Annie zuerst auf »Rosie«, dann auf »ich möchte bitte Spaziergänge«. Nachdem ich das in ihr Ringbuch geschrieben hatte, wählte sie »Geschäfte« als Ausflugsziel. So zogen wir los und kauften ihr ein paar gebrauchte Jeans, die sie tragen sollte, wenn sie das nächste Mal zu uns käme.

Am nächsten Morgen kamen wieder die Lehrer aus Monnington. Einer von ihnen machte einen Videofilm von Annie, wie sie die Klötze benutzt. Sie hatte großen Spaß daran, gefilmt zu werden und sich dann selbst zu sehen. Ich hatte ihr nicht noch einmal gesagt, was auf den Klötzen stand, aber sie zeigte alles richtig. Sie erinnerte sich an alle und machte zwei Sätze.

Am Montag darauf legte ich ihr alle dreizehn Klötze hin und fragte sie, was sie trinken wolle. Sie zeigte auf: »Ich möchte bitte Kaffee«. Ich gab ihr neun neue Wörter: »bin«, »nicht«, »hatte«, »Chris«, »ein«, »Rosies Haus«, »Schwester«, »haßt« und »Buch«. Dann legte ich alle Wörter vor sie hin und bat sie, ein paar Sätze zu bauen. Es wurden vier, die ersten Sätze, die sie ohne meine Vorschläge zusammengestellt hatte. Sie verwendete acht von ihren neun neuen Wörtern, und alle richtig.

Der wichtigste Satz war dieser: »Annie gestern nicht Rosies Haus«. Wenn man bedenkt, daß die grammatikalische Struktur durch die Worte, die ich ihr gegeben hatte, festgelegt war, kam sie damit einem richtigen Satz so nahe wie möglich. Und schon mit diesen wenigen Wörtern gelang ihr eine differenzierte Mitteilung. Ihr letzter Satz an diesem Morgen war: »Ich möchte bitte ein Buch«. Sie war also fähig, das »ein« zu verwenden und damit einen vollständigen Satz zu bilden.

Am nächsten Tag wählte Annie ihr Getränk, indem sie aus den

zweiundzwanzig Wörtern, die vor ihr lagen, »ich möchte bitte Tee« heraussuchte. Die Klötze lagen anders angeordnet als am Vortag, so daß sie die Wörter oder die Gestalt der Wörter behalten haben mußte und sie sich nicht anhand ihrer Position auf dem Tisch hatte merken können. Ich gab ihr sieben neue Wörter: »Fernsehen«, »bei«, »gehe«, »tu nicht«, »sei«, »zu«, »Geschäfte«. Ich mischte sie mit den alten und bat sie, einen Satz zu bauen. Sie war ausgesprochen geschwätzig und machte gleich ein halbes Dutzend Sätze, ganz ohne Anleitung und wie sie ihr gerade in den Sinn kamen, und alle waren bestens zu verstehen. Ein Satz lautete: »Annie liebt Rosies Haus«. Zusammen mit der Bemerkung vom Vortag zielte das wohl in eine bestimmte Richtung.

Am Mittwoch verfügte Annie über 29 Wörter. Sie hatte fünf Lektionen in Satzbau bekommen und im ganzen sieben Stunden Unterricht, die Zeit fürs Teekochen, Einkaufen und die Videoaufnahmen inbegriffen.

Sie kam so gut voran, daß ich beschloß, gleich die nächste Hürde zu nehmen: Hatte sie schon begriffen, daß Wörter aus Bausteinen, nämlich Buchstaben, bestehen?

Ich führte die Buchstaben auf dieselbe Art ein wie die Wörter. Wir besaßen schon eine Magnettafel, und am Wochenende hatte ich einen Satz magnetischer Buchstaben dazugekauft. Ich erklärte Annie, daß Sätze aus Wörtern zusammengesetzt sind und Wörter aus Buchstaben. Mit den Wörtern, die ich ihr gab, würde sie sich nie unabhängig verständigen können, weil sie ja immer nur diese Worte zur Verfügung haben würde. Lernte sie aber, ihre eigenen Wörter aus Buchstaben herzustellen, dann konnte sie alles sagen, was sie wollte.

»Möchtest du buchstabieren lernen?« fragte ich.

Sie gab mir ein deutliches »Ja«.

Ich legte das Wort »Annie«, mischte dann die Buchstaben und bat sie, die richtige Reihenfolge anzugeben. Jeden Buchstaben, auf den sie wies, schob ich auf der Tafel nach oben, und Stück für Stück entstand »Annie«. Ich zeige ihr »Rosie« und mischte wieder. Mit großer Selbstsicherheit zeigte sie auch hier die richtige Reihenfolge. Dann gab ich ihr die neuen Wörter für diesen Tag: »Park«, »sah«,

»Spielplatz«, »Getränk«, »müde«, »Bett«, »heute« und »erzähle«. Diesmal schrieb ich sie nicht nur auf die Klötze, sondern buchstabierte sie ihr auch auf der Tafel vor. Sie machte ein paar Sätze und wollte heute auch nicht damit aufhören, um noch eine Geschichte vorgelesen zu bekommen. Das war eine neue Entwicklung!

Drei Sätze waren besonders bemerkenswert: »Ich hasse Chris gestern« (am Tag zuvor hatte sie mit einem ihrer Sätze gebeten, er möge nach St. Nicholas kommen, doch er hatte es nicht geschafft), »Ich bin Annie«, und als letzten Satz des Tages: »Bitte sag Chris nicht« – was für ihr soziales Bewußtsein sprach. In dieser Stunde war Philip Graves dabei, ein gutaussehender junger Arzt, der seinen Facharzt in Kinderheilkunde in St. Nicholas machte, und hinter Annies begeisterter Mitarbeit steckte vielleicht auch der Wunsch, ihn zu beeindrucken. Sie hatte zweifellos Erfolg damit.

Annie hatte also verstanden, daß Wörter sich aus Buchstaben zusammensetzen, und das hieß, daß sie schreiben und lesen lernen konnte. Daß sie ein ausgezeichnetes visuelles Gedächtnis hatte, war mir schon beim Gebrauch der Klötze aufgefallen: Manchmal hatte sie ein Wort erst mehrere Tage nach seiner Einführung zum ersten Mal verwendet.

Am Donnerstag kam Annies Stationsschwester herauf, um sich die Sache anzusehen. Ich wurde ans Telefon gerufen, und das war eine gute Gelegenheit, Annie mit jemand anderem arbeiten zu lassen. Als ich zurückkam, hatten die beiden einen Satz gemacht, der ziemlich seltsam war: »Schwester zeigen Bett Rosies Haus«. Annie wollte wohl sagen, daß sie der Schwester zeigen wolle, wo sie bei mir zu Hause geschlafen hatte. »Nein«, zeigte Annie, der Satz war also falsch. Wir versuchten es noch mal, und diesmal zeigte sie auf »Annie« statt »Schwester« und auf »mag« statt »zeigen«: »Annie mag Bett Rosies Haus.«

Von nun an erarbeiteten wir uns das ganze Alphabet. Grundlage war das Alphabetlied aus der »Sesamstraße«: Ich sang es immer bis zum nächsten Buchstaben, suchte dann diesen Buchstaben aus dem Haufen heraus, hielt ihn Annie hin, zeigte ihn ihr in den Wörtern, die sie bereits kannte, und befestigte ihn an der Tafel, bis wir das ganze Alphabet in der richtigen Reihenfolge vor uns hatten. Ich stellte ihr ein paar Fragen über die Buchstaben, aber ihre Antworten waren entweder falsch oder unklar – anscheinend beherrschte sie das Alphabet noch nicht.

Den ganzen Donnerstag lang sang ich Annie das Alphabetlied vor: im Fahrstuhl, auf der Toilette und wann immer sich eine Pause in unserer Unterhaltung ergab. Die neuen Wörter dieses Tages waren: »zeige«, »mir«, »du«, »Station«, »mein«, »Kleidung«, »komme«, »der«, »die«, »das«. Ich machte für jedes Wort Klötze und buchstabierte alles auf der Tafel. Wir hatten längst aufgehört, zu den Sätzen Bilder ins Ringbuch zu malen. Dafür reichte der Platz nicht mehr.

Am Freitag bat ich Annie, mir Buchstaben auf ihrer Tafel zu zeigen, und sie machte ihre Sache sehr gut. »r« und »y« zeigte sie mir auf meine Frage sofort, »g«, nachdem ich das Lied bis »g« gesungen hatte und »u« nach einer ziemlich langen Pause, als ob sie das Lied in Gedanken selbst durchgegangen wäre. Ich gab ihr keine neuen Wörter.

Am Freitag ging ich zu Dr. Dennis Maggin, Psychiater und ärztlicher Direktor von St. Nicholas. Dr. Maggin war Ende fünfzig, ein massiger Mann mit vielen Falten in einem breiten Gesicht. Er leitete das Hospital seit der Eröffnung und hatte mich bisher sehr unterstützt. Ich war ziemlich nervös, denn Annie war in den letzten Tagen sehr schnell vorangekommen, und so hatte ich ihm von wesentlichen Fortschritten zu berichten – und das bei einem Menschen, von dem niemand auch nur den kleinsten Fortschritt erwartet hätte.

Ich klopfte an seine Tür und trat ein, ohne den Weg durch sein Vorzimmer zu nehmen. Das war das letzte Mal, daß ich so informell bei ihm vorsprechen durfte. Dr. Graves, der Annie am Mittwoch zugeschaut hatte, war am Donnerstag bei ihm gewesen, und so hatte Dr. Maggin schon von ihr gehört. Er empfing mich mit dem Vorwurf, daß ich ihm etwas verheimlicht hätte, aber das war eher Nebensache.

Ich begann zu erklären, was Annie machte. Ich war sehr aufgeregt, er hingegen schien unbewegt. Annie hätte zwar in diesem Stadium noch wenig vorzuweisen, sagte ich, aber die Geschwindigkeit, mit der sie lernte, sei mit dem Tempo der normalen Kinder, die ich während meines Praktikums unterrichtete, durchaus vergleichbar. Bei dem Wort »normal« verlor der Direktor die Fassung: Wenn ich je wieder behaupten würde, daß auch nur ein normal begabtes Kind in St. Nicholas zu finden sei, würde er dienstrechtliche Schritte gegen mich unternehmen. Er erinnere sich noch gut daran, wie Anne McDonald hier eingeliefert worden sei, und was ich da sagte, sei einfach nicht wahr. Er verbiete mir, irgend jemandem etwas von meiner Arbeit mit Annie zu erzählen. Ich bat ihn, zu kommen und es sich selbst anzusehen. Aber er lehnte ab.

Das war meine erste Konfrontation mit einer Einstellung, die sich in unserem Gesundheitssystem auch heute noch hartnäckig hält.

ANNIE: Die Kreise benutzte ich vor allem, um meinen Intelligenzquotienten zu beweisen – ansonsten brachten sie mir wenig, was nicht auch mit Ja-Nein-Antworten zu erreichen gewesen wäre. Ich wäre explodiert, wenn Rosie nicht bald zu Wörtern übergegangen wäre. Mit den Wort-Klötzen konnte ich wenigstens zeigen, daß ich Sätze bilden konnte. Mit den Klötzen konnte ich mich eigenständig äußern, wenn auch bei der vorgegebenen Auswahl der Wörter nur in begrenztem Rahmen.

7. Mit neuer Hoffnung

Als ich mit Annie zu arbeiten begann, hatte ich keine Ahnung, was wir überhaupt erreichen könnten. Jetzt war ich sicher, daß Annie schreiben und lesen lernen konnte, und überlegte mir, wie ich sie am besten unterrichten sollte.

Für mich gab es ein grundlegendes Prinzip, das ich in Sylvia Ashton-Warners großartigem Buch »Teacher« gefunden hatte. Bei ihrer Arbeit mit Maori-Kindern in Neuseeland hatte sie entdeckt, daß Menschen am schnellsten lernen, wenn sie das lernen, was sie wirklich wissen wollen. Ich hielt mich daran, indem ich für Annie Wörter aussuchte, die sie so stark wie möglich motivierten: Wörter, mit denen sie sich über das verständigen konnte, was sie am meisten interessierte, Wörter, die ihr eine gewisse Kontrolle über ihre Umgebung gaben. Sylvia Ashton-Warners Grundregeln gelten für jede Art von Unterricht: Die ersten Lese-Wörter eines Kindes müssen eine starke emotionale Bedeutung haben, die ersten Lesebücher müssen aus demselben Stoff gemacht sein wie sein Leben. Darum legte ich auch das Buch mit all den Sätzen an, die Annie formuliert hatte. Wir schrieben sie nicht auf, um sie dann zu vergessen, sondern lasen immer wieder in dem Buch und sahen so, was Annie alles schon geschafft hatte.

S. Ashton-Warner hatte mir auch die Gefahr bewußt gemacht, die darin liegt, ein Kind auf die »schönen« Seiten des Lebens zu beschränken. So gab ich Annie sehr früh nicht nur »liebe«, sondern auch »hasse«. Wer mit Kindern arbeitet, die nicht sprechen können und gezwungen sind, ein vorgegebenes Vokabular zu benutzen, muß darauf achten, daß sie auch ihre Abneigungen und Enttäuschungen ausdrücken können. Es ist ein Irrtum zu glauben, daß Kinder nur gute und glückliche Gefühle äußern wollen. Und gerade ein behindertes Kind hat wahrscheinlich noch viel mehr Gefühle von Enttäuschung und Frustration als ein nicht behindertes.

Kurzverfahren wollte ich auf jeden Fall vermeiden. Wer behinderte Menschen unterrichtet, gerät leicht in Versuchung, Abkürzungen zu suchen oder Lautschrift zu verwenden, also alles, was bei der Verständigung Zeit und Mühe spart. Aber für diesen schnellen Gewinn muß man später teuer bezahlen. Wenn ein Kind sich erst einmal an verkürzte Strukturen gewöhnt hat – wenn also falsche Schreibweise und Abkürzungen von Anfang an regelmäßig akzeptiert werden, ohne daß man versucht hat, ob das Kind orthographisch richtig schreiben kann –, dann werden Probleme beim Lesen auftauchen. Lautschrift eignet sich nur, wenn man nie etwas lesen will, was nicht so geschrieben ist. Es gibt noch einen anderen zwingenden Grund, warum man streng auf der grammatikalischen Struktur bestehen sollte: Wir formulieren Gedanken und kommunizieren diese durch Worte. Je differenzierter die grammatikalische Struktur ist, die uns dabei zur Verfügung steht, desto differenzierter ist auch die Organisation unserer Gedanken.

Noch aus einem anderen Grund war mir gutes Englisch wichtig: Es ist gesellschaftlich besser anerkannt. Annie war sechzehn Jahre alt, als sie anfing zu kommunizieren. Die meisten Kinder beginnen damit viel früher. Es ist niedlich, wenn ein kleines Kind sagt: »Möchte Buch« statt »Ich möchte bitte ein Buch haben«, und es ist kürzer und geht schneller. Wenn aber ein Erwachsener mitteilt: »Möchte Buch«, dann werden Außenstehende denken, er sei dumm und ungebildet. Annie bietet so wenig Grundlagen für eine Beurteilung, daß sie ein hartes Urteil zu erwarten hat, wenn sie einen Fehler macht.

In unserer nächsten Stunde am Montagnachmittag ließ ich Annie zunächst einmal fünf Buchstaben auf der Magnettafel zeigen: »d«, »j«, »l«, »o« und »y«. Sie tat es, ohne zu zögern. Nachdem sie sich eine Tasse Tee gewünscht und ausgetrunken hatte, prüfte ich, ob sie die Wörter in ähnlicher Schrift, aber anderer Größe, wiedererkennen würde. Ich schrieb: »Chris hatte gestern Tee« in ihr Ringbuch und fragte: »Wer hatte gestern Tee?« und: »Wann hatte Chris Tee?« Sie sollte auf die Wort-Klötze zeigen, welche die Fragen beantworteten.

Sie spielte die Dumme und zeigte erst nach vielem Gekicher und

Gezappel auf die richtigen Antworten. Ich schrieb einen zweiten Satz in ihr Ringbuch: »Rosie haßt das Fernsehen«, und fragte sie: »Was hasse ich?« Sie machte immer noch Unsinn, als Philip Graves hereinkam. Kaum hatte sie ihn erblickt, war sie die Sittsamkeit in Person und beantwortete die Frage sofort. Um ihm zu zeigen, was wir machten, schrieb ich noch einen Satz in ihr Ringbuch: »Annie liebt Geschäfte«, und fragte sie: »Der Satz sagt, was du liebst. Was ist es?« Sie zeigte sofort auf »Geschäfte«. Diesmal gab ich ihr keine neuen Wort-Klötze, denn sie hatte jetzt 46 vor sich liegen, und mehr waren innerhalb ihrer Reichweite kaum unterzubringen. Das sollte ihr auch klarmachen, wie wichtig es für sie war, buchstabieren zu lernen, denn so sah sie, wie begrenzt ihre Kommunikationsmöglichkeiten sonst bleiben würden.

Am nächsten Tag hatten wir abends Unterricht. Annie war schon im Nachthemd, als ich sie um halb sechs aus ihrem Bett holte und ins Spielzimmer brachte. Ich stellte die Klötze auf und fragte sie, ob sie zum Auftakt der Stunde etwas sagen wolle. Sie schrieb: »Ich hasse die Station.« Wir sprachen darüber, und ich schlug ihr verschiedene mögliche Interpretationen vor, wie etwa: »Ich mag nicht auf einer Krankenhausstation leben« oder »Auf der Station langweile ich mich«. Ich sagte ihr, daß sie nicht ihr Leben lang in St. Nicholas bleiben müsse, sondern daß es andere Möglichkeiten für sie gäbe, wenn sie beweisen könne, daß sie intelligent sei. Ich erzählte ihr von dem Wohnheim des Spastikerzentrums und von »Marathon«, einer Schule für körperbehinderte Kinder. Ich fragte, ob sie von St. Nicholas weg wolle, doch sie antwortete: »Nein«. Ich dachte kurz nach und sagte dann, daß ich sie in jedem Fall immer besuchen würde und sie weiter zu uns nach Hause kommen könne. Dabei beließ ich es.

Nach dem Kaffee erklärte ich Annie, daß man durch die Veränderung eines einzigen Buchstabens viele neue Wörter erhalten könne. Ich nahm das Wort »at«, das bereits unter ihren Blöcken war, und machte daraus »cat«, »fat«, »hat« und »bat«. Ich zeigte ihr, daß wieder neue Wörter entstehen, wenn man an die »at«-Wörter ein »e« hängt und damit »ate«-Wörter erhält, wie z. B. »hate« oder »fate«. Ich wußte nicht, ob ich zuviel von ihr verlangte; aber ich wollte sie herausfordern. Ob sie »I hate fat cats« buchstabieren könne? Dies hatte sie noch nicht als ganzen Satz gesehen, wohl aber die einzelnen Wörter. Sie traf »i« und »h« und sah mich an. Ich fragte sie nach dem nächsten Buchstaben, und sie zeigte auf »f« statt auf »a«.

»›f‹ – und was kommt nach ›f‹?«

Sie zeigte auf »c«, so hatte sie »i«, »h«, »f«, »c«, – nur Anfangsbuchstaben.

Ich forderte sie auf, ganze Wörter zu buchstabieren.

Sie sah etwas säuerlich drein, zeigte aber auf »a«, »t«, »e« und »f«, »a«, »t«. Dann kicherte sie wie wild und deutete immer noch lachend auf »r«, »o«, »s«, »i«, »e«. »I hate fat Rosie« – ich hasse die fette Rosie: der erste vollständige Satz ihres Lebens. Annie hat noch viel Vergnügen an ihm gehabt, weil ich ihn immer zitieren muß, wenn ich gefragt werde: »Und was war ihr erster Satz?«

Wir machten weiter, aber ich war so müde, daß mir kein Satz mehr einfiel. Ich forderte sie immer wieder auf, sich selbst einen zu überlegen, und sie sagte immer wieder »Nein«. Schließlich fiel mir irgend etwas Dummes über Enten ein, und ich bat Annie, das zu buchstabieren. Statt dessen buchstabierte sie: »Rosie ist müde«. Ich hatte ihr das Wort »ist« nicht gezeigt, aber das »i« war schon in verschiedenen Wörtern vorgekommen. Und wie sie »ist«, dies kleine Allerweltswort, nun verwendete, zeigte, daß sie das Geheimnis entschlüsselt hatte.

Annie hatte sich befreit.

ANNIE: Ich haßte es, wenn ich nach dem Unterricht mit Rosie auf die Station zurückmußte, aber diesmal war alles anders. Bis zu diesem Abend hatte ich keine Hoffnung, keine Stimme gehabt – nun hatte ich plötzlich beides. In dieser Nacht plante ich meine Zukunft. Ich würde zur Schule gehen, und meine Eltern würden mit mir als einem ernstzunehmenden Menschen sprechen. Vor dem Gedanken, St. Nicholas zu verlassen, scheute ich zurück. Das wäre zu schön, um wahr zu sein.

Ich war verblüfft, wie schnell das Buchstabieren kam, nachdem ich mit den Kreisen angefangen hatte. Rosie war eine gute Beobachterin. Als sie sah, wie leicht ich mit den Kreisen zurechtkam, ging sie in Windeseile zu Wörtern über, aber dabei hätte sie es dann belassen können. Es überraschte mich, daß sie die Wort-Klötze immer wieder mischte. Wer mit einem Kind arbeitet, das er als mehr oder weniger geistig behindert einschätzt, würde doch die Positionen konstant halten?

Aber daß sie die Klötze bewegte, gab mir die Chance zu zeigen, daß ich sie auf den ersten Blick wiedererkannte, wenn ich sie einmal gesehen hatte. So blieben wir nicht bei Wörtern stecken. Da ich nun Wörter verwenden konnte, lag es nahe, es auch mit Buchstaben zu versuchen. Aber ich war doch überrascht, daß Rosie mir überhaupt die Chance gab, diese Fähigkeit zu zeigen. Rosie ließ sich alles so entwickeln, wie es gebraucht wurde; sie stülpte mir nie etwas über.

Buchstabieren schien mir der einzige Weg, auf dem ein Dialog zwischen Sprachbehinderten und Sprachmächtigen stattfinden kann. Jede andere Form der Kommunikation hätte mich darin eingeschränkt, eigene Worte zu finden. Ein Mensch wird danach beurteilt, was er sagt. Beschränkt zu sein auf Worte, die andere auswählen, nimmt den Schwerbehinderten das einzige Mittel, das ihnen bleibt, um ihre Individualität auszudrücken.

Als ich noch ganz vom Verkehr mit der Außenwelt abgeschnitten war, habe ich oft über Verständigungsmöglichkeiten nachgedacht. Es schien mir immer besser, Buchstaben zu benutzen als Symbole oder Wörter. Als Rosie sagte, daß sie mich Bilder oder Symbole lehren wollte, hatte ich Angst, daß es dabei bleiben würde. Ich gab mir so große Mühe, weil das meine einzige Möglichkeit war, ihr zu zeigen, daß ich klüger war, als sie dachte. Zum Glück habe ich ein gutes visuelles Gedächtnis und konnte schnell Wörter lernen.

Jemand anders muß den Sprung auf eine neue Ebene der Verständigung mit dem behinderten Menschen tun, denn der Sprachlose selbst kann es nicht. Unterlassung ist keine Sünde. Aber die Unterlassung, den Zweifel zugunsten des behinderten Menschen sprechen zu lassen, ist ein Verbrechen.

8. Wann gehe ich in die Schule?

Am nächsten Tag brachte ich Annie wieder in den Spielraum. Philip Graves begleitete uns, auch die Physiotherapeutin des Hospitals schaute herein, und wir tranken zusammen Kaffee und unterhielten uns. Als sie gegangen waren, fragte ich Annie, ob sie etwas schreiben wolle. »Ja«, erwiderte sie und zeigte »Ich langweil«.

»Du bist gelangweilt?« fragte ich.

Ein begeistertes »Ja«.

Ich zeigte ihr, »bin« und »gelangweilt« und sprach über Wörter mit der Vorsilbe »ge-«. Auf diese Weise würde sie am besten lernen, sagte ich ihr: Sie sollte einfach alles, was sie sagen wollte, zu buchstabieren versuchen. Ich würde dann raten, was es heißen sollte, und ihr zeigen, wie man es richtig schreibt.

Da der springende Punkt beim Gebrauch der Alphabettafel ja gerade der war, daß sie damit alles ausdrücken konnte, was sie wollte, konnte sie mit der Anwendung nicht warten, bis sie orthographisch richtig schreiben konnte. Aber ich würde nicht einen einzigen Schreibfehler durchgehen lassen. Natürlich ging es nicht darum, ihr wegen ihrer Fehler Vorwürfe zu machen, sagte ich ihr, aber sie sollte gleich Rechtschreibung lernen, um es beim nächsten Mal richtig zu machen.

Viele Lehrer behaupten, daß es Kinder bei der Entfaltung ihrer Kreativität lähmt, wenn man ihre Rechtschreibung verbessert. Ich glaube eher, daß es die Kreativität auf Dauer hemmt, wenn man Schreibweise und Satzbau nicht richtig beherrscht. Für behinderte Kinder, die nicht sprechen können, bedeutet Schreiben Macht, und es ist wichtig, daß sie korrekt schreiben, weil sie dann besser verstanden werden. Später beschleunigt es die Kommunikation, wenn man die Wörter, die das Kind zu schreiben versucht, nach den ersten paar richtigen Buchstaben erraten kann, aber das geht nur, wenn man weiß, daß es die Rechtschreibung beherrscht.

Kaum hatte sie »carte blanche«, da buchstabierte Annie einen Satz, der mich buchstäblich vom Hocker riß. Er begann mit »w«, »a«, »n«, dann folgten »s«, »d«, »l«, »l« und »y«. Ich überprüfte jeden Buchstaben mit ihren Ja-Nein-Antworten, aber ich konnte den Sinn nicht entschlüsseln. Ich ließ sie diesen unglaublichen Satz zu Ende bringen, und wir kamen auf »Wansdllygeschulmir«. Es handelte sich um die Art Satz, die man am besten rückwärts entziffert. »Mir«, das war ein Wort; »schul«, Schule; »ge«, gehen, das ergab einen Sinn: »Irgend etwas geht zur Schule mir«. »Sally«! Das »d« hatte sie fälschlich anstelle eines »a« gezeigt. »Sally ge schul mir«! »Wan?« – Wann! Ich fragte Annie, ob sie »wann« meinte, und sie erwiderte: »Ja«. Ich zeigte ihr, wie man das richtig schreibt. Korrekt ausgedrückt und erweitert, lautete der Satz: »Wann wird Sally mit mir zur Schule gehen?« Sally war die Tochter unserer Nachbarin. Sie ging in die erste Klasse der Grundschule und lernte gerade lesen und schreiben. Offenbar dachte Annie, sie könnten von nun an gemeinsam unterrichtet werden. Den nächsten Satz schrieb sie vollkommen richtig: »Du sagst Sally, wann.« Ich sollte mit Sally eine gemeinsame Unterrichtsstunde verabreden. Ich bat um Gnade, aber Annie wollte noch mehr sagen und buchstabierte sehr schnell (sie brauchte ungefähr zehn Minuten): »Du sagst mir, was sie sagt.«

Ich hatte wegen meines Rückens um Gnade gebeten, weil es eine Qual war, Annie über längere Zeit im Baby-Buggy zu halten. Ihr Kopf drückte mit solcher Gewalt nach hinten, daß mein linker Arm sozusagen um sein Leben kämpfte, und ich mußte mich in einem ausgesprochen ungünstigen Winkel nach vorne beugen, um ihren rechten Arm in der richtigen Höhe zu unterstützen; ihr Tisch hatte Kindergarten-Höhe. Ich mußte es in dieser Stellung bis zu einer halben Stunde aushalten, je nachdem, wie angespannt sie war, wie schnell sie sich zu bewegen vermochte und wie lang der Satz war. Ich habe nie verstanden, warum sich all die Leute, die mich später für eine Schwindlerin hielten, nicht wunderten, daß ich mir dafür keine bequemere Methode ausgesucht hatte.

Ich hoffte, daß Annie gleich etwas Rechtschreibung aufschnappen würde, wenn sie einfache Bücher mit mir läse, und ich versuchte

Bücher auszuwählen, die mir interessant und angemessen erschienen. Annies Interessenprofil entsprach natürlich nicht dem einer gesunden Fünfjährigen aus einem mittelständischen Elternhaus, und es wäre albern gewesen, sie so zu behandeln.

Am Donnerstag lasen wir eine Geschichte über einen Jungen und seinen Hund. Ich las langsam, wobei ich mit Annies Fingern auf jedes Wort tippte und darauf achtete, daß sie aufpaßte. Ab und zu erläuterte ich ein Wort, aber nicht, bevor ich alle Wörter einer Seite gelesen hatte, und nicht so ausführlich, daß es die Geschichte zerrissen hätte. Als wir damit fertig waren, fragte ich Annie, ob sie Lust hätte, einen Satz über ein Hundebaby zu machen. Sie ging nicht darauf ein, sondern buchstabierte: »Füttere mich, Rosie!« Ihre Bitte beunruhigte mich, und wir unterbrachen unsere Arbeit und sprachen darüber. Ich kannte Annies Probleme beim Gefüttertwerden; ihr Gewichtsverlust war ja einer der Gründe gewesen, warum ich sie mit nach Hause genommen hatte. Aber ich wußte nicht, wie ich es hätte rechtfertigen sollen, sie selbst zu füttern. Damit hätte ich sie eindeutig bevorzugt, und ich hatte auch gar nicht die Zeit dazu. Ich war für die Organisation von Spielgruppen für etwa neunzig Kinder in St. Nicholas verantwortlich. Ich arbeitete selbst jede Woche mit ungefähr dreißig mehrfach behinderten Kindern, und ich versuchte mein Teilzeitstudium für das Diplom in Pädagogik durchzuziehen. Mein Tag hatte einfach nicht genug Stunden für alles, was zu tun war.

Ein paar Tage später holte ich Annie direkt nach dem Abendessen. Sie weinte, und als wir im Spielraum waren, buchstabierte sie: »Ich ha kei Puddin bekom«, eine Klage, die sich leicht in »Ich habe keinen Pudding bekommen« übersetzen ließ und aus tiefster Seele kam. Ich war mir nicht sicher, ob das ganz der Wahrheit entsprach, aber ich dämpfte ihr doch ein paar Äpfel. Während sie schmorten, fuhr Annie mit Buchstabieren fort: »Ich kann nicht allein essen«, womit sie mir wohl wieder sagen wollte, daß ich sie füttern sollte. Sie war immer noch sehr mager und wog kaum mehr als zwölf Kilo.

Und so begann ich, Annie zu füttern. Laut Dienstplan sollte das eine Schwester tun, die mit sich selbst große Probleme hatte und die

Annie übel mißhandelte. Annie buchstabierte mir, daß die Schwester sie geschlagen habe, und ich teilte das dem Direktor mit – wohl die erste Beschwerde eines Patienten in der Geschichte von St. Nicholas. Der Direktor sagte, er habe bereits einen Bericht von der Stationsschwester bekommen. Mir erzählte sie, daß Annie fast erstickt wäre, als das Essen in sie hineingestopft wurde. Am Ende sei sie über und über damit bedeckt gewesen und völlig außer Fassung geraten. Ich bekam Gewissensbisse und fütterte Annie nun regelmäßig.

Jene Schwester versorgte Annie in den nächsten paar Wochen nicht mehr; aber danach war sie dauernd für Annie zuständig und kam sogar mit, als Annie auf eine andere Station verlegt wurde. Später hatte sie Nachtdienst auf Annies Station, so daß es noch schwieriger wurde, sie im Auge zu behalten. Annie konnte nicht weglaufen, sich nicht wehren, sich auch nicht so einfach beschweren. Als Annie mir erzählte, daß sie Angst hätte, sprach ich mit einer dienstälteren Schwester darüber. Jene Schwester sei absichtlich mit Annies Pflege betraut worden, sagte sie mir, weil man beobachten wolle, ob sie es noch einmal täte, so daß man dann einen Grund hätte, sie zu entlassen.

Am nächsten Dienstag brachte ich Mark in den Spielraum. Er hatte mit der Worttafel gut gearbeitet, und ich wollte sehen, ob er schreiben lernen könne. Annie schaute höchst amüsiert zu, wie er durch all die Lernprozesse ging, die sie gerade hinter sich gebracht hatte.

Am nächsten Tag trat eine Tanzgruppe im Hospital auf, was Annie von ganzem Herzen genoß. Sie konnte nicht für längere Zeit in ihrem Sportwagen sitzen, und so hielt ich sie in einer gebeugten Position auf meinem Schoß, damit sie zuschauen konnte. Es war ein anstrengendes Geschäft, denn der ständige Druck ihrer Muskelkrämpfe drückte sie wie einen straff gespannten Bogen gegen meine Arme.

Ich hatte alles vorbereitet, um Annie fürs Wochenende mitzunehmen. Nachmittags holte ich sie von der Station, und wir fuhren mit dem Zug nach Birregurra, einer Kleinstadt im Südwesten von Victoria, wo ich ein kleines Ferienhaus habe. Der Zug brauchte für die

130 Kilometer zwei Stunden, aber Annie machte es Spaß. Am Samstagmorgen machten wir einen Spaziergang durch die Stadt. Birregurra ist eins von diesen Landstädtchen mit einer breiten Hauptstraße und fast ohne Verkehr. Annie war tief beeindruckt: Wir sahen Kühe, Pferde, Kätzchen und Schafe. Anubis, mein Hund, nahm ein Bad im Fluß.

Am Nachmittag besuchten wir Verwandte von mir. Sie benahmen sich Annie gegenüber unerträglich taktlos, obwohl ich ihnen ausdrücklich und wiederholt erklärt hatte, daß Annie alles verstehen könne, was sie sagten.

»Hm, wenn sie ein Welpe wäre, hätte man ihr bestimmt eins auf den Kopf gegeben, nicht wahr?« sagte einer.

Ein anderer war nicht nur taktlos, sondern obendrein senil und taub und wiederholte wie eine gesprungene Schallplatte eins ums andere Mal mit lauter Stimme: »Wenn es mein Kind wäre, würde ich es töten, und keiner könnte mir deswegen einen Vorwurf machen.«

Annie hielt sich tapfer. Sie weinte nicht und verlor auch nicht die Nerven. Vielleicht hatte sie es ja aufgegeben, sich wegen solcher Bemerkungen Gedanken zu machen.

Zurück im Ferienhaus aßen wir Porterhouse-Steak mit Pilzen, und dann erzählte ich ein bißchen über das australische Regierungssystem. Als ich gerade sagte, daß der Vorsitzende der Regierungspartei in Canberra »Premierminister« genannt wird, begann Annie in ihrem Sportwagen auf und ab zu hüpfen.

»Willst du etwas sagen?«

»Ja«, erwiderte sie.

Was konnte das wohl sein?

»Du weißt, wie der Premierminister heißt?«

»Ja.«

Ich bat sie zu buchstabieren, und sorgfältig und absolut sicher zeigte sie Buchstabe für Buchstabe: »Malcolm Fraser«. Ich gab ihr keine Anhaltspunkte. Vermutlich hatte sie Frasers Namen auf dem Fernsehschirm gesehen – nur so konnte sie gelernt haben, wie man Malcolm schreibt.

Ich hatte Annie versprochen, ihr, wenn sie erst einmal buchstabieren könne, Fragen zu stellen, um herauszufinden, was sie alles wüßte. An diesem Abend bekamen wir zum erstenmal eine Kostprobe von ihrem Interesse an der Welt außerhalb von St. Nicholas und ihrem erstaunlichen Wissen.

Ich fuhr mit dem Politikunterricht fort. Als ich zum Oppositionsführer kam, hüpfte Annie wieder auf und ab. Ich reichte ihr die Tafel, und sie buchstabierte richtig »Gough Whitlam«. Wir gingen weiter, und als ich den Ministerpräsidenten erwähnte, reagierte sie wieder und buchstabierte »Hamer«.

»Richtig, weißt du auch den Namen des Oppositionsführers in Victoria?« fragte ich.

Sie buchstabierte »Cive Holding«. Er hieß Clyde, aber vermutlich hatte sie seinen Namen nicht im Fernsehen gesehen, sondern ihn nur im Radio gehört.

Chris fand das alles sehr aufregend. Zum erstenmal sah er selbst, wie Annie etwas Komplizierteres als »Tee« oder »Kaffee« buchstabierte. An sich waren wir am Wochenende meist so beschäftigt, daß wir die Kommunikationstafel kaum benutzten. Jetzt aber waren wir in völlig neues Gebiet vorgedrungen und entdeckten einen ganz unbekannten Teil von Annie. Und wieder änderte sich mein Bild von ihr. Ob sie nun altersgemäß entwickelt war oder nicht, ihre Interessen jedenfalls entsprachen bestimmt ihrem Alter.

Als wir alle im Bett lagen, fing Annie schrecklich zu weinen an. Ich ging in ihr Zimmer und versuchte sie zu beruhigen, aber sie war untröstlich. War sie krank, hatte sie Kopfschmerzen oder Bauchweh? Nichts davon. Schließlich mußte ich sie bitten zu buchstabieren, was sie quälte. Das war furchtbar schwierig, denn Annie war völlig aus der Fassung und weinte, als bräche ihr das Herz. Aber es war das einzige, was wir tun konnten. »Es geht nicht anders: Du mußt dir jetzt eine Viertelstunde Zeit nehmen und mir so viel buchstabieren, daß ich wenigstens eine Ahnung habe, was dich so aufregt. Anders kann ich dir nicht helfen.«

Schließlich buchstabierte sie: »Zukuf« – Zukunft! Sie machte sich Sorgen, was aus ihr werden würde. Sie hatte nicht einfach abgeschaltet, als die Bemerkungen fielen, daß sie eigentlich umgebracht werden sollte, sondern hatte sie heruntergeschluckt und aufgestaut, und jetzt wurde sie nicht damit fertig. Noch vor ein paar Tagen hatte ich ihr gesagt, daß sie nicht immer in St. Nicholas bleiben müsse. Jetzt traf sie hier draußen Menschen, die der Meinung waren, daß jemand wie sie umgebracht werden sollte. Kein Wunder, daß sie Angst vor ihrer Zukunft hatte. Ich redete lange mit ihr darüber und erwähnte in dieser Nacht zum erstenmal die Möglichkeit, ein Buch zu schreiben. Denn sie hätte doch anderen Menschen, die genauso behindert seien wie sie selbst, viel zu geben, und wir beide könnten vielleicht eines Tages ein Buch über unsere gemeinsamen Erfahrungen schreiben. Ich versprach ihr, daß ich und Chris dafür sorgen würden, daß sie nicht für immer in St. Nicholas bleiben müsse.

Sonntagabend waren wir wieder in Melbourne und brachten Annie zurück auf die Station.

Am Montag hatten wir eine weitere Videositzung in St. Nicholas, diesmal in Zusammenarbeit mit Sozialarbeitern. Nachdem Annie einige Fragen beantwortet hatte, übernahm ein Sozialarbeiter die Aufgabe, ihren Arm zu unterstützen. Nun folgte eine Illustration dessen, wie Leute, die nicht daran gewöhnt sind, mit körperbehinderten Kindern zu arbeiten, sich so in nebensächliche Details verstricken, daß sie das Wesentliche aus den Augen verlieren. Sie überlegten sich die Fragen, damit keiner sagen konnte, daß ich mit Annie bestimmte Antworten einstudiert hätte. Ich mußte den Raum verlassen, und ein Sozialarbeiter sollte Annies Arm unterstützen, damit sie die Fragen beantworten konnte, die ein anderer stellte, der die Antworten nicht kannte. Von draußen konnte ich Annies Rükken durch die Glastür sehen. Eine Frage lautete: »Wie heißt die älteste Tochter von Rosies Nachbarin?« Ich konnte durchs Fenster sehen, wie Annie sich abmühte, das ›s‹ zu erreichen. Es ist ein schwieriger Buchstabe fur sie, denn er befindet sich in der linken unteren Ecke ihrer Tafel, und sie bekommt leicht einen Krampf im Arm, wenn sie ihn zu treffen versucht. Nach einer Weile riefen sie mich wieder herein und erklärten, es sei gar nichts dabei herausgekommen.

»Wie war der Name?« fragte eine von ihnen.

»Sally«, erwiderte ich.

»Sie war niemals über dem ›s‹«, sagte sie, »auch nicht eine Sekunde.«

Das stimmte nicht. Ich hatte es durchs Fenster sehen können, und ich spielte das Videoband für sie zurück. Es gelang mir, den Film an der richtigen Stelle zu stoppen, und Annies Hand über dem »s« war im Standbild deutlich zu sehen. Sie waren ehrlich überzeugt, daß sie nie auch nur in die Nähe gekommen war, vielleicht weil sie so mit anderen Dingen beschäftigt gewesen waren – die Kamera zu bedienen, ihren Arm zu halten –, daß es ihnen entgangen war. Wir versuchten es wieder, und es mißlang genauso. Die Sozialarbeiter waren bestürzt, aber es war nicht ihre Schuld. Sie hatten keine Erfahrung auf diesem Gebiet und wollten mir nur einen Gefallen tun.

ANNIE: Ich war völlig am Boden zerstört, als Rosies Verwandter sagte, daß ich einen Schlag auf den Kopf bekäme, wenn ich ein Welpe wäre. Ablehnung war ich gewohnt, aber noch nie hatte mich etwas so verletzt. Ich hatte mir selbst oft gewünscht, daß mich jemand töten würde, aber ich fand, es stand anderen nicht zu, mir den Tod zu wünschen. Am meisten verletzte mich die Erkenntnis, daß Menschen draußen genauso über Behinderte dachten wie die Schwestern im St. Nicholas. Heute weiß ich, daß die meisten anderen nicht so extrem denken wie Rosies Verwandter. Sie mögen es nur nicht, daß wir uns auf der Straße blicken lassen. Rosie und ihre Freunde sind die einzigen, die ich kenne, die dafür sind, daß wir uns überall frei bewegen.

9. Mathematikstunde

Am Mittwoch, dem 1. Juni, entfernte ich alle Magnetbuchstaben von der Tafel und sagte Annie, ich wolle jetzt sehen, wieviel sie von Zahlen verstünde.

So trug ich das neue Thema an sie heran, während ich mit Kreide Zahlen auf ihre Magnettafel schrieb, und ich glaube, daß die Art und Weise sehr wichtig war: Ich sagte nicht, ich wolle testen, ob sie überhaupt etwas von Zahlen verstünde, sondern sehen, *was* sie davon wüßte. Nach ihren Leistungen in den letzten Wochen zu schließen, hatte sie wahrscheinlich irgendwelche Kenntnisse.

Ich hatte ihr einfaches Zählen beigebracht. In der Spielgruppe hatten wir Klötze aufeinandergebaut, Finger und Zehen gezählt und das Zahlenlied aus der »Sesamstraße« gesungen. Die Kinder hatten Bilder mit verschieden vielen Gegenständen ausgemalt, und darunter hatte ich die entsprechenden Zahlen geschrieben, um eventuellen Beobachtern den Zweck klarzumachen, nicht, weil ich erwartete, daß die Kinder sie sich merkten. Ich hatte die Bilder zur Ergänzung eines Zahlenfrieses an die Wand des Übungsraumes gehängt. Ich nahm also an, daß Annie zählen konnte, und daß sie, falls sie die Zahlen nicht schon kannte, sie doch schnell lernen würde. Ich hatte überprüft, wie weit die Kinder zählen konnten, indem ich auf einem Tablett zwei Mengen von Klötzen anordnete. Ich bestand auf Mengen statt Türmen, weil man Mengen auszählen muß, während man Türme an ihrer Höhe abschätzen kann. Ich zeigte einem Kind die Mengen und ließ es auf die Menge mit fünf Klötzen zeigen. Das Kind bewegte seinen Kopf oder seine Augen oder wies auf den einen oder anderen Haufen. So waren wir eine Zeitlang verfahren, und ich hatte jede Gelegenheit zum Zählen benutzt, die sich natürlich ergab. »Richtig, eins, zwei, drei von euch haben sich Kaffee gewünscht; eins, zwei, drei, vier, fünf möchten Tee; eins, zwei Milchschokolade; das sind insgesamt zehn«, pflegte ich zu sagen.

So konnten die Kinder erkennen, daß eine Zahl sich aus unterschiedlichen Mengen zusammensetzt, und das ist die Grundlage der Addition. Immer, wenn ich Tassen und Untertassen ausgab oder ein Körbchen Erdbeeren verteilte, zählte ich: »Eins, zwei, drei… Kinder und eins, zwei, drei… Teller«, während ich jedem Kind einen Teller auf die Knie stellte, um das 1 : 1-Verhältnis zu demonstrieren – und um die Erdbeeren daraufzulegen. »Eine für dich, und eine für dich, und eine für dich – elf Kinder mit je einer Erdbeere macht elf Erdbeeren.«

Das alles war Teil des roten Fadens, der sich durch alle Unterrichtsstunden zog. Ich fand es wichtig, so viel wie möglich mit ihnen zu sprechen. Es machte nichts, wenn sie nicht jedes Wort verstanden. Ich hoffte, daß sie das meiste verstehen würden, und versuchte, alles auf ein Niveau abzustimmen, das ich für angemessen hielt. Ich nahm nicht an, daß sie bis 22 zählen konnten, aber es würde ihnen doch nichts schaden zu wissen, daß es so große Zahlen gab und solche, die darüber hinausgingen, auch wenn sie sich die damit symbolisierte Menge nicht genau vorstellen konnten. Wenn jemand zum Beispiel das Wort »sechsunddreißig« benutzte, so sollten sie wissen, daß es eine Zahl ist und sich genauso wie »zehn« auf eine Menge bezieht. Ich pflegte dann und wann bis »hundert« zu zählen, einfach damit sie die Wörter hören konnten und sahen, daß es sich um eine Reihenfolge handelt.

Ich schrieb für Annie zwei Zahlenreihen auf die Tafel:

Abbildung 7

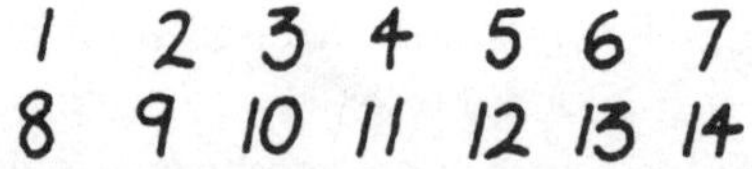

Beim Schreiben sagte ich Annie, wie sie hießen. Als sie ihren Kaffee ausgetrunken hatte, malte ich mit Kreide drei Punkte auf die Tafel:

Abbildung 8

Ich ließ sie zählen und auf die entsprechende Zahl deuten. Dabei half ich ihr, indem ich ihre Finger nacheinander auf jeden Punkt legte.

Ich war mir nicht sicher, wieviel sie beim bloßen Zuschauen verstand – wenn sie zählen könnte, wäre sie dabei wahrscheinlich auf eine direkte Zuordnung angewiesen. Dann unterstützte ich ihren Arm, und sie zeigte auf ihre Antwort, nämlich drei. Ich fügte drei weitere Punkte hinzu:

Abbildung 9

und verfuhr noch einmal genauso. Als ich sie fragte, welche Zahl diese Anzahl von Punkten repräsentierte, zeigte Annie auf sechs. Ich konnte nicht widerstehen, ihr Leistungsniveau zu verbessern und erzählte ihr etwas über »drei plus drei gleich sechs« und »drei mal zwei gleich sechs«. Ich hatte den drei Punkten drei hinzugefügt, und so hatten wir jetzt zwei Mengen von je drei. Dann fügte ich noch zwei hinzu (s. Abb. 10, S. 94).

Diesmal führte ich ihre Finger nicht auf die Tafel. Ich wollte sehen, ob sie die Punkte zählen konnte, ohne sie zu berühren. Sie zeigte auf acht. Ich fügte noch fünf Punkte hinzu, und sie zeigte auf dreizehn. Ich freute mich, denn das bewies, daß sie mit zwei-

Abbildung 10

stelligen Zahlen umgehen konnte – in der korrekten Position notiert.

Ich wollte eine einfache Addition mit ihr versuchen. Ich schrieb in Ziffern und dachte mir, daß ich die ja in Punkte übersetzen könnte, wenn sie es so nicht schaffte. Die Rechnung war zwei plus drei, in normaler arithmetischer Notierung geschrieben. Ich erklärte ihr, was die Symbole »plus« (+) und »gleich« (=) bedeuten, und formulierte auf verschiedene Weise: »Zwei und drei«, »zwei plus drei«, »macht«, »ist gleich«. Ohne zu zögern, zeigte Annie auf fünf. Als wir soweit gekommen waren, rief ich Elizabeth, die Hilfslehrerin, um eine Beobachterin zu haben. Das war aus zwei Gründen wichtig. Wenn Annie dies alles selbst machte, war es bemerkenswert, und ein Dritter sollte es bezeugen können; aber ich fürchtete auch, daß Annie es nicht selbst machte. Vielleicht bewegte ich ihren Arm doch unbewußt. Wir fuhren mit einer Reihe von Additionen fort: Vier plus fünf gleich neun; sieben plus vier gleich elf. Annie konnte zusammenzählen. Außerdem verstand sie das Konzept einer Hilfsziffer.

Ich beschloß, mit Annie Subtraktionen zu versuchen, die in den Unterrichtsstunden mit der Gruppe nicht oder höchstens implizit vorgekommen waren (»wenn hier zehn Tassen Fruchtsaft sind und ich sieben ausgegeben habe, bleiben noch drei übrig«). Und gewiß hatte ich sie mit noch weniger Nachdruck gesprochen als die Additionen. Ich schrieb 10 – 8 auf die Tafel; Annie zeigte auf 2.

Wir gingen direkt zur Multiplikation über: 3 × 4 = 12. Und dann zur Division: 15 : 3 = 5. Dann ließ ich Annie etwas Schwieriges addieren: 23 + 4. Dazu mußte sie auf zwei Ziffern zeigen, da 27 nicht auf der Tafel stand. Sie zeigte auf 2 und dann auf 7. Jede Rechnung formulierte ich auf jede erdenkliche Weise, und ich erklärte jedes neue Zeichen, sowie es vorkam.

Man beachte die Reihenfolge der Rechnungen: Ich ließ sie vier Mengen abzählen, drei Additionen rechnen, dann eine Subtraktion, eine Multiplikation, eine Division und eine komplizierte Addition. Je mehr Annie rechnete, desto offensichtlicher wurde, daß es ihr sehr leicht fiel und daß wir in einem Gebiet arbeiteten, wo sie sehr kompetent war. Ihr triumphierender Gesichtsausdruck überzeugte uns hinreichend, daß wir die komplizierteren Rechenoperationen nicht genauso detailliert unter die Lupe zu nehmen brauchten wie anfangs ihr Zählen.

Annies offensichtliches Vergnügen bewies ziemlich überzeugend, daß ich ihr nicht bei den Antworten half, aber ich machte mir immer noch Sorgen. Bis vor sechs Wochen hatte ich geglaubt, daß Annie einen IQ unter fünfzig hätte. Elizabeth war sich sicher, daß ich Annies Arm nicht gelenkt oder die Antworten auf andere Art – etwa indem ich die Tafel bewegte – beeinflußt hatte, aber da ich immer noch zweifelte, schlug ich eine Probe vor. Ich würde den Raum verlassen, Elizabeth sollte eine Rechenaufgabe auf ein Blatt Papier schreiben und sie Annie vorlegen. Dann würde ich wieder hereinkommen und Annies Arm halten, damit sie die Antwort zeigen konnte. Aber als wir das ausprobierten, war Annie nervös, alberte herum, blieb solange bei falschen Zahlen hängen, daß ich diese normalerweise als Antwort angesehen hätte, und kam dann endlich zum Ergebnis, nämlich 8. Mit der zweiten Aufgabe ging es nicht besser; aber bei der dritten beruhigte sie sich und zeigte auf 2 und 3 – die Zahlen, die aufgeschrieben waren – und auf die Antwort: 5. Ich war nicht vollkommen glücklich damit, denn ihr Zeigen war nicht so deutlich, wie es hätte sein können, und ich ließ Elizabeth noch eine einzige Zahl schreiben, während ich mich umdrehte. Diese zeigte Annie eindeutig genug. Sie hatte über zwei Stunden gearbeitet, und es war fast Mittagszeit. Vielleicht hatte das etwas mit ihrem Leistungsabfall zu tun.

Nachdem wir Annie auf die Station zurückgebracht hatten, war ich niedergeschlagen und unsicher. Elizabeth beruhigte mich, aber ich konnte noch immer nicht so recht daran glauben, vor allem nach Annies schlechten Leistungen am Schluß.

Heute verstehe ich, warum Annie über den Test unglücklich war und dabei verrückt spielte: Sie hatte unglaubliche, unerwartete Leistungen gezeigt, die normale Kinder im allgemeinen nicht ohne Hilfe erwerben – und nun wurde ihr die Anerkennung dafür versagt, und ich zweifelte an ihr. Ihre großartigen Leistungen hatten mein Vertrauen in ihre Fähigkeiten nicht erhöht, sondern verringert und Zweifel in mir geweckt, ob sie überhaupt irgend etwas selbständig tat. Ich brauchte Bestätigung und Sicherheit, und die konnte ich nur erlangen, wenn ich Annie meine Zweifel anvertraute. Doch das war fast unerträglich für sie.

Am Nachmittag hatten wir eine Fallbesprechung über Mark. An so einer Fallbesprechung nehmen Vertreter aller Fachrichtungen, die das Kind betreuen, teil und tauschen ihr Wissen aus: Arzt, Physiotherapeut, Sozialarbeiter usw. Fallbesprechungen waren damals ein Novum im Hospital und wurden später auch wieder abgeschafft. Diese Konferenz hatten Philip Graves und ich beantragt. Ich zeigte einen kurzen Videofilm, der Mark beim Gebrauch einer Worttafel zeigte. Er war nicht besonders deutlich – ich wäre die letzte gewesen, die das nicht zugegeben hätte –, da ich Lehrerin, Produzentin und Kamerafrau in einer Person sein mußte, aber er vermittelte doch einen Eindruck von der Art unserer Arbeit. Daß ich vorne stand und die Kamera hielt, unterstrich Marks Unabhängigkeit. Wie auch immer – dem Film wurde nicht das geringste Interesse entgegengebracht. Es gab keine Reaktion, keine Frage, wie das möglich sei, welche Folgen es haben könnte. Und niemand schlug vor, Marks Betreuung zu ändern. Wie bei Annie war keiner der Mächtigen im Hospital dazu bereit, Mark selbst einmal bei der Arbeit zuzuschauen. Sie wollten keine Kinder sehen, sie wollten Videoaufnahmen.

Am nächsten Morgen bekam ich eine Notiz von der Verwaltung. Sie wollten Ende des Monats ein Videoband mit Annie sehen, und ich sollte diese Aufnahmen bis dahin keinem Außenstehenden zeigen. Am selben Tag teilte man mir mit, daß ich keinen unbezahlten Urlaub bekäme, um mein Pädagogik-Studium abzuschließen. Ich könne ja auf eine Halbtagsstelle gehen oder, noch besser, überhaupt kündigen.

Nach dem Tee brachte ich Annie, Mark und Angela in den Spielraum und versuchte, zur Unterstützung von Annies Arm eine Schlinge zu basteln. Wenn sie mit dem Arm in einer Schlinge arbeiten könnte, wäre der Verdacht hinfällig, daß ich ihre Antworten manipulierte. Angela und Mark hatten nie einen Halt gebraucht und kannten dieses Problem nicht. Die Schlinge bestand aus einem Nylonband, das von einer Babyschaukel herabhing. Vermutlich würde sie bald unangenehm für Annie werden und auf jeden Fall ihr Blickfeld einengen, doch sie versuchte es trotzdem damit. Erst zeigte sie auf Buchstaben, dann rechnete sie einige Aufgaben.

Ihre Antworten waren deutlich, aber sie kamen nur sehr langsam: $16:4=4$; $4\times 2=8$; $15+14=29$; $18:3=6$; also eine Wiederholung der Sitzung vom Vortag.

Ich machte einen großen Sprung und ging zu Brüchen über. Ich erklärte Annie, was Brüche sind, und schrieb eine Aufgabe: $\frac{1}{2}+\frac{1}{2}=$? Ich formulierte auf verschiedene Art und Weise: zwei Halbe, eine Hälfte plus noch eine Hälfte. Sie zeigte deutlich auf 1, aber sie war sehr langsam. Die nächsten paar Aufgaben brauchten noch länger, entweder weil sie schwieriger waren oder weil sie seit einer Stunde in der Schlinge war und ermüdete. Ich gab ihr $\frac{5}{3}+\frac{1}{3}$, und sie zeigte auf 2. Nun ist $\frac{1}{2}+\frac{1}{2}$ ja einfach, weil Hälften oft in Gesprächen vorkommen. Ich hatte viele Äpfel halbiert, wenn ich den Kindern Obstsalat machte und ihnen dabei erzählt, was ich da tat. Für die erste Aufgabe reichte also einfaches Sprachverständnis. Mit der Aufgabe $\frac{5}{3}+\frac{1}{3}$ war es etwas anderes: Annie mußte ihre Lösung zu einer ganzen Zahl zusammenziehen. Ich mußte die Schreibweise erklären, zum Beispiel, daß man eine Hälfte als »eins geteilt durch zwei« schreiben kann. Das hätte jedem einigermaßen intelligenten Kind den Schlüssel für die erste Aufgabe gegeben. Bei $\frac{5}{3}$ erklärte ich, daß man auch Zahlen, die größer als ein Ganzes sind, als Bruch darstellen kann, was wiederum ein Schlüssel, aber keine Erklärung war.

Die Frage, wo Annie dies alles gelernt hatte, blieb offen. Ich redete mit ihr darüber, nicht über die Tafel, denn sie war müde, sondern anhand ihrer Ja-Nein-Antworten. Als ich sie fragte, ob sie multiplizieren und dividieren aus der »Sesamstraße« gelernt hätte, antwortete sie halb »ja« und halb »nein«. Ja, die Zahlen und die Grundlagen des Addierens hatte sie aus der »Sesamstraße« und aus Addition und Subtraktion dann selbständig Multiplikation und Division abgeleitet. Das erklärte nicht, wie sie zu Brüchen gekommen war, was mir im Milieu von St. Nicholas fast unfaßbar schien. Ein erster Anfang war vermutlich das Bilderbuch »Drei Äpfel« gewesen, das ich der Gruppe oft gezeigt hatte. In der Geschichte wurde einer der Äpfel geschält, einer angebissen und einer in Viertel geschnitten. Ich pflegte den Äpfeln im Buch wirkliche Äpfel auf einem Teller zuzuordnen, um den Zusammenhang zwischen Wirklichkeit und Bild und die Zahlenkonzepte deutlicher zu machen. Wenn ich die Äpfel viertelte, betonte ich, daß ein Apfel aus zwei Hälften oder vier Vierteln bestand und daß jeweils zwei Viertel zu einer Hälfte gehörten. Ich tat dies nicht, weil ich glaubte, daß die Kinder je auf diesem Niveau rechnen würden, sondern weil wir im täglichen Leben von Hälften und Vierteln reden. Wir sprechen von einer »halben Tafel Schokolade«, von »Halbzeit« im Fußball, und wir sagen »Viertel nach drei«. Die Kinder sollten die Vorstellung haben, daß eine Hälfte ein Teil von etwas und daß ein Viertel ein noch kleinerer Teil ist. Die Apfel-Lektion gehörte zu einer allgemeinen Lektion über Obst, während der wir alle Arten von Früchten für eine große Schüssel Obstsalat kleinschnitten. Diese »Obstsalat-Stunde« schien die einzig mögliche Erklärung zu sein.

Damit lag ich zugleich richtig und falsch. Später buchstabierte Annie: »Durch den Salat kam ich drauf. Joey erweiterte es und kam auf Achtel und Sechzehntel. Er war klüger als ich.«

Joey war der Junge, der 1976 gestorben war und von dem ich schon vermutet hatte, daß er intelligent gewesen war. Das hatte Annie nun bestätigt. Joey war gestorben, ohne sich je mit einem Erwachsenen verständigt zu haben. Nur für die Kinder hatten seine »Geräusche« einen Sinn ergeben.

Am Sonntag holte ich Annie aus dem Hospital, und wir trafen uns zum Mittagessen mit den Freunden, die wir an Annies erstem Wochenende bei uns besucht hatten. Zwei Kinder waren dabei: der neunjährige Damien und Bill, ungefähr fünf Jahre alt. Damien kannte Annie schon, und als er hörte, daß sie mit zum Essen kommen würde, hatte er ihr einen von diesen Wollbällen gebastelt, bei denen man Wolle um zwei Pappringe wickelt. Ich fürchtete, daß sie das kindisch finden würde, aber sie buchstabierte glücklich: »Dankeschön!« Damien und Bill waren von Annies Arbeit mit der Worttafel fasziniert und warteten ungeduldig darauf, mehr davon zu sehen. Damien fragte sie, was sie zum Frühstück gegessen habe, und obgleich ich es ihm erzählte, bestand er darauf, daß sie es selbst buchstabierte. Als sie bis »por« gekommen war, unterbrach er sie und sagte: »Der Rest ist leicht – idge.« Annie warf ihm einen vernichtenden Blick zu und zeigte mit großer Bestimmtheit auf das zweite »r«, bevor sie »idge« buchstabierte.

Bill, der in der Grundschule gerade mit den Zahlen angefangen hatte, stellte Annie ein paar Rechenaufgaben. Er gab ihr drei sehr einfache Additionen, und nachdem ich die Buchstaben von der Tafel genommen und Ziffern hingeschrieben hatte, zeigte Annie sofort auf die Resultate. Nun gab sie Bill Aufgaben, wobei sie sorgfältig vermied, die gleichen Zahlen zu verwenden. Es erheiterte sie sehr, daß er die Aufgaben nicht lösen konnte.

Nach dem Mittagessen fuhren wir alle zusammen an den Strand und gingen auf den Spielplatz. Dann gab es noch einen Eierflip bei mir zu Hause, bevor ich Annie nach St. Nicholas zurückbrachte.

Am Montagabend sortierten wir die Muscheln, die wir am Strand gesammelt hatten, und dann las ich Annie ein paar Geschichten vor, die sie sehr genoß. Irgendwann verschwand ich aufs Klo, das in Hörweite vom Spielzimmer liegt. Als ich zurückkam, baute ich die Tafel auf: Annie sollte vom gestrigen Tag erzählen. Statt dessen buchstabierte sie: »Du pinkelst Mengen«, woraus sich eine Diskussion über Euphemismen ergab. Auch dieser Satz wurde später noch öfter zitiert, und zwei Jahre später befragte mich sogar das Höchste Gericht darüber.

Sie schrieb weiter: »Notiere Fehler, Rosie!«, und als ich sie fragte, was für Fehler sie meinte, fügte sie hinzu: »Die ich beim Schreiben mache.« Warum sollte ich ihre Fehler aufschreiben? »Damit wir andere unterrichten können.« Ich sagte, daß ich von unserer Arbeit

Notizen gemacht hätte, und zeigte ihr in ihrem Ringbuch, daß ich dort alles, was sie zu sagen versucht hatte, farbig aufgeschrieben hatte und ihre Fehler mit Kugelschreiber dazu.

Annie wollte noch etwas sagen: »Wann fangen wir das Buch an?« Darauf gäbe es zwei Antworten, sagte ich: Wir hätten ja schon damit begonnen, denn was sie und ich aufschrieben, würde in das Buch eingehen. Die andere lautete, daß wir eine bessere technische Ausstattung für sie brauchten, damit sie ohne meine Hilfe schreiben könne, eine elektrische Schreibmaschine zum Beispiel.

Ich hatte Annie versprochen, daß wir mit Bruchrechnen weitermachen würden, aber die Zeit reichte nicht. Ich arbeitete immer noch mit vielen anderen Kindern und schob Annie dazwischen, so oft es ging, meistens abends, wenn die anderen Kinder im Bett waren. Mein Arbeitstag endete offiziell um fünf, danach konnte ich arbeiten, mit wem ich Lust hatte. Manchmal vergingen Tage, ohne daß Annie Gelegenheit bekam, sich mit ihrer Alphabettafel zu äußern.

In den nächsten Monaten wurde es immer schlimmer. Da ich mehr Kinder im Buchstabieren unterrichtete, hatte ich immer weniger Zeit für jedes einzelne. Wie sollten sie so Gelegenheit finden, das Gelernte auch anzuwenden?

Dienstag gab ich Annie zum erstenmal Hausaufgaben. Wir hatten während des Abends über Brüche gesprochen, und ich hatte Rechtecke gezeichnet und unterteilt, damit sie sehen konnte, daß sich zum Beispiel ein Viertel und zwei Achtel entsprechen. Ich erklärte, daß man Brüche mit verschiedenem Nenner addieren kann, indem man das kleinste gemeinsame Vielfache benutzt. Ich führte ihr eine Addition von Dritteln und Vierteln ausführlich vor, indem ich alle möglichen Nenner von vier an aufwärts durchging. Sie schien reichlich gelangweilt zu sein, aber ich hielt es für wichtig, das Konzept der Brüche so konkret wie möglich darzustellen.

Als sie sie ins Bett brachte, gab ich ihr anhand der Gitterstäbe ihres Bettes Hausaufgaben. Jede Seite des Bettes hatte elf Stangen und war in zehn Abschnitte unterteilt. Ich sagte ihr, sie solle sich mit Zehnteln und ihren Entsprechungen befassen und gab ihr nur den Hinweis, daß zwei Zehntel das gleiche sind wie ein Fünftel. Zwei Tage später überprüfte ich ihre Hausarbeiten, indem ich ihr einige

Aufgaben stellte. Ich sagte: »Zeige auf zwei Brüche, die sich entsprechen.« Es waren Multiple-choice-Aufgaben. Annies Antworten habe ich durch Kreise gekennzeichnet.

Abbildung 11

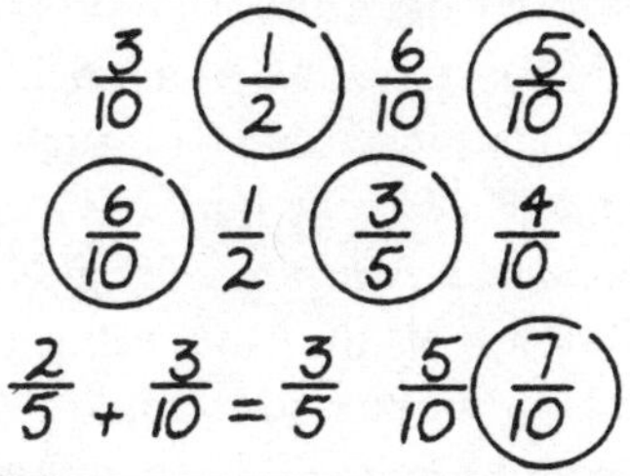

Ihre Antworten waren klar und eindeutig.

Als weitere Hausaufgabe zeichnete ich zwölf Linien auf ein Stück Papier und heftete es an ihr Bett, damit sie sich mit Zwölfteln beschäftigen konnte. Ich wies sie darauf hin, daß Zwölftel interessanter sind als Zehntel, da es mehr Umstellungs- und Kombinationsmöglichkeiten gibt.

Am Donnerstag traf ich mich mit pädagogischen Mitarbeitern, um zu besprechen, ob nicht jemand mit Mark und Angela arbeiten könne. Ich hatte nicht genug Zeit für sie, und beide buchstabierten jetzt mit Alphabettafeln. Da sie ohne Hilfestellung zeigen konnten, waren sie viel leichter zu »verkaufen« als Annie. Niemand konnte auf die Idee kommen, sie würden manipuliert, und es war körperlich nicht so anstrengend, mit ihnen zu arbeiten. Auch fand ich es gut, andere in das Förderprogramm mit einzubeziehen, damit niemand behaupten konnte, ich sei die einzige, die sich mit den Kindern verständigen könne.

Margaret Tenny war kürzlich Leiterin der Pädagogischen Abteilung in St. Nicholas geworden, und ich sorgte dafür, daß sie Annie kennenlernte.

Margaret fragte Annie, ob sie fernsähe.

Annie antwortete: »Roots.« Die Serie lief damals gerade im Fernsehen.

»Roots«, sagte ich, »was für Wurzeln, Baumwurzeln?«

Annie buchstabierte: »TV«.

Ich bat sie, uns zu erzählen, wovon »Roots« handelte.

»Sklaven«, antwortete Annie.

»Wo kamen die Sklaven her?« fragte ich. Ich hatte die Serie nicht gesehen, aber ich erwartete die Antwort »Afrika«.

Annie buchstabierte ein langes Wort und behauptete, das sei der Name des Dorfes. Margaret hatte den Film auch nicht gesehen, und so wußten wir nicht, ob sie recht hatte. Wir sprachen über das Thema der Serie, und als ich Annie nach dem Namen des Sklavenschiffes fragte, zeigte sie auf »l« als Anfangsbuchstaben. Dann klingelte das Telefon, und wir mußten die Stunde abbrechen.

Am nächsten Tag kam Margaret mit einem Artikel über »Roots« herein. Der Name des Schiffes war »Lord Ligonier«, der Name des Dorfes wurde nicht erwähnt. In Annies Gegenwart sagte Margaret, Annies »l« müsse wohl ein Zufall gewesen sein.

Das war ein großes Problem: Die Leute, die an den Fähigkeiten der Kinder zweifelten, waren sich dessen so sicher, daß sie ihre Zweifel offen vor ihnen äußerten. Sie hatten kein Gefühl dafür, wie schrecklich grausam sie waren – falls sie sich irrten. Und wie schwer sie es den Kindern machten, überhaupt noch mit ihnen umzugehen. Denn wie soll man mit jemandem reden, der einem sagt, daß er davon überzeugt ist, daß man nicht sprechen kann? Was wird so jemand »hören«, wenn man zu sprechen versucht?

Das Problem wurde verschärft durch die erhöhte Muskelspannung der Kinder, einem typischen Charakteristikum der Zerebralparese. Bei Nervosität, Ärger oder Aufregung nehmen ihre Muskelkrämpfe häufig an Intensität zu, wodurch es für sie noch viel schwieriger wird, ihre Bewegungen zu koordinieren. Annies Muskeln verspannten sich automatisch, wenn beim Arbeiten jemand vor ihr stand, von dem sie wußte, daß er ihr nichts zutraute. Sie hatte dann viel mehr Schwierigkeiten als sonst, den Arm zu bewegen. Die Krämpfe verstärkten sich, und ihr Zeigen war nicht mehr so deutlich. Das war dann natürlich Wasser auf die Mühlen der Skeptiker und bestätigte sie in ihrem Mißtrauen.

Es gibt Räume mit Einwegspiegeln, wo Kinder arbeiten können, ohne zu merken, daß sie beobachtet werden, aber in St. Nicholas hatten wir so etwas nicht. Statt dessen gibt es auch heute noch Psychologen, die angeblich ein vorurteilsfreies Gutachten über diese Kinder abgeben wollen und sich dann in ihrer Gegenwart in Bemerkungen über sie und ihre Leistungen ergehen. Selbst Fachleute auf diesem Gebiet scheinen anzunehmen, daß Kinder, die nicht sprechen können, auch nicht hören können. Kürzlich bat mich ein »Experte«, Leonie etwas zu fragen, um ihre Reaktion zu sehen. Ich wies darauf hin, daß es wohl schwierig sein würde, noch eine spontane Reaktion zu erhalten. Denn Leonie war dabei, als der Experte mir sagte, was ich sie fragen sollte. Leonies Schwierigkeiten, mit anderen zu kommunizieren, bedeuteten *nicht*, daß sie auch Schwierigkeiten hatte zu verstehen, was sie sagen.

Nachdem Margaret gegangen war, überprüfte ich Annies Rechenaufgaben und gab ihr noch einige fürs Wochenende, diesmal zum Potenzrechnen. Ich erklärte ihr, daß Potenzen die abgekürzte Schreibweise für die Multiplikation von Zahlen mit sich selbst sind. Ich schrieb folgende Reihe auf:

Abbildung 12

$$2 \times 1 = 2 = 2^1$$
$$2 \times 2 = 4 = 2^2$$
$$2 \times 2 \times 2 = 8 = 2^3$$
$$2 \times 2 \times 2 \times 2 = 16 = 2^4$$

und zeigte, daß der Exponent der Anzahl der Zweien auf der linken Seite der Gleichung entspräche. Es lag eine gewisse Ironie darin, so etwas an die Gitterstäbe eines Babybettchens in einem Hospital für geistig schwer Behinderte zu hängen.

St. Nicholas fördert die Erledigung von Hausaufgaben ganz ungemein: Gleich, wie langweilig, schwierig oder uninteressant die Arbeit einem normalen Kind erschienen wäre – für Annie war es alles, womit sie sich jeden Nachmittag ab halb fünf bis zum nächsten Morgen um halb acht beschäftigen konnte. Ich habe ihr nie Hausaufgaben gegeben, die sie nicht erledigt hätte.

Am Samstagnachmittag holten wir Annie aus dem Hospital, gingen in den Zoo und dann nach Hause zum Abendessen. Chris hatte einen langen Zeitungsartikel über »Roots« gefunden, den ich vor Annie hinlegte, um sie zu beschäftigen, während ich kochte. Sie sagte, sie läse ihn, und als ich mich auf Zehenspitzen näherte, um sie zu beobachten, sah es auch so aus. Ich fragte ein bißchen nach, als sie fertig war.

»Alex Haley schrieb vor ›Roots‹ ein berühmtes Buch. Er half einem bekannten schwarzen Amerikaner beim Verfassen seiner Biographie. Wie hieß dieser Mann?«

»Malcom X.«

»Was waren das für weise alte Männer, die die Geschichte des Stammes kannten und Alex Haley über den Hintergrund seiner Familie in Afrika berichten konnten?«

»Griots«, antwortete sie.

Beide Wörter standen kleingedruckt mitten im Text: Malcolm X wurde ungefähr in der Mitte des Artikels erwähnt, und die »griots« tauchten in den letzten beiden Spalten auf. Das Wort »griot« hatte keinen großen Anfangsbuchstaben und fiel überhaupt nicht besonders ins Auge. Annie hatte bewiesen, daß sie fähig war, einen normalen Zeitungsartikel zu lesen. Jetzt ließ sich mit Fug und Recht behaupten, daß sie lesen und schreiben konnte.

Es war Mitte Juni und noch nicht einmal einen Monat her, daß sie »Ich hasse die fette Rosie« buchstabiert hatte. Vor knapp sieben Wochen war sie zum ersten Mal bei uns zu Hause gewesen. Es gab zweifellos viele Wörter, die sie noch nie geschrieben gesehen hatte und nicht buchstabieren konnte, und sicher auch eine ganze Menge, deren Sinn sie aus dem Zusammenhang erraten konnte, aber deren Aussprache sie nicht kannte. Sie hatte ein Leseniveau erreicht, das wohl die meisten Lehrer von normalen Sechzehnjährigen zufriedengestellt hätte.

Annies mathematische Fähigkeiten überraschten mich weiterhin. Am Mittwoch, dem 15. Juni, überprüfte ich sie im Potenzrechnen. Ich bereitete die Tafel folgendermaßen vor:

Abbildung 13

1 2 3 4 5
6 7 8 9 0

Ich schrieb die zehn Grundzahlen auf die Tafel, und in dieser Form wird die Tafel seitdem von allen Kindern benutzt. Dann stellte ich Annie einige Aufgaben, und ihre Ergebnisse waren alle richtig. Hier die Aufgaben und ihre Lösungen:

Abbildung 14

$$2^3 = 8$$
$$3^3 = 27$$
$$4^6 \div 4^4 = 16$$

Annie hatte sich das dieser Art von Division zugrundeliegende Prinzip selbst erarbeitet: Wenn man eine Zahl mit Exponenten durch dieselbe Grundzahl mit einem anderen Exponenten teilen will, muß man den einen Exponenten vom anderen subtrahieren. Sie war fähig, das, was sie sah, zu generalisieren, eine Hypothese zu forumlieren und diese zu prüfen. In diesem Fall traf sie die richtige Hypothese.

Um ihre Hausaufgaben im Bruchrechnen zu überprüfen, formulierte ich folgendes Problem und gab vier Antworten vor, von denen sie die richtige wählen mußte (s. Abb. 15, S. 106).

Annie wählte $^{15}/_{32}$.

Am Montag sprach ich mit Annie über die Uhrzeit. Ich hatte gesehen, daß sie zu den Uhren hinaufblickte, wenn ich Zeitangaben

Abbildung 15

$$\frac{3}{32}+\frac{1}{8}+\frac{1}{4}=\frac{5}{44}\quad\frac{5}{32}\quad\frac{15}{32}\quad\frac{17}{8}$$

machte, zum Beispiel, wenn ich sagte, es sei Mittag oder es sei halb sechs. Ich vermutete, daß sie irgendwelche Vorstellungen von Zeiten hatte, daß sie sich aber mit Feinheiten, also zum Beispiel, daß ein Uhr fünfunddreißig dasselbe bedeutete wie fünfundzwanzig Minuten vor zwei, nicht so genau auskannte.

Ich versuche Fragen immer so zu stellen, daß sie mit hoher Wahrscheinlichkeit richtig beantwortet werden, da ich möchte, daß die Kinder Erfolgserlebnisse haben und sich nicht als Versager fühlen. Deshalb sprach ich zuerst kurz über die Uhrzeiten und zeichnete ihr, bevor ich weitere Fragen stellte, ein großes Zifferblatt.

Abbildung 16

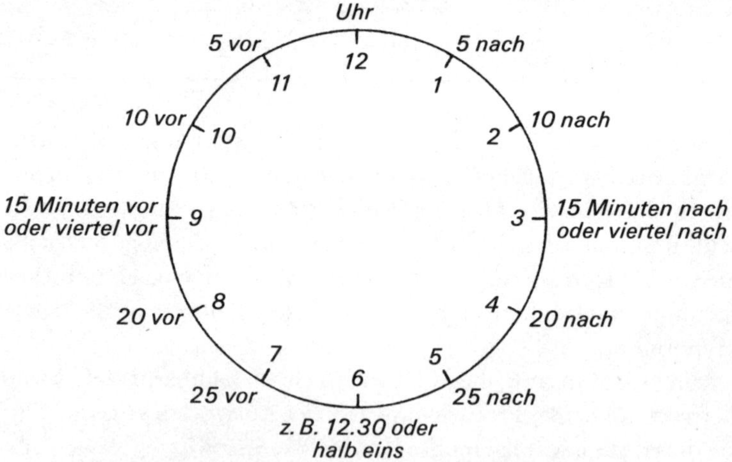

Am nächsten Tag zeichnete ich Uhren auf ihre Magnettafel und forderte sie auf, die von mir genannten Zeiten zu zeigen. Dabei variierte ich die Formulierungen so stark wie möglich.

»Welche Uhr zeigt zehn Uhr fünfzehn? Und welche ein Viertel vor drei? Welche drei Uhr? Zwei Uhr fünfundvierzig? Sechs Uhr fünfundzwanzig? Ein Viertel nach zehn? Fünfundzwanzig nach sechs?«

Ich stellte ihr fünfundzwanzig Fragen, und sie beantwortete sie alle richtig. Ich schrieb noch einige Ziffern auf die Tafel und sagte, sie solle mir zeigen, wieviele Sekunden eine Minute habe, wieviele Minuten eine Stunde, wieviele Stunden ein Tag... Wieder machte sie alles richtig.

An diesem Abend beschloß ich, Annie mit einer mathematischen Autorität bekanntzumachen. Ich zeigte ihr ein Buch über Mathematik von Hamlyn Greene, einen wunderbaren viktorianischen Klassiker.

Ich las ihr rasch das Kapitel über Multiplikationen großer Zahlen vor, um ihr ein paar seltene Wörter zu erklären, und heftete dann eine Fotokopie des Textes für die Nacht an ihr Bett. Die kopierten Seiten enthielten auch Tabellen mit dem großen Einmaleins. Die hatte ich nicht vorgelesen, und erst als ich Annie auf die Station zurückbrachte, kam es mir in den Sinn, sie zu fragen, ob sie solche Tabellen kannte. »Ja«, erwiderte sie, und ich überprüfte das schnell. Ich schrieb 24, 72, 66 und 84 auf die Tafel und ließ sie zeigen, was 2 × 12, 12 × 7, 9 × 8, 6 × 4 und 11 × 6 ist. Alles zeigte sie schnell und genau.

Am Mittwoch rechnete ich ihr eine Multiplikation mit großen Zahlen ausführlich vor und stellte ihr dann die Aufgabe: 234 × 27. Sie arbeitete daran, indem sie jeweils auf die Ziffer zeigte, die ich hinschreiben sollte, beginnend mit der ersten Ziffer rechts in der obersten Reihe. Am Ende sah die Tafel so aus wie auf Abb. 17, S. 108.

Die Hausaufgaben für Mittwochabend waren die Kapitel über komplexe Additionen und Subtraktionen in dem Buch von Hamlyn Greene. Annies bisherige Leistungen ließen darauf schließen, daß sie darüber bereits Bescheid wußte. Aber Hamlyn Greene setzt sich

Abbildung 17

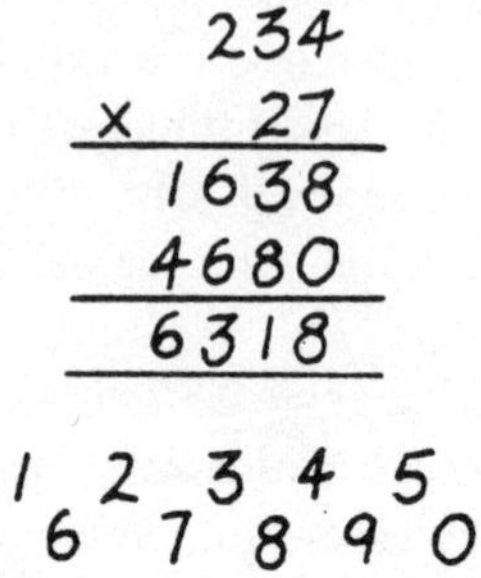

mit der Materie derart geschickt auseinander, daß sie seine Darstellung auf jeden Fall mit Genuß lesen würde. Fürs Wochenende gab ich Annie folgende Zahlenreihe:

Abbildung 18

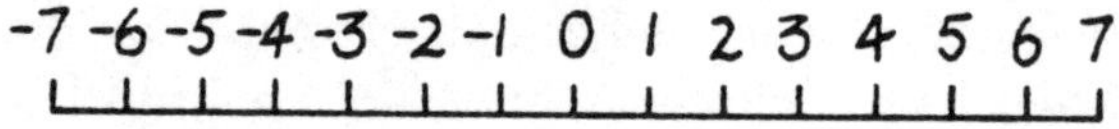

Ich erläuterte, daß es zu jeder positiven Zahl eine entsprechende negative Zahl gäbe. Ich wollte sehen, ob sie ohne Unterstützung die Regeln für das Rechnen mit negativen Zahlen ableiten könne. Als ich ihr am Montag Fragen darüber stellte, zeigten ihre Antworten, daß sie das zugrundeliegende Prinzip nicht erkannt hatte. So erklärte ich es ihr anhand der Zahlenreihe. Daraufhin löste sie einige Aufgaben: $2 - -2$, $-16 - -4$, -2×2.

Am Mittwoch erklärte ich ihr, daß eine unbekannte Variable durch x dargestellt werden kann, und gab ihr zwei Fragen als Hausaufgabe: Wenn $x - 7 = 23$, was ist dann der Wert von x? und: Wenn

$3x = 12$, was ist dann x? Das waren einfache Aufgaben, und sie löste sie richtig. Ich stellte Annie eine neue Aufgabe: Wenn $4x = 2y$ und $3x + 3y = 27$, was sind dann die Werte von x und y? Ich wollte sie in Gleichungen mit zwei Unbekannten einführen. Es gab Leute, die mir vorwarfen, daß diese Aufgabe zu schwierig für sie sei, aber mir schien sie nicht zu schwer. Man muß dafür nur logisch denken können und über ein Mindestmaß an mathematischen Kenntnissen verfügen. Am Mittwoch wußte Annie die richtige Lösung: $x = 3$; $y = 6$.

Ende Juli hatte ich mit Annie eine Stunde über Geld. Es hört sich vielleicht etwas merkwürdig an, wenn man sich nach dem Rechnen mit negativen Zahlen plötzlich mit Dollars und Cents beschäftigt, aber sie hatte ihr ganzes bisheriges Leben in einer Institution verbracht, nie die gesamte australische Währung gesehen und war noch nie mit Dezimalbrüchen in Berührung gekommen. Ich breitete alle im Umlauf befindlichen Münzen und Banknoten, ausgenommen den 50$-Schein, vor ihr aus, erklärte ihr die Beziehung zwischen Dollar und Cents und erläuterte in diesem Zusammenhang die Dezimalbrüche. Dann stellte ich ihr zwei Aufgaben: »Wie kommt man mit der kleinstmöglichen Anzahl von Münzen auf 88 Cents, und wieviele Zwei-Cent-Stücke braucht man für 4,60 Dollar?« Sie löste beide.

Ich begann zu ahnen, daß meine mathematischen Fähigkeiten für Annie bald nicht mehr ausreichen würden. So sorgte ich dafür, daß mein Freund David Brownridge sie weiter unterrichtete. Sechs Monate lang hatte sie bei David Zusatzunterricht. Sie befaßten sich mit Basiskonzepten der Mathematik und Wahrscheinlichkeitstheorie, und ich unterrichtete sie in einfacheren und mehr praxisbezogenen Dingen wie Maße, Gewichte, Flächen.

ANNIE: Ich brauchte damals länger, um eine Seite zu lesen, als heute, aber lesen konnte ich schon alles. Manche weniger gebräuchlichen Wörter mußte ich mir noch zusammenreimen; aber jedes Wort, das ich jemals gehört hatte, konnte ich auch lesen.

Als Körperbehinderte hat man ein anderes Zeitgefühl. Wenn man so häufig zu absoluter Passivität verdammt ist, wird man erfinderisch im Füllen der Zeit. Während der Lücken in meinem Leben ließ ich mein Gehirn gegen sich selbst spielen und rechnete Dinge aus, von deren Existenz ich wußte, aber deren Werte ich nicht kannte. Das Fernsehen erweiterte meinen Horizont: Die Serie »Der Aufstieg der Menschheit« von Bronowski gab mir den entscheidenden Anstoß zum wissenschaftlichen Denken. In St. Nicholas war sie nicht besonders gefragt, aber mich bewahrte sie vor geistiger Leere. Diese Serie eröffnete mir den Zugang zur Mathematik.

Als Joey uns Bruchrechnen lehrte, schloß sich der Kreis. Ich begann zu meiner Unterhaltung zu rechnen. Ich versuchte auch einige Konstanten zu berechnen. Ich machte einen Ansatz, die Lichtgeschwindigkeit zu berechnen, indem ich die Entfernung zwischen Mond und Erde (die bei der Berichterstattung übers Apolloprogramm erwähnt wurde) sowie die festgestellte Verzögerung der Radiosignale zugrundelegte. Es ließ sich nicht vermeiden, daß meine Berechnung ziemlich grob ausfiel, weil ich nur volle Sekunden als Annährungswerte hatte. Ich konnte nicht umrechnen, da ich keine Ahnung hatte, wieviel Fuß eine Meile hat.

Einen Wert für *pi* zu finden, war mir unmöglich, da ich nichts über Maße wußte. Mir war klar, daß es eine Beziehung zwischen Umfang und Durchmesser eines Kreises gibt. Erst später lernte ich den Namen dafür. Auf spitzwinklige Dreiecke zu kommen (ich pflegte sie »zwei verbundene rechtwinklige Dreiecke« zu nennen), war einfach in einem Hospital, in dem alle Windeln tragen. Bronowski behandelte den pythagoreischen Lehrsatz, und ich hatte reichlich Gelegenheit, über die Bedeutung nachzudenken. Die Windeln im Hospital waren nicht quadratisch, und jedes Mal, wenn die Schwestern eine Windel falteten, mußten sie erst ein Quadrat daraus machen. Ich begann zu verstehen, was Symmetrie bedeutet und wie wichtig sie in der Geometrie ist. Zum Rechnen benutzte ich ein primitives Rechenbrett auf der Grundlage der Uhr. Ich arbeitete mit der Grundzahl zwölf. Ich behandelte die Einheiten als Minuten, den nächsthöheren Stellenwert legte ich auf die Stundenzahlen, und für die nächste Potenz nahm ich die Gitterstäbe meines Bettes.

Meine mathematische Kenntnisse bedeuten mir viel, weil sie mich in meinen späteren Jahren in St. Nicholas so glücklich beschäftigten. Mein Meisterstück leistete ich, als ich mir aus Additionen und Subtraktionen, die ich aus der »Sesamstraße« gelernt hatte, das Multiplizieren und Dividieren ableitete. Das Multiplizieren bot sich fast von alleine an: Man addiert zwei Reihen von den Gitterstäben des Bettes und erhält aus zwei Dreizehnern sechsundzwanzig und genauso dreizehn Zweier. Das Dividieren war schwieriger. Ich hatte nur halb so viel Spaß an einem dicken Buch über Atombomben, weil ich nicht richtig dividieren konnte.

10. Zweifel

Mittlerweile hatte Annie es geschafft, eine ganze Menge Leute von ihren Fähigkeiten zu überzeugen. Aber ich war noch nicht vollkommen sicher. Noch immer nistete die Furcht in mir, daß ich Annies Arm vielleicht doch unbewußt manipulierte. Natürlich nicht absichtlich, aber ich wußte von Lehrern, die sich den Erfolg ihrer Schüler so heftig wünschten, daß sie ihn »produzierten«. Und doch konnte ich nicht glauben, daß es bei mir auch so war. Hätte ich einen so wenig schmeichelhaften ersten Satz gewählt, wenn ich ihren Arm manipulierte? Warum war ihre Rechtschreibung nicht so fehlerfrei wie meine? Und warum gab es Zeiten, wo wir uns mißverstanden, Schwierigkeiten miteinander hatten und uns überhaupt nicht verständigen konnten? Ich mußte eine Methode finden, mit der Annie ohne meine Hilfe kommunizieren konnte.

Jean Vant, meine ehemalige Vorgesetzte in St. Nicholas, unterrichtete damals an der Pädagogischen Hochschule in Burwood. Sie besuchte uns und brachte Simon Haskell mit, einen Fachmann im Unterricht für Körperbehinderte. Wir wollten über Techniken sprechen, die Annie vielleicht unabhängig machen könnten. Er erzählte uns von der »Possum-Ausrüstung«, die in England entwickelt worden war. Grundbestandteil war eine Schreibmaschine, die durch einen Schalter bedient werden konnte. Es gab außerdem eine Gitterplatte mit Buchstaben und anderen Zeichen, und wenn darauf das gewünschte Zeichen aufleuchtete, mußte der Schalter gedrückt werden. Mit einer einzigen kontrollierbaren Bewegung hatte man also Zugang zu einer ganzen Schreibmaschinentastatur und konnte außerdem eine Rechenmaschine, eine Heizung, eine Klimaanlage oder die verschiedenen Fernsehprogramme bedienen. Das klang wunderbar.

Inzwischen konnte Annie Bücher lesen, wenn ich dabeisaß und ihr die Seiten umblätterte oder aber zwei Exemplare kaufte, die

Seiten auf Pappe aufzog und sie an die Gitterstäbe ihres Bettchens heftete.

Donnerstagvormittag las sie »Mary Poppins«, das ich vor sie auf den Tisch gestellt hatte. Ich mußte gleichzeitig mit einigen anderen Kindern arbeiten, aber immer, wenn ich an Annie vorbeikam, blätterte ich ihr eine Seite um. Später stellte ich ihr Fragen über das Buch, wobei ich wegen ihres Arbeitstempos eingeschränkt war. Ich konnte sie wohl kaum um eine Inhaltsangabe bitten, denn dazu hätte sie Stunden gebraucht. Ich fragte sie also: »Wie hieß die alte Kinderschwester?« oder: »Mary Poppins sagte, sie würde kündigen, wenn etwas Bestimmtes geschähe. Was war das?« Ich prüfte ihr Verständnis und nicht ihre Rechtschreibung, und ich unterbrach sie immer sofort, wenn klar war, daß sie die Antwort wußte. Sie hatte vierzehn Seiten gelesen, ungefähr 1600 Wörter.

Am Abend holte ich Annie, Mark und Angela ins Spielzimmer und las ihnen »Woher die kleinen Kinder kommen« vor, und wir sprachen über ihre Behinderungen. Sicher hatten sie über ihre Betten hinweg eine ganze Menge Theorien darüber gehört, und ich wollte einmal offen mit ihnen über die Ursachen ihrer Behinderung reden.

Der Tag, an dem der Direktor das Videoband sehen wollte, war nicht mehr fern, und so nahmen wir mit Hilfe von Margot, einer der Sozialarbeiterinnen, noch mehr von Annies Arbeit auf. Ich legte Annies Arm in die Schlinge, und Margot stellte ihr eine Frage, deren Antwort sie selbst nicht kannte.

»Was für ein Tier hat Rosie?«

Ich bediente die Kamera.

Margot konnte Annies Bewegungen nicht deuten. Annie hatte Schwierigkeiten, das »h« zu erreichen, und gab Zeichen, daß sie die Tafel bewegt haben wollte. Annie versuchte es noch mal und nun erfaßte Margot das »h«, aber dann kam sie nicht mehr mit. Wütend packte ich die Kamera zusammen. Meine Wut galt nicht Annie oder Margot, sondern den Ärzten, die diese peinliche Farce notwendig machten.

Annie entschärfte die Lage, indem sie mich bat, ihr »Mary Poppins« vorzulesen.

Am Freitag besuchte uns David Brownridge. Ich war sehr aufgebracht, weil der Verwaltungschef mir gerade eröffnet hatte, daß ich die Hälfte meiner Zeitangestellten kündigen mußte. Wir hatten inzwischen alle angesammelten Stiftungsmittel aufgebraucht, und es war nicht mehr genügend Geld da, um ihre Gehälter zu bezahlen. David schlug vor, daß wir uns an die Zeitungen wenden sollten, um uns zu beschweren, aber nach langer Diskussion entschieden wir uns dagegen.

David wollte ausprobieren, ob Annie Morsezeichen benutzen könnte. Dazu mußte sie deutlich unterscheidbare An-, Aus- und Pausezeichen geben können. David schrieb die Buchstaben und den dazugehörigen Code auf die Tafel, und der Tisch von Annies Sportwagen wurde in drei Spalten unterteilt: Punkt, Strich und Pause. Annie sollte ihre Hand zur jeweiligen Spalte bewegen, aber es ging nicht. Sie beherrschte ihre Reaktionen einfach nicht gut genug, und ihr Arm hörte nicht auf zu krampfen.

Wir nahmen Annie am Wochenende nicht mit, sondern besuchten sie am Sonntag in St. Nicholas. Bei dieser Gelegenheit versuchte Chris es mit seinem Lieblingsschema für Kommunikation: Er schrieb das Alphabet in der Reihenfolge der Buchstabenhäufigkeit auf und unterteilte den Tisch vor Annie in zwei Bereiche, die linke Seite für »ja« und die rechte für »nein«. Man sagte dann die Buchstaben des Alphabets auf, und Annie mußte ihre Hand von »nein« nach »ja« bewegen, wenn der gewünschte Buchstabe genannt wurde. Sie kam auf diese Weise unter großen Schwierigkeiten bis »talk« und stieß dann auf unüberwindbare Probleme. Wir gingen durch das gesamte Alphabet, ohne eine einzige Reaktion zu bekommen. Schließlich gab ich ihr die Alphabettafel, und sie brachte den Satz zu Ende: »Talkpuder ist schön«.

Traurig fragte Chris, warum sein System nicht funktionierte, und sie buchstabierte: »Ich bin zu langsam.«

Das ist Annies größtes Problem: zeitgenau zu reagieren. Sie kann eine willkürliche Bewegung machen; aber dies zu einem bestimmten Zeitpunkt zu tun, fällt ihr sehr schwer. Normalerweise kann sie ihre Bewegungen unter großen Anstrengungen für kurze Zeit kontrollieren, aber das erschöpft sie so, daß dann plötzlich überhaupt nichts mehr geht. Vielleicht hätten wir bessere Erfolge erzielt, wenn wir uns ganz auf ein System konzentriert hätten. Aber Annie hatte ohnehin nur wenig Zeit zur Verfügung, um mit mir zu kommunizieren, mit welchem System auch immer. Wenn ich mich geweigert hätte, mich anders als mit Hilfe des Morsealphabets oder mit Chris' System mit ihr zu verständigen, wäre sie vielleicht gerade noch auf einen Satz pro Woche gekommen. Damals erschien es mir pervers, ihre Kommunikation so zu beschneiden. Hätte ich allerdings gewußt, daß wir noch zwei Jahre später um die Anerkennung ihrer Fähigkeit, selbständig zu kommunizieren, kämpfen mußten, hätte ich mich vielleicht doch für ein anderes System entschieden.

Donnerstag machten wir die entscheidenden Videoaufnahmen. Annie hatte Chris gebeten zu kommen, und auch Philip Graves war dabei. Die beiden stellten die Fragen. Annie mußte antworten, indem sie ohne Armunterstützung auf eine von vier auf die Tafel geschriebene Lösungen zeigte. Wir waren alle ziemlich nervös, doch Annie arbeitete gut mit, außer als sie gefragt wurde: »Was ist 9 × 9?« Sie zog es vor, die Frage: »Was ist −5 − (−5)?« zu beantworten und zeigte richtig auf 0.

Nachdem Chris und Philip gegangen waren, schauten Annie und ich das Band an. Es war ziemlich enttäuschend, obwohl ihr Zeigen deutlich genug war. Diese Prozedur war für uns alle so entwürdigend!

Eine Woche später zeigte ich das Band den Ärzten und leitenden Mitarbeitern von St. Nicholas. Der Direktor fand es nicht überzeugend. Die Pflegeschwester von Annies Station, die Annie oft bei der Arbeit gesehen hatte und auch dabei gewesen war, als sie zum erstenmal auf Gegenstände gezeigt hatte, verteidigte sie. Die anderen Mitarbeiter sagten gar nichts. Mir war bewußt, daß das Videoband Mängel aufwies: Da es nur eine Kamera gab, waren Annies Gesicht und ihre Hände nie gleichzeitig zu sehen. Man sah entweder, wo ihre Hände hinzeigten oder wo ihre Augen hinsahen. Und es war eindeutig eine gestellte Szene, die Annie unter großen Streß setzte. Dazu kam, daß die meisten Anwesenden Ärzte waren, die keine Erfahrungen mit Athetotikern hatten. Wer mit den Bewegungsmustern von Athetotikern vertraut ist, kann leicht zwischen willkürlichen und unwillkürlichen Bewegungen unterscheiden. Außenstehende dagegen haben Schwierigkeiten, überhaupt Unterschiede wahrzunehmen. Ich schlug vor, sie sollten Annie lieber zuschauen, statt das Videoband weiter zu kritisieren. Der Direktor willigte ein, verschwand aber, ohne einen Termin zu verabreden. Er kam erst fünfzehn Monate später, um Annie beim Arbeiten mit der Alphabettafel zu beobachten.

Als der Videofilm aufgenommen wurde, benutzten sowohl Mark als auch Angela Alphabettafeln, um mit zwei erfahrenen Hilfslehrerinnen aus der Pädagogischen Abteilung zu »sprechen«, und keiner von beiden hatte je Armunterstützung gebraucht.

Am nächsten Tag fand Annie eine neue Freundin. Sie war gerade im Spielraum beim Lesen, als Philip Graves mit Jean Melzer, einer Senatorin des australischen Parlamentes, hereinkam.

Ich fragte Annie, ob sie schon von Senatorin Melzer gehört habe.

»Ja«, erwiderte sie mit einem breiten Lächeln.

»Wann?«

Annie buchstabierte: »Radio«.

Am Sonntag war im Radio ein Interview mit Jean Melzer gesendet worden.

ANNIE: Jean Melzer war die erste Besucherin, die mich buchstabieren sah. Es war toll, ihr erzählen zu können, daß ich das Interview mit ihr gehört hatte. Sie hatte keine Zweifel, daß ich kommunizierte, wohl auch deshalb, weil Rosie so verlegen war.

11. Das Wichtigste war ein Fehler

Annie brauchte dringend eine Möglichkeit, selbständig und unabhängig zu kommunizieren, damit sie ihre neuerworbenen Fertigkeiten auch nutzen und den Skeptikern am Hospital Beweise liefern konnte. Und so fuhren wir ins Lincoln-Institut, das Melbourner Ausbildungszentrum für Physiotherapeuten, Sprachtherapeuten und Beschäftigungstherapeuten. Dort bekamen wir hochinteressante Dinge zu sehen: Schreibmaschinen und Rechner, die den unterschiedlichsten Behinderungen angepaßt waren; Apparate, die man durch Blasen, Saugen, Reißen oder lautes Schreien bedienen konnte; Einrichtungen, mit denen behinderte Menschen das Telefon benutzen, die Klimaanlage anschalten oder den Fernseher bedienen konnten.

Wir suchten nach einem Gerät, das Seiten umblätterte, damit Annie selbständig Bücher lesen konnte. Die Mitarbeiter des Instituts zeigten uns eine phantastische Entwicklung: Man mußte einen großen Knopf drücken, der sehr empfindlich reagierte; dadurch wurde ein winziger Staubsauger vor die gelesene Seite geführt und saugte sie von den folgenden Seiten ab; dann griff ein Schieber hinter die Seite und schlug sie herum. Den druckempfindlichen Knopf konnte man so einstellen, daß er noch auf minimale Berührung ansprach. Annie probierte es gleich aus: mit beiden Händen, mit Kopf, Fuß und Schulter, alles anscheinend ohne Schwierigkeiten.

In Hochstimmung kehrten wir nach St. Nicholas zurück. Ich brachte Annie in den Spielraum und machte ihr ein Rührei zum Abendessen, denn ich fand, daß nach den Anstrengungen dieses Nachmittags ein bißchen Feiern angesagt war. Und wir hatten wirklich Grund zur Freude. Solche Geräte eröffnen behinderten Menschen ganz neue Welten. Wer, wie Annie, durch Sprachunfähigkeit eingeschränkt ist, kann sich damit unabhängig von anderen verständigen. Körperbehinderte können so studieren, Schreibmaschine schreiben und ihren Lebensunterhalt verdienen, ja über alles, was sich elektrisch steuern läßt, verfügen, von Rechenmaschinen bis zu Türschlössern.

»Wie könntest du wohl am besten den Schalter bedienen?« fragte ich Annie. Ich fand ihre Hände am besten geeignet, und sie stimmte zu.

»Welche Hand?« fragte ich.

Sie zeigte auf ein »r«.

»Welchen Teil der Hand?« fragte ich.

Sie buchstabierte »Daumen« und dann: »Ich kann schreien.« Vielleicht könnte sie den Schalter auch über das Mikrophon betätigen.

»Welchen Teil des Gerätesatzes möchtest du als erstes haben, den Seitenwender oder die Schreibmaschine?« fragte ich.

Sie buchstabierte: »Ich möchte einen Seitenwender. Bitte kümmere dich um die Bewilligung der Finanzen.«

Ihre Wahl war realistisch. Ich befürchtete nur, daß wir das Gerät nicht ohne die Unterstützung des Direktors bekommen würden.

Obwohl Annie eine Invalidenrente bezog, konnte sie nicht selbst über das Geld verfügen. Wenn sie es für etwas Bestimmtes haben wollte, wurde ihr Wunsch nicht unbedingt berücksichtigt. Aber das Hospital konnte es »in ihrem Namen« ohne ihre Zustimmung ausgeben, und so wurden allerhand unsinnige Dinge mit ihrem Geld angeschafft. Einmal kaufte man zum Beispiel einen riesigen verstellbaren Lehnstuhl mit Plastikbezug davon, in dem Annie gar nicht sitzen konnte. Mit dem Kauf des Seitenwenders, der etwa 1000 Dollar kostete, würde es wohl Probleme geben. Doch als ich dem stellvertretenden Direktor Annies Bitte vortrug, meinte er, Annie müsse so etwas nicht selbst bezahlen, sondern es werde vom Hospital finanziert. Ich solle nur einen entsprechenden Antrag stellen, er werde die Angelegenheit dann regeln.

Ich tat, was er sagte, und schrieb als Begründung: »Wir brauchen einen Seitenwender, weil bereits drei Kinder im St. Nicholas-Hospital lesen können und andere es gerade lernen.« Der Antrag ging ohne Beanstandung durch alle Verwaltungsebenen und wurde schließlich vom obersten Gremium der *Mental Health Authority* genehmigt.

Es verblüfft mich noch heute, daß auf diesem ganzen langen Weg durch die Verwaltung niemand auf die Idee kam, einmal nachzufragen, wieso in einer Institution für geistig schwer Behinderte drei Kinder lesen können.

Der Seitenwender ist eine wunderbare Einrichtung, aber sein Preis zeigt, wie teuer die Hilfsmittel für Körperbehinderte sind. Nichts davon bezahlt in Australien die Krankenkasse, und andere finanzielle Hilfen gibt es nicht. Man nimmt wohl an, daß solche Apparate nur von Menschen gekauft werden, die nach Autounfällen behindert sind und über eine Menge Schmerzensgeld verfügen.

Jetzt konnte Annies Heißhunger auf Bücher endlich gestillt werden. »The Man with the Shattered World« war ihr neuester Lesestoff, denn sie hatte mich mit einer ehrenamtlichen Betreuerin darüber diskutieren hören. Heftig war sie in ihrem Sportwagen auf und ab gehüpft.

»Möchtest du es lesen?« hatte ich gefragt.

»Ja.«

Es ist ein Buch des russischen Psychologen Luria, ein faszinierendes, aber schwieriges Werk über Hirnschädigungen, die Fallgeschichte eines Mannes, der im Krieg durch Granatsplitter schwere Hirnverletzungen davontrug. Es war klar, daß dies Thema Annie sehr interessierte, aber ich machte mir so meine Gedanken, als ich einige ziemlich fachspezifische Abbildungen und Beschreibungen an Annies Bett heftete: Vielleicht nicht Annie, aber die Mitarbeiter der Station würden hier vor Rätseln stehen.

Montag abend prüfte ich, was sie verstanden hatte. Ich zeichnete eine große Skizze des Gehirns und bat sie, auf die Bereiche zu zeigen, die ich nannte. Sie wußte alle.

Dienstag sprach ich mit Annie über Uran und Atomkraft, denn in den Nachrichten war von Anti-Atomkraft-Demonstrationen die Rede gewesen.

»Bist du dafür, daß Australien Uran exportiert?« fragte ich.

»Nein«, erwiderte sie lachend.

»Zwei Atombomben sind bisher auf Menschen geworfen worden, weißt du davon?«

»Ja.«

»Weißt du, wo sie fielen?«

Annie buchstabierte »Hiro« und »Nag« auf der Tafel.

Ich sprach weiter über den Zweiten Weltkrieg und stellte ihr gelegentlich eine Frage:

»Wie hieß der britische Premierminister?«

»Chur.«

»Der deutsche Führer?«

»Hit.«

»Der italienische Führer?«

»Muss.«

»Welches große Land blieb neutral, bis es von Deutschland angegriffen wurde?«

»Russ.«

»Der Name des chinesischen Führers zu Beginn des Krieges?«

»Tschia.«

»Der Name des chinesischen Führers nach der Revolution?«

»Mao.«

Annie wußte offenbar erheblich mehr über Zeitgeschichte, als ich vermutet hatte.

»Wer war deiner Meinung nach die bedeutendste Persönlichkeit des zwanzigsten Jahrhunderts?« fragte ich schließlich.

Sie buchstabierte: »Einstein.«

Am nächsten Tag kam mein Dozent für Leselernmethoden, Joy Peletier, ins Hospital, um die Fortschritte meines Projektes mit Annie zu überprüfen. Ich hatte Annie in unseren Seminaren erwähnt, und die anderen fragten jede Woche begierig nach Neuigkeiten. Nun lernte Joy Annie endlich kennen.

Zuerst überprüfte ich Annies Hausaufgaben: einige einfache Gleichungen mit zwei Unbekannten, die sie ohne Schwierigkeiten löste. Ich erzählte Joy, daß David Brownridge Annie Zusatzunterricht geben sollte. Annie buchstabierte: »Wann bekomme ich Mathematikstunden?« Ich sagte ihr, daß David wohl zweimal die Woche von fünf bis sieben Uhr kommen würde. Annie wurde sehr aufgeregt und schrieb: »Ich möchte ›Sesamstraße‹ sehen!« Diese Sendung läuft täglich von halb fünf bis halb sechs. Daran hatte ich gar nicht gedacht – ich würde also David bitten, erst um halb sechs zu kommen.

Während ich mit Joy über die »Sesamstraße« redete, zeigte Annie, daß sie sich beteiligen wollte. Sie buchstabierte: »Ich mag die S.« Ich unterbrach: »Du willst ›Ich mag die Sesamstraße‹ sagen, nicht wahr? Zeige auf das kleine ›s‹ für Straße. Wenn das stimmt, erlasse ich dir den Rest.« Sie zeigte, offensichtlich tief gekränkt, auf das kleine »s«, dann schwang sie mit einem breiten Grinsen den Arm herum und löschte es. Wir hatten eine Löschmethode, die gut funktionierte: Wenn Annie auf einen Buchstaben zeigte, las ich ihn laut vor; war es nicht der gewünschte, nahm sie ihre Hand nach rechts von der Tafel weg, und damit war der Buchstabe oder das Wort, das ich gesagt hatte, ausradiert beziehungsweise gelöscht. Wenn ich mir nicht sicher war, welchen Buchstaben sie zeigte, sagte ich gar nichts, und sie mußte immer wieder zeigen, bis es klar war. Der nächste Buchstabe war deutlich genug. Nachdem das »s« ausradiert war, zeigte sie auf ein »i« und fuhr fort, bis sie »Ich mag Dinge sagen« buchstabiert hatte. Sie hatte recht. Sie wollte selbst sagen, was sie mitzuteilen hatte. Wenn jemand zu früh, bevor die Antwort unausweichlich feststand, den Rest erriet, gab sie sich alle erdenkliche Mühe, ihre Antwort abzuändern und kam dabei oft ganz durcheinander.

Donnerstag nahm ich an einer Fortbildungsveranstaltung für Kinderärzte teil. Thema war Anne McDonald. Philip Graves stellte mich vor, und ich trug Annies Fallgeschichte vor. Ich erklärte genau, wie ich sie gelehrt hatte, sich verständlich zu machen, und beschrieb sorgfältig meine Methode und das notwendige Ausmaß an Unterstützung. Ich schloß mit der Darstellung des bisher Erreichten.

Nach allem, was ich in St. Nicholas erlebt hatte, war ich auf Mißtrauen vorbereitet, doch keiner hier bezweifelte, daß ich die Wahrheit sagte und daß so etwas möglich sei.

Da Annie das letzte Wochenende »hinter Gittern« hatte verbringen müssen, sorgten wir diesmal rechtzeitig dafür, daß wir sie mitnehmen konnten. Wir unternahmen viel mit ihr, aber das Wichtigste, was an diesem Wochenende geschah, war ein Fehler. Chris fragte Annie, welche Musik sie mochte, damit er die richtigen Schallplatten auflegen konnte, wenn sie bei uns war. Annie buchstabierte »mist«.

»Ist das der Name einer Gruppe? Oder der Name eines Liedes?« fragte ich.

»Nein.« Eine verwirrte Annie korrigierte: »most« – das meiste.

Wir lachten sie aus, weil sie so einen dummen Fehler gemacht hatte, mehr noch, weil sie mein Mißverständnis unwidersprochen hatte durchgehen lassen. Aber diese Kleinigkeit war es, was mich endlich überzeugte, daß Annie wirklich kommunizieren konnte, und daß ich sie nicht unbewußt manipulierte oder beeinflußte.

Anfang der nächsten Woche kam uns Dot Chandler besuchen. Dot war eine der Sozialarbeiterinnen des Hospitals und hatte vor einiger Zeit unter meiner Anleitung als Spielgruppenleiterin gearbeitet. Ich erzählte ihr von all denen, die glaubten, daß ich Annies Arm manipulierte.

Dot wollte nun Annies Arm selbst einmal unterstützen, und Annie war gern bereit dazu. So hielt Dot ihren Arm, und Annie buchstabierte: »Du hast über ›mist‹ gelacht.« Davon hatte ich Dot nichts erzählt, sie konnte es also nicht wissen. Als mir klar wurde, wie wichtig dieser Satz war, fragte ich Annie, ob sie absichtlich einen gewählt habe, den Dot nicht verstehen konnte. Sie buchstabierte: »Ich habe gewählt.« Und sie wußte auch, daß ich jenen Satz vom Samstag vermutlich in unser Tagebuch geschrieben hatte.

Dot freute sich sehr, Annie als Werkzeug für den Beweis gedient zu haben, daß sie sich unabhängig von denen, die ihren Arm hielten, verständigte. Doch änderte das nichts an Dots Einstellung. Sie hatte mir zugehört und Annie kommunizieren sehen, und sie hatte an Annies Kommunikationsfähigkeit geglaubt, bevor sie bewiesen wurde. Das war wichtig. Viel später erzählte Annie, daß sie sich nie Sorgen zu machen brauchte, wie Dot reagieren würde, falls die Kommunikationsversuche mißlängen – denn Dot glaubte ja an sie. Und darum war sie auch bei Dot nicht so angespannt.

Dot und ich sprachen über andere Kinder aus dem Hospital. Ich fragte Annie, ob sie wüßte, welches der Kinder auf Station vier intelligent sei. Sie schrieb vier Gruppen von Initialen auf. Dot nannte Shirley, ein Mädchen, mit dem wir beide arbeiteten, und das sie als sehr begabt einschätzte. Shirley sei motorisch geschickter als die anderen Kinder, wandte ich ein, und das verführe leicht dazu, sie für intelligenter zu halten. Ich glaubte nicht, daß sie überhaupt Intelligenz besäße. Bei diesen Worten hüpfte Annie auf und ab, ein Zeichen, daß sie etwas sagen wollte. Als ich ihr die Tafel gab, schrieb sie: »Shirley wird immer unterschätzt.« Inzwischen kann Shirley lesen und schreiben.

Erst um halb zehn machten wir Schluß und brachten Annie zu Bett. Dot fuhr mich nach Hause, und Chris zeigte ihr meine Tagebuchnotiz vom letzten Sonntag. Von nun an würden wir freie Fahrt haben: Dot könnte ja dem Direktor von diesem Vorfall berichten, der ganz klar bewies, daß Annie unabhängig von mir kommunizierte. Dann würde endlich alles ins rechte Gleis kommen.

Ich war sehr erleichtert. Jeder, der behinderten Menschen bei der Kommunikation hilft, staunt darüber, wie wichtig das für sie ist. Ich wußte, daß ich Annies Arm nicht absichtlich bewegte, was immer die anderen dachten. Was ich nicht wußte, war, ob ich sie nicht vielleicht unbewußt manipulierte oder mir einbildete, daß ihre Hand auf bestimmte Buchstaben zeigte und daraus Sätze formulierte, die zu dem paßten, was in Wirklichkeit nur zufällige Zuckungen waren.

Aber Dot hatte nichts von dem »mist«-Geschick gewußt, und darum konnte sie Annies Arm nicht manipuliert haben, um jenen Satz zu formulieren. Der einzig logische Schluß war, daß Annie schreiben gelernt hatte und kommunizieren konnte, unabhängig von denen, die ihren Arm unterstützten.

Dieser Beweis war für meine Beziehung zu Annie sehr wichtig. Sie war sich bewußt gewesen, daß ich ihren Fähigkeiten nicht ganz traute. Indem ich mir mißtraute, mißtraute ich auch ihr. Aber ich konnte sie nicht als intelligente, kommunikationsfähige Sechzehnjährige behandeln, solange ich nicht sicher war, daß sie wirklich selbst kommunizierte. Es muß Annie schwergefallen sein, sich zu entspannen und jemandem zu vertrauen, der an ihr zweifelte, wie geringfügig diese Zweifel auch sein mochten.

Nichts wird je der freudigen Erregung jener ersten Unterrichtsstunden mit Annie gleichkommen, doch in dieser Nacht war ich fast ebenso glücklich.

ANNIE: Zu viele Lehrer fürchten sich davor, daß ihre Schüler sie als Dummköpfe dastehen lassen. Vielleicht war dies Rosies größte Stärke – es war ihr gleich, was andere sagten, solange sie sich selbst im Recht fühlte. Erst als wir gemeinsam über »mist« lachten, konnte Rosie sicher sein, daß ich unabhängig von ihr kommunizierte. Und dennoch hatte sie mir immer eine Chance gegeben. Sonst wäre ich noch immer in St. Nicholas, falls ich überhaupt noch am Leben wäre.

12. Kampf

Dot Chandler ging zum Direktor und berichtete ihm von ihrer Stunde mit Annie. Sie bekam die obligatorische Antwort: Er quittierte ihre Geschichte mit höflichem Mißtrauen. Jedem, der meine Einschätzung der Kinder teilte, wurde gesagt, daß er sich irrte. Wir befanden uns in einer paradoxen Situation: Da ich nicht beweisen konnte, daß die Kinder kommunizierten, war keiner von den Höhergestellten bereit, zu kommen und zu sehen, wie die Kinder kommunizierten. Solange ich ihre Intelligenz nicht beweisen konnte, kam keiner, um sie zu testen. Sie waren schuldig bis zum Beweis ihrer Unschuld. Sie galten so lange als schwer und hoffnungslos geistig behindert, bis sie bewiesen hatten, daß sie intelligent waren.

Der Direktor stand mit dieser Ansicht nicht allein da. Ich hatte Mitarbeiter der *Mental Health Authority* radikale Ideen über die Versorgung Behinderter äußern hören, aber vor der Vorstellung, daß ich recht haben könnte, schreckten sie zurück. Meine Entdekkung stellte die Grundlagen der Anstaltsversorgung in Frage, und das war einfach zu bedrohlich.

In St. Nicholas hatte die Haltung des Direktors zweierlei Wirkung: Jüngere und nicht so hochgestellte Mitarbeiter scheuten sich, Solidarität mit jemandem zu zeigen, der das Mißfallen der Mächtigen erregt hatte; und leitende Mitarbeiter zögerten, gegen den Widerstand des Direktors etwas für die Kinder zu tun. Aber ich hatte immer noch gute Beziehungen zu den Stationshilfen.

Ich wandte mich an Dr. David Barlow, den Direktor der Abteilung für geistig Behinderte. Er war einverstanden, zur Beurteilung der Kinder ein Gremium außerhalb von St. Nicholas zu organisieren. Der Direktor schlug Jean Vant für die Untersuchungskommission vor, Dozentin an der Pädagogischen Hochschule Burwood. Sie war leitende Psychologin der *Mental Health Authority* gewesen und meine ehemalige Vorgesetzte.

Jean Vant kam zu uns, als Annie gerade ihre erste Mathematikstunde mit David hatte. Ich schlug vor, daß Annie etwas buchstabieren sollte, während ich ihren Arm unterstützte, um Jean zu zeigen, wie sie kommunizierte. Annie schrieb: »Als Test frag etwas über David«. Nun sollte Jean Annies Arm halten, während ich ihr Fragen stellte.

»Hat David ein Auto?« fragte ich.

»Nein.«

Jean hatte Schwierigkeiten, Annies Arm zu unterstützen.

»Wie heißt Davids Freundin?« Ihr Name war Carmel. In ihrem Bemühen, das »c« zu erreichen, berührte Annie alle Buchstaben drumherum. Sie war sehr angespannt, und es kostete Jean große Anstrengung, mit Annies Krämpfen fertig zu werden. Niemand sagte, daß das »c« richtig sei, und so langte Annie nach dem »k«. Jean sprach es aus. Annie zeigte das »a« deutlich genug, und dann gaben wir auf.

Ich ging Kaffee kochen, und Jean fuhr mit dem Test fort. Sie zeigte Annie die Fotografie eines Kindes, sagte ihr dessen Namen und bat sie, ihn mir mitzuteilen. Doch als ich zurückkam, alberte Annie herum. Sie schrieb »Tobias«, was nicht stimmte. Nach Jeans Meinung flirtete sie mit den richtigen Buchstaben, indem sie immer genau einen daneben zeigte. Ich faßte Annies Arm an und spürte, daß sie Faxen machte und die Buchstaben absichtlich falsch wählte. Ich wurde sehr ärgerlich und schimpfte mit ihr, weil sie nicht mitarbeitete. Dann brachte ich sie sofort zurück auf die Station. Wenn mir etwas zustoßen würde, bevor sie bewiesen hätte, daß sie kommunizieren konnte, hätte sie keine Chance, je aus St. Nicholas herauszukommen, sagte ich ihr. Es tat mir leid, sie derart unter Druck zu setzen, aber das waren die Tatsachen.

Als ich Annie am nächsten Morgen zum Lesen ins Spielzimmer holte, schrieb sie: »Es tut mir leid wegen Alistair.« Ich fragte bei Jean nach: Alistair hieß der Junge auf dem Foto.

Beim nächstenmal brachte Jean einen Artikel mit, den Annie lesen sollte, und Jean wollte dann einen Verständnistest machen. Ich würde aus dem Zimmer gehen, solange Annie den Text las, dann wieder hereinkommen und ihren Arm halten, während sie die Fragen beantwortete.

Annie war nicht besonders gut. Sie schien müde zu sein und sah so aus, als wolle sie ganz andere Dinge sagen. Die Antwort auf eine der Fragen lautete »Geld«. Als Annie bis »Ge« gekommen war, beging Jean den Fehler, zu sagen: »Oh, ich weiß, was als nächstes kommt.« Darauf buchstabierte Annie »Geschenk«, was nicht falsch, aber weniger genau war. Unsere Zeit mit Jean war um. Nachher ging ich die Fragen noch mal mit ihr durch, und sie alberte wieder herum. Ich war sehr ärgerlich.

Am nächsten Tag versuchte ich es wieder. Ich hatte ein schlechtes Gewissen wegen des Vortages. Ich vermutete, daß Annie menschliche Beziehungen wichtiger waren als Testergebnisse und daß sie die Situation ausreizte. Sie wollte vielleicht ausprobieren, wie weit ich noch gehen würde. Würde ich sie auch noch mögen, wenn sie gar nichts mehr leistete? Oder interessierte sie mich nur als Vorzeigeobjekt? Ich sagte ihr, daß sie die Fragen nicht beantworten müsse, wenn sie nicht wollte, aber daß ich doch hoffte, sie würde mitmachen.

Sie begann mit »Leo ist schön«. Das bezog sich auf Dr. Leo Murphy, der mit Jean zusammen ins Hospital gekommen war. Als ich diesen Satz anstandslos akzeptierte, machte sie sich daran, die Fragen zu bearbeiten. Sie buchstabierte: »Jeans Freundin heißt Ginnie.« Richtig war »Annie«; es ging in diesem Textteil um eine Frau mit Alkoholproblemen. Annie testete mich immer noch.

Am Freitag war Annie Gegenstand einer Fallbesprechung in St. Nicholas. Sie selbst war nicht anwesend. Jean Vant gab dem Direktor einen vorläufigen Bericht:

> »Es freut mich zu sehen, daß Annie ihre Umgebung sehr bewußt wahrnimmt und darauf reagiert. Ich legte ihr einen Artikel zum Lesen vor, dessen Inhalt nur Dr. Murphy und mir bekannt war. Dazu drei maschinengeschriebene Fragen, die sich darauf bezogen. Eine Antwort wurde in meiner Anwesenheit gegeben, zwar nicht die erwartete, aber eine sehr passende. Mein Urteil stützt sich aber nicht allein darauf, sondern auch auf ihre ausdrucks-

vollen Reaktionen auf andere Menschen, Reaktionen, die leicht zu verstehen sind und ein mit schwerer geistiger Behinderung nicht zu vereinbarendes Niveau zeigen.

Solange ihr keine befriedigendere Kommunikationsmethode zur Verfügung steht, kann man meiner Meinung nach keine präzisere Einschätzung ihrer Fähigkeiten geben. Ich nehme an, daß Annie sowie ein oder zwei der anderen Kinder beziehungsweise jungen Erwachsenen lernen könnten, die Possum-Schreibmaschine zu benutzen, wodurch ihre Kommunikationsmöglichkeiten gewaltig erweitert würden. Das wiederum würde uns ein zuverlässigeres Urteil erlauben.«

Dann wurde ich über den Schwierigkeitsgrad des Textes befragt, den Annie gelesen hatte. Es ging um die Frage, ob Annie geistig schwer behindert sei. Wenn sie nicht mehr lesen könnte als »die Katze saß auf der Matte«, würde das Jeans Diagnose widersprechen.

Mein Bericht war so kurz wie möglich. Ich sagte, ich hätte vor vier Monaten den Versuch begonnen, mit Annie ein Kommunikationssystem zu entwickeln, und inzwischen könne sie perfekt lesen und schreiben. Alles weitere überließ ich ihren Fragen.

Der stellvertretende Direktor schrieb all die Fakten auf die Wandtafel, die gegen Annie sprachen: ihre mangelhafte Kopfkontrolle, ihre Inkontinenz (damals lebte sie auf einer Station ohne Toiletten) und die Unfähigkeit des Stationspersonals, ihre Hausaufgaben zu lesen.

Ich fragte den Direktor, ob das Hospital den Kindern zur Unterstützung ihrer Kommunikation eine Possum-Maschine kaufen würde. Da sähe er keine Probleme, meinte er, selbstverständlich könnten wir eine bekommen.

Er warnte eindringlich vor unruhestiftenden Schlagzeilen, etwa in »Truth«, einem Wochenblatt, das sich gern mit Skandalen befaßte. Und niemand dürfe behaupten, Annie besäße normale Intelligenz.

»In diesem Fall«, erwiderte ich, »werde ich mich auf die Aussage beschränken, daß Annie klüger ist als ich. Das kann dann jeder interpretieren, wie es ihm paßt.«

Die 18jährige Anne McDonald mit Rosemary Crossley am 17. Mai 1979, nach dem Prozeß.

Als Annie St. Nicholas verläßt, buchstabiert sie für die Presse: »Befreit die anderen Gefangenen!«

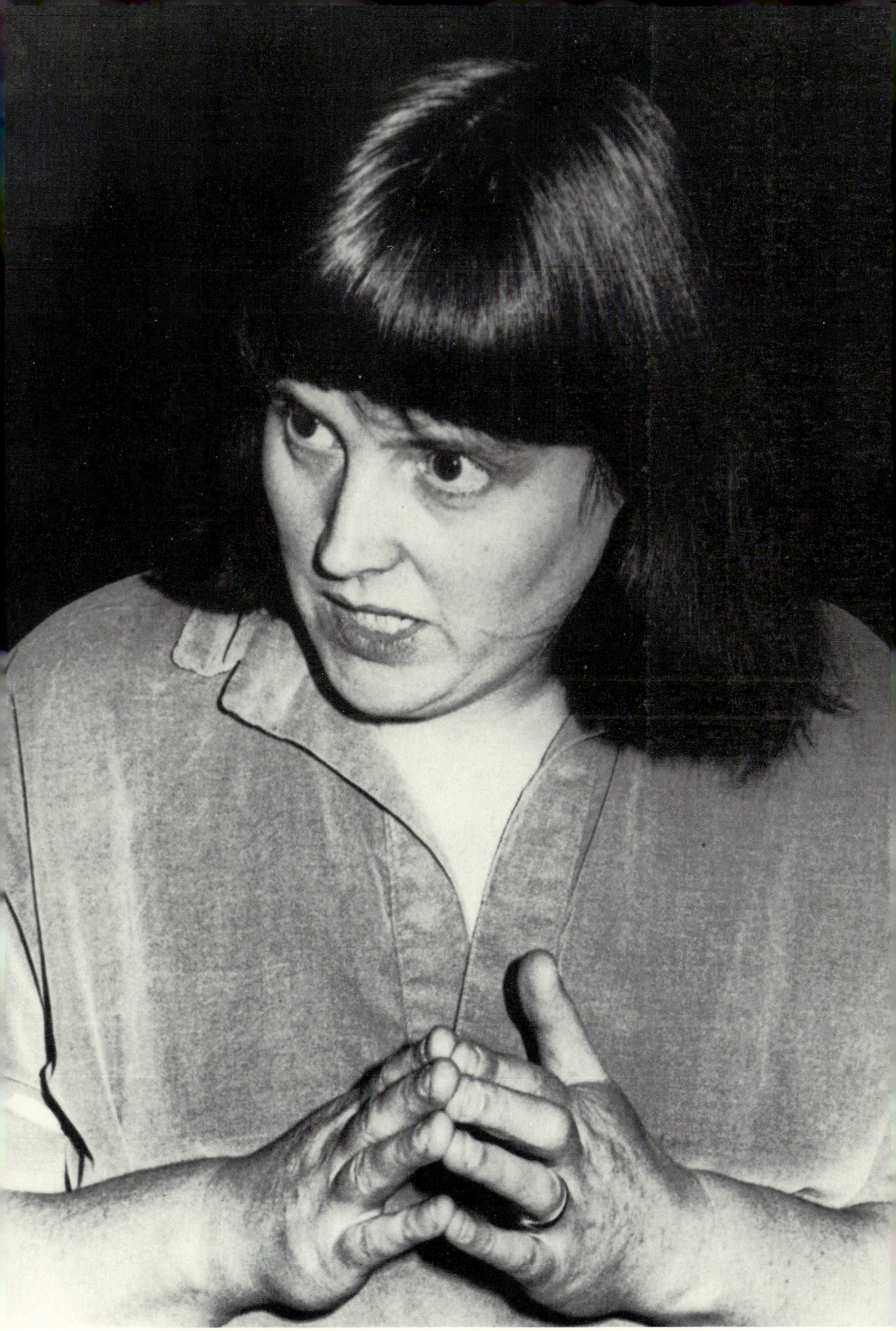

Rosemary Crossley, am 5. Mai 1980, nachdem sie den Bericht der Untersuchungskommission gelesen hat.

Rosemary und Anne in ihrem Heim, im August 1980

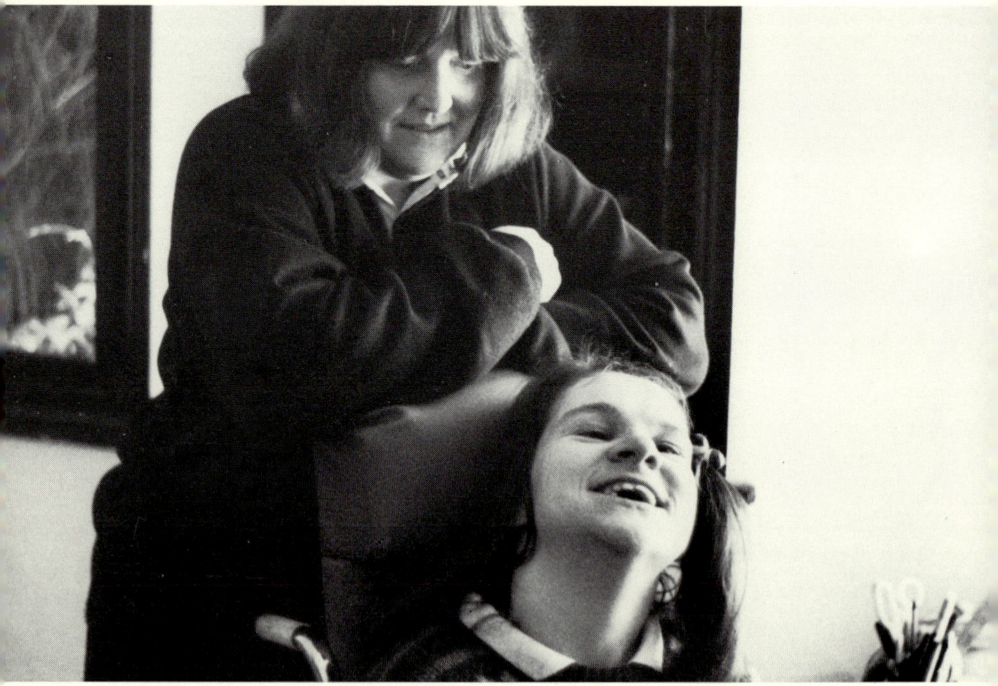

Seit Anne als 18jährige St. Nicholas verlassen hat, ist sie noch 40 cm gewachsen und hat ein Vielfaches an Gewicht zugenommen.

Das meinte ich wörtlich. Ich hatte vier Monate lang mit Annie gearbeitet und beobachtet, wie schnell sie lernte und wie weitgehend sie sich selbst unter fast unmöglichen Bedingungen gebildet hatte, und ich war von ihrer Intelligenz überzeugt.

Wir waren zufrieden mit der Fallkonferenz. Sicher hätten wir uns gefreut, wenn man unserer Einschätzung von Annies Intelligenz und Kommunikationsfähigkeit zugestimmt hätte; aber das hatten wir ohnehin nicht erwartet, und so waren wir auch nicht enttäuscht. Was wir dringend brauchten, war ein unabhängiges Kommunikationsmittel für Annie, und das hatte man uns angeboten: eine Possum-Schreibmaschine.

Gleich nach der Konferenz schrieb ich einen Antrag an die *Health Commission*, in dem ich die Notwendigkeit dieser Schreibmaschine für St. Nicholas begründete. Ich schrieb: »Es gibt mittlerweile drei Kinder in St. Nicholas, die sich sehr mühsam durch Buchstabieren verständigen, und weitere sieben sind auf dem Weg dorthin.« Der Antrag wurde vom Leiter der Pädagogischen Abteilung und mir unterzeichnet und von der *Health Commission* kommentarlos angenommen. Keiner, der meinen Antrag las, machte sich die Mühe nachzufragen, und niemand erkannte, daß es nicht beim Kauf einer Possum bleiben würde, wenn meine Behauptungen zutrafen.

Mittlerweile benutzten schon zehn Kinder Alphabettafeln, und ich verbrachte Stunden am Telefon, um Geld für Hilfsmittel aufzutreiben. Ich versuchte es auf vielen Wegen: Ich rief bei der Sozialversicherung an, beim Kinderkrankenhaus, im Gesundheitsministerium, beim Informationszentrum für Behinderte, bei privaten Wohlfahrtsorganisationen und und und…

Die Liste meiner Gesprächspartner wurde immer länger und ihre Reaktionen immer deprimierender. Jeder zeigte Interesse an meiner Arbeit, aber niemand konnte Hilfe anbieten. Die Kinder von St. Nicholas fielen unter keine der üblichen Kategorien. Sie lebten nicht im Elternhaus, daher gehörten sie nicht in die Rubrik »Hilfe für Eltern von Behinderten«. Sie waren nicht durch eigenes Verschulden verletzt worden, daher gab es keine Versicherungsleistungen. Immer wieder rannte ich gegen dieselben Mauern: Für Kinder, die nicht im Elternhaus leben können, sind in Victoria zwei staatliche

Behörden zuständig; Kinder, die nicht behindert sind, fallen unter den Verantwortungsbereich der Sozialfürsorge; und Kinder, die in irgendeiner Weise schwer behindert sind, werden von der *Mental Health Authority* versorgt. Das hieß in der Praxis, daß sie alle in Institutionen für geistig Behinderte gesteckt wurden.

Der Staat ist kein guter Vater. Ein Kind, das im Elternhaus lebt, kann in die Ambulanz eines städtischen Krankenhauses gehen und sich kostenlos einen Rollstuhl verschreiben lassen. Ein Kind in St. Nicholas geht nicht in eine Ambulanz und bekommt keinen Rollstuhl und keine Spezialstiefel oder sonstige Hilfsmittel. Die Kinder in St. Nicholas werden am Leben erhalten, aber das ist auch alles.

Ich warb auch innerhalb der *Mental Health Authority* um Bundesgenossen. Dr. David Barlow, der Leiter der Abteilung für geistig Behinderte, zeigte sich sehr aufgeschlossen. Er sprach von der Notwendigkeit, die Fähigkeiten der Kinder durch unabhängige Gutachter feststellen zu lassen, aber er war sich des Teufelskreises bewußt: Die Kinder konnten ihre Fähigkeiten nur schwer beweisen, solange sie weder Therapie noch Apparate hatten, die sie aber erst dann bekamen, wenn sie überzeugende Beweise gebracht hatten. Er meinte, erst in ein oder zwei Jahren würde genug Geld zur Verfügung stehen, um die Kinder zu verlegen. Ich fand ihn unerträglich pessimistisch.

Zwei Jahre später gab es noch immer elf normal intelligente Kinder in einem Hospital für geistig schwer Behinderte, und noch immer gab es keine Spezialausrüstung.

Im September kam Jean Vant, um nach Annie und den anderen Kindern zu schauen und einen ausführlichen Bericht zu schreiben. In ihrem Gutachten über Annie steht:

> »Ich habe sie bei der Arbeit mit einer magnetischen Buchstabentafel beobachtet, sowohl in der Rolle der Person, die ihr Hilfestellung gab, als auch in der Rolle der Testleiterin. In beiden Fällen konnte ich mich davon überzeugen, daß sie tatsächlich die Fragen beantwortete und jeweils das Arbeitsmaterial und die Fragen gelesen hatte.«

Dieser Bericht von einer Frau, die als leitende Psychologin der *Mental Health Authority* gearbeitet hatte, hätte alle Zweifel beseitigen sollen. Doch die Reaktion des Direktors war typisch. Als er im Oktober mit mir über den Bericht sprach, meinte er, es ginge allenfalls daraus hervor, daß Anne McDonald »ein kleines bißchen intelligenter« sei, als er angenommen habe. Im übrigen ignorierte er ihn. Und es dauerte nicht lange, bis er ganz offen sagte, daß er Jean Vant nicht glaube. Es war immer das gleiche: Sobald jemand sich auf meine Seite stellte, verlor er seine Glaubwürdigkeit.

Dasselbe geschah mit anderen Fachleuten, die meine Beurteilung der Kinder unterstützten. Es brachte ihnen nichts ein, wenn sie sich hinter mich stellten: Es gab kein Lob, wenn die Kinder Fortschritte machten, und keinen Tadel, wenn sie geistige Nullen blieben. Sie vertraten also nur ihre Meinung, und sobald sie das taten, wurden sie in die Opposition gedrängt. Darauf gab es drei mögliche Reaktionen: Sie konnten einen Rückzieher machen, indem sie sagten, sie hätten sich geirrt. Sie konnten auf ihrer Ansicht bestehen und die Folgen ignorieren, oder sie konnten um die Anerkennung der Wahrheit kämpfen. Keiner trat den Rückzug an. Ein oder zwei wählten den zweiten Weg. Aber die meisten, die Gründe hatten, mir zu glauben, stellten sich dem Kampf, trotz der Probleme, die ihnen das später bescheren sollte.

Dr. Murphy gab Jeans zweiten Bericht an leitende Angestellte der *Mental Health Authority* weiter. Einen Moment lang schien es, als ob jemand darauf reagieren würde. Dr. Barlow ließ mich in sein Büro kommen und teilte mir mit, daß er mit einigen »Höheren« über den Report gesprochen habe. Sie seien erschrocken, aber interessiert. Er solle mir ausrichten, daß sie alles für mich tun würden, was in ihrer Macht stünde. Ich solle nur alles aufschreiben, was ich brauchte. Das tat ich auf der Stelle: eine Possum, eine Beschäftigungstherapeutin, eine Physiotherapeutin, Rollstühle und noch einen Lehrer. Und das war auch das letzte Mal, daß ich etwas davon hörte.

Kurze Zeit später wurde ich zurückgestuft, und man legte mir nahe zu kündigen. »Zurückgestuft« ist nicht ganz richtig. Ich war ohnehin nur noch Stationshilfe. Das ist die niedrigste und am schlechtesten bezahlte Position im Hospital. Jetzt wurde mir meine Funktion als Spielleiterin genommen, und ich verlor die Verantwortung für die Abteilung, die ich selbst aufgebaut hatte. Eine Art Kleinkrieg begann. Meine Überstunden sollten nicht mehr bezahlt werden. Das war weiter kein Problem, denn ich hatte schon seit einiger Zeit kein Geld mehr dafür bekommen, sondern Freistunden, um meine Vorlesungen besuchen zu können. Jetzt hieß es, daß auch dieser Zeitausgleich nicht mehr möglich sei. Ich müsse die Stunden für die Vorlesungen als unbezahlten Urlaub nehmen. Ich war einverstanden und machte weiter Überstunden. Doch plötzlich wurden bis dahin unbekannte Vorschriften bezüglich freiwilliger Überstunden zur Anwendung gebracht: Ich müsse einen Monat im voraus beantragen, zu welcher Uhrzeit ich mit welchem Kind nach Dienstschluß arbeiten wolle. Das erschien mir wirklich als ungewöhnliche Pedanterie angesichts meines Versuchs, dem Personalmangel im Hospital mit ein wenig unbezahlter Arbeit abzuhelfen. Nach und nach, und nicht ohne Auseinandersetzungen, durfte ich schließlich doch weiter unbezahlte Überstunden machen.

Nachdem ich mich sechs Monate hatte hinhalten lassen, verlor ich die Geduld mit der *Mental Health Authority* und schrieb einen Antrag an die Schulkommission, eine Bundesstiftung, aus der die verschiedensten pädagogischen Projekte unterstützt wurden. Ich hoffte, daß dort Interesse bestünde, ein wirklich innovatives Projekt zu unterstützen: ein 24-Stunden-Bildungsprogramm für eine Gruppe von Kindern, denen nach meinen Berechnungen insgesamt etwa hundert Jahre Unterricht entgangen waren. Ich schlug vor, den Kindern ein Jahr Zeit zu geben. In dieser Zeit sollten sie die Fähigkeit zur unabhängigen Kommunikation erlangen und auf anderen Gebieten soviel Kenntnis erwerben, daß es möglich würde, ihre intellektuelle Leistungsfähigkeit und ihr Entwicklungspotential zuverlässig zu beurteilen. Heute glaube ich, daß ich die dafür notwendige Zeit unterschätzte. Mein Ziel ließ sich am besten in dem Titel zusammenfassen, den ich meiner Expertise gab: »Wenn wir behinderte Menschen am Leben erhalten, müssen wir ihnen ein lebenswertes Leben geben.« Ich schrieb:

»Für diese Kinder ist Schreib- und Lesefähigkeit nicht einfach eine geistige Errungenschaft, die ihnen den Zugang zu Büchern, Bildung und Berufstätigkeit eröffnet. Vielmehr haben sie damit zum erstenmal in ihrem Leben die Möglichkeit, wirklich zur menschlichen Rasse zu gehören. Keins der Kinder hat mit jemandem kommuniziert, bevor es in diese Unterrichtsprogramme einbezogen wurde. Sie haben bis zu zwölf Jahre lang auf Matten auf dem Fußboden gelegen, ohne die geringste Möglichkeit, ihre Wünsche kundzutun oder überhaupt zeigen zu können, daß sie Wünsche hatten. Sie wurden wie Säuglinge behandelt, nach dem Motto: ›Sie können nicht laufen, sie können nicht sprechen – wie sollten sie intelligent sein?‹ Sie haben Enttäuschungen, Entbehrungen und Leiden durchgemacht, die für uns alle unvorstellbar sind. Eines Tages werden sie uns erzählen, wie das ist.

Erstaunlicherweise scheinen die Kinder nicht verbittert zu sein. Sie sind keine psychotischen Wracks, wie man das erwarten könnte, sondern eine fröhliche Gruppe; sie kommen untereinander und mit mir gut aus. Für das Ausmaß ihrer körperlichen Behinderung sind sie unglaublich mutig – unermüdlich versuchen sie alle körperlichen Anforderungen zu erfüllen, die ich an sie stelle. Glücklicherweise sind sie fähig, die Situationen, in denen sie wegen ihrer Behinderung landen, mit Humor zu betrachten. Ihr Lerneifer und ihr breites Interesse machen die Arbeit mit ihnen zum Vergnügen. Die älteren Kinder fühlen sich füreinander und auch für die Welt draußen verantwortlich – einer der ersten Sätze, die Annie buchstabierte, lautete: »Rosie, notiere meine Schreibfehler, damit wir andere unterrichten können!« Natürlich sind die Kinder keine Engel – sie können auch jammern und sehr schwierig sein –, aber sie sind mit Sicherheit nicht schlechter als gesunde Kinder; ich glaube sogar, sie sind besser.

Im Moment interessieren die Kinder sich nicht für die Vergangenheit, sondern nur für die Zukunft. Sie wissen, daß ich diesen Bericht schreibe und auch warum. Sie hätten ihre strahlenden Gesichter sehen sollen, als ich es ihnen erzählte. Sie brauchen eine Hoffnung – einige von ihnen waren sehr enttäuscht, als nicht sofort Veränderungen eintraten, nachdem ihre Fähigkeiten

> ans Licht gekommen waren. Es läßt sich kaum erklären, daß Menschen dies nicht glauben wollen, daß sie es nicht sehen wollen, daß sie sogar hoffen, daß ich mich irre. Den Leuten, die jahrelang mit diesen Kindern zu tun hatten, ist die Wahrheit zu unbequem, um sie einfach zu akzeptieren. Ich habe Verständnis dafür, aber die Kinder kaum. Diese Kinder sind von Geburt an eingesperrt, erstens in ihren eigenen Körper und zweitens in die Institutionen, in denen sie leben. Von diesem Antrag hängt nicht nur ihre Bildung ab – ihr ganzes Leben hängt daran! Kein Kind sollte je seine Existenz rechtfertigen müssen, aber genau das wird diesen Kindern aufgebürdet. Wir unterscheiden uns von den Tieren durch unsere Fähigkeit, zu kommunizieren. Diese Kinder müssen darum betteln, kommunizieren zu dürfen. Dabei ist Kommunikation sicherlich das wichtigste menschliche Grundrecht.«

Der Anhang enthielt eine Liste all der Kinder, um deretwillen meine Expertise verfaßt wurde, samt ihren Geburtsdaten und dem Datum ihrer Einweisung in St. Nicholas. Ich beging den Fehler, dem Direktor eine Kopie zu geben. Das Ergebnis war ein Brief, in dem stand:

> Die unautorisierte Bekanntgabe einer Liste von Patienten von St. Nicholas ist ein grober Vertrauensbruch. Sie werden hiermit darauf hingewiesen, daß im Wiederholungsfall dienstrechtliche Schritte gegen Sie eingeleitet werden. Behalten sie ein Exemplar dieser Notiz zu ihrer Information und geben Sie das andere als Empfangsbestätigung unterschrieben zurück.

Er hätte sich keine Sorgen zu machen brauchen: Die einzige Antwort, die wir je vom Kultusministerium bekamen, war ein hektografierter Ablehnungsbescheid.

Dieser Antrag an die Schulkommission verschlechterte meine Situation in St. Nicholas erheblich, und für einige Wochen war ich der Sündenbock. Nach ein paar besonders schlimmen Tagen buchstabierte Annie: »Verlaß doch St. Nicholas. Du bist nicht verantwortlich für die Kinder.« Das brach mir fast das Herz. Es war eine verzweifelte noble Geste, die sie wahrscheinlich im selben Moment schon bedauerte. Ich war Annies Rettungsring. Mich weggehen zu lassen war für sie gleichbedeutend mit Selbstmord – einem besonders langsamen und qualvollen Sterben.

ANNIE: Ich meinte es ehrlich, als ich Rosie sagte, sie solle doch gehen. Aber es hätte mir das Herz gebrochen, wenn sie es getan hätte. Zum Glück ist Rosie nicht feige, obwohl sie von allen Seiten angegriffen wurde. Als die Schwestern sahen, daß sie in Ungnade gefallen war, wurde sie für alle zum Punchingball.

13. Freie Kommunikation

Ich machte mir Sorgen, was aus den Kindern werden würde, wenn mir etwas zustieße. Die meisten von ihnen hatten keinen anderen Menschen, mit dem oder durch den sie kommunizieren konnten. Über keines gab es ausführliche Unterlagen, nur Annies Entwicklung war dokumentiert, und diese Informationen würde man beiseite fegen, wenn ich ihnen kein Gewicht mehr geben könnte. Was wäre, wenn man mich rausschmeißen würde, wenn ich einen Unfall hätte oder krank würde? Aus welchem Grund auch immer – die Vorstellung machte mir angst, und die Folgen würden schrecklich sein.

Im November 1977 beschloß ich, ein Komitee aus Fachleuten zusammenzustellen, die auf diesem Gebiet arbeiteten, Kontakt zu den Kindern gehabt hatten und mir meine Erfahrungen mit ihnen glaubten. Sie könnten mir den Rücken stärken, solange ich in St. Nicholas arbeitete, und die Kinder unterstützen, falls mir etwas passierte. Wie üblich war Annie schneller als ich. Sie war tagelang sehr angespannt gewesen, und als ich sie fragte, was sie bedrückte, buchstabierte sie: »Ich habe Angst, daß du weggehst. Was wird aus uns? Töte mich vorher.« Ich beruhigte sie: Chris und das Komitee würden sich weiter für die Kinder einsetzen, wenn mir etwas zustieße.

Alle, die ich auf das Komitee ansprach, stimmten ohne Zögern zu. Wir nannten uns DEAL: Dignity – Würde, Education – Bildung, Language – Sprache, ein *»New Deal«* für die Behinderten.

Bereits 1980 war DEAL zu einer viel größeren Organisation angewachsen mit einem gewählten Ausschuß, bestehend aus einem Kinderarzt, einer Sozialarbeiterin, einer Psychologin, einer Soziologin, einem wissenschaftlichen Mitarbeiter, zwei in der Behindertenarbeit erfahrenen Fachkräften und zwei Menschen mit Zerebralparese.

Ursprünglich setzte sich das Komitee hauptsächlich aus solchen

Mitarbeitern zusammen, deren Berichte über die Kinder von der *Mental Health Authority* abgeschmettert worden waren. Ende Januar 1978 ging ein Brief, unterzeichnet von einem Pädagogen, zwei Psychologen und einem Kinderarzt, an die *Mental Health Authority*:

> Anliegend die gekürzte Fassung des 1977 verfaßten Berichts von Miss Crossley an die Schulkommission. Wir kennen alle Kinder, um die es hier geht, und sind der Auffassung, daß alle Behauptungen der Wahrheit entsprechen. Wenn dem so ist, dann schuldet die Allgemeinheit diesen Kindern eine Menge. Sie haben ein Anrecht darauf zu zeigen, was sie können. Dies ist nur in einer sowohl emotional wie pädagogisch optimal gestalteten Umgebung möglich. Außerdem ist es erforderlich, die Fähigkeiten der Kinder sofort auf das genaueste zu erfassen und in Zukunft ihre Entwicklungsschritte zu überprüfen. All dies fällt in die Zuständigkeit der *Mental Health Authority*.
>
> Zweifellos haben diese Kinder schrecklich gelitten, doch es ist schwierig und auch wenig hilfreich, nach Schuldigen zu suchen. Jetzt aber, da es ihnen gelungen ist, ihre Fähigkeiten deutlich zu machen, wäre es ein Verbrechen, ihnen nicht sofort eine umfassende psychologische Begutachtung und eine fördernde Umgebung zu verschaffen.
>
> Wir machen uns auch Gedanken um die Eltern der Kinder. Die meisten von ihnen wissen noch überhaupt nichts von den Forderungen, die hier für ihre Kinder erhoben werden. Wir meinen, es wäre gut für alle Betroffenen, wenn sie schon jetzt in die Diskussion einbezogen würden.

Die Unterstützung des Komitees war wichtig für mich. Vielleicht wurde ich darum nicht sofort endgültig entlassen. Was aber die Auseinandersetzung mit der *Mental Health Authority* betrifft, so erging es dem Komitee nicht besser als mir, ungeachtet der unbestrittenen fachlichen Kompetenz seiner Mitglieder. Die *Mental Health Authority* war taub für unerwünschte Informationen.

Bis 1979 hatte man nur einmal versucht, meine Behauptung, daß dreizehn Kinder in St. Nicholas buchstabieren konnten, zu überprüfen. Aus einleuchtenden Gründen war eine wissenschaftlich objektive Atmosphäre dafür notwendig. Dr. Roger Wales, Dozent für Psychologie an der Universität von Melbourne, hatte freiwillig seine Dienste angeboten und eine Methode ausgearbeitet, mit der die Kinder ohne meine Beteiligung untersucht werden konnten. Diese Methode war bewunderungswürdig objektiv. Ein Psychologe gab den Kindern Paare von Wörtern vor, von denen jeweils das richtige gewählt werden mußte. Der andere filmte sie dabei. Ausgewertet wurden die Videoaufnahmen von Außenstehenden, die weder die Kinder noch die richtigen Antworten kannten. Wir kamen nicht weiter als bis zu den Voruntersuchungen, aber die Ergebnisse waren vielversprechend. Sie besagten, »daß die Kinder bessere Leistungen erbringen, als ihre motorischen Fähigkeiten vermuten lassen... Es sprach einiges dafür, daß sie lesen und ziemlich komplexen Anweisungen folgen können.«

Da die Untersuchungen durchgeführt wurden, als die meisten Kinder der Gruppe das Alphabet erst seit knapp sechs Monaten kannten, war ich nicht enttäuscht, auch wenn die Ergebnisse wegen des Mißtrauens der Kinder Fremden gegenüber nicht ganz so eindeutig waren, wie sie theoretisch hätten sein können.

Annie etwa beantwortete die ersten paar Fragen richtig, aber sie war nicht gerade begeistert und arbeitete sehr langsam. Ich glaube, es widerstrebte ihr, so einfache Fragen zu beantworten, und als Dr. Wales mit ihr schimpfte, gab sie nur noch rasche und zuverlässig verkehrte Antworten. Dr. Wales wies darauf hin, daß es sich bei einer derartig konstanten Fehlerquote kaum um einen Zufall handeln dürfte, sondern daß der Verdacht naheliege, daß sie die richtigen Antworten wußte. Doch die *Mental Health Authority* schenkte seinen Untersuchungsergebnissen keine Aufmerksamkeit.

Die Kinder bewiesen ihre Kommunikationsfähigkeit manchmal in ganz normalen Alltagssituationen: Anne, eine freiwillige Helferin, fragte Noelene, welches Buch sie ihr vorlesen solle. Mit Annes Armunterstützung buchstabierte Noelene »Peter Pan«. Anne suchte das Bücherregal im Gruppenraum ab, konnte das Buch aber nicht finden und dachte, sie hätte Noelene mißverstanden. Sie wußte nicht, daß ich es der Gruppe gerade als Gutenachtgeschichte vorlas und es deshalb im Schlafsaal auf der Station aufbewahrte.

Ich erinnere mich gut an das überraschte Gesicht einer Schwester, als ich sie auf ein Stichwort von Angela nach der Rod-Stewart-Platte fragte, die sie zu Weihnachten bekommen hatte. Genauso verblüfft war die Stationsschwester, als ich ihr sagte, Philip habe mir mitgeteilt, daß seine freiwillige Helferin Ellie im Büro ein Radio für ihn hinterlassen hätte. Wir mußten das Büro von oben bis unten durchsuchen, um es zu finden, aber er hatte recht.

Mark und Angela fuhren mit Lehrern der Pädagogischen Abteilung, die nicht an die Kommunikationsfähigkeit der Kinder glaubten, in ein Zeltlager. Als sie zurückkamen, bat ich den diensthabenden Lehrer, Angela eine Frage über das Zeltlager zu stellen. Sie wurde gefragt, wen sie auf dem Weg zum Lager getroffen hätten. Ich war nicht dabeigewesen und wußte die Antwort nicht. Sie buchstabierte »Mami«, was den Tatsachen entsprach. Ich schlug Mark vor, mir zu erzählen, womit sich die Lehrer während des Zeltlagers beschäftigt hätten, und er buchstabierte »Hasch«. Dieser Vorfall mag ein wenig die allgemeine Unruhe erklären, die durch die Kommunikationsfähigkeit der Kinder hervorgerufen wurde. Man benimmt sich zweifellos vorsichtiger, wenn man weiß, daß die Anwesenden hinterher darüber reden können, als wenn man glaubt, sie könnten das nicht.

Auf einer Ebene war meine Arbeit mit Annie überzeugend genug. Viele, die sie dabei beobachteten und sehen konnten, wie sie sich konzentrierte, wie sich ihre Augen bewegten und wie sie kämpfte, um die Buchstaben zu treffen, glaubten ohne weiteres, daß die Mitteilungen wirklich von ihr stammten. Leider wurde diese Art von Beweis nicht akzeptiert, ja, nicht einmal als relevant betrachtet.

Auf einer anderen Ebene wurden unverfälschte Beweise ihrer Kommunikationsfahigkeit abgelehnt.

Annie war schon bald nicht mehr bereit, bei Tests mitzuarbeiten, mit denen meine Integrität bewiesen werden sollte. Das war sehr unklug, aber mir schien es, als wäre damit der Kern ihres Seins infrage gestellt. Sie weigerte sich, sich mir zuliebe testen zu lassen. Sie weigerte sich, obwohl ihre Weigerung mich öffentlich bloßstellte.

Sie ließ sich auch nicht zu Tests zwingen, um sich selbst zu retten oder um anderen zu helfen. Das Schlimme daran war, daß diese Tests den Vorwurf des Betrugs von mir nehmen sollten. Betrug meinerseits aber war gleichbedeutend mit der Nicht-Existenz ihrer Persönlichkeit. Wenn ich sie die ganze Zeit manipuliert hatte, dann war sie hochgradig geistig behindert. Und Annie war nicht länger bereit, dies auch nur als hypothetische Möglichkeit gelten zu lassen.

Es zeigte sich, daß Annie nur dann mitarbeitete, wenn sie etwas von sich selbst zeigen durfte, etwas erzählen, was die anderen nicht wußten, oder beweisen, daß sie etwas konnte, was keiner von ihr erwartete. Sie kooperierte, wenn es um ihre Fähigkeiten oder ihr Wissen ging. Sie verweigerte sich, wenn es nur darum ging, meine Ehrlichkeit unter Beweis zu stellen.

Es gab noch einen anderen Grund, warum Annie Tests ablehnte: Würde man ihr elektronische Kommunikationshilfen zur Verfügung stellen, dann ließen sich Beweise wesentlich einfacher und eindeutiger erbringen. Und eine Woche, nachdem wir im Lincoln-Institut gewesen waren, traf auch tatsächlich ein Vorführmodell der Possum-Schreibmaschine in St. Nicholas ein. An diesem Tage buchstabierte Annie: »Dies ist vielleicht das letzte Mal«, das letzte Mal, daß sie die Alphabettafel benutzte. Unglücklicherweise war die Possum nicht in Ordnung, es fehlten einige Feinheiten des anderen Modells, und seitdem warten wir bis heute auf die Reparatur.

Aber technische Fehler waren nicht unser Hauptproblem. Da es mir so wichtig war, Annies Fähigkeiten deutlich zu demonstrieren, und da sie sich so verzweifelt nach unabhängiger Kommunikation sehnte, hatten wir uns beide über die damit verbundenen Schwierigkeiten hinweggetäuscht.

Lange Zeit überschätzte ich Annies Bewegungskontrolle. Bevor wir zu den Maschinen übergingen, hatten wir einige Alternativen ausprobiert und mußten feststellen, daß Annie sich nicht schnell genug bewegen konnte, um sie anzuwenden. Ihren Seitenwender konnte sie ganz gut benutzen. Sie mußte dafür einen Schalter treffen, und es spielte keine Rolle, wie lange sie brauchte, bis sie ihn erwischte. Die Hauptsache war, daß sie genug Geduld aufbrachte, um es immer wieder zu versuchen. Etwas anderes war es, einen Knopf genau in dem Moment zu treffen, in dem ein sich bewegendes Licht auf einem Feld mit Buchstaben stillstand – dabei kam es entscheidend auf den richtigen Augenblick und die Reaktionszeit an.

Auf diesem Gebiet fehlte mir das Wissen. Ich hatte mit geistig Behinderten zu tun und daher keinen Kontakt zu Leuten, die mit Hilfe solcher Geräte mit Körperbehinderten arbeiteten. Hätten wir die Therapeuten bekommen, um die ich gebeten hatte, wäre wohl alles anders verlaufen. So kamen wir nicht voran.

Einigen Kindern, unter ihnen Annie, gelang es, kurze Mitteilungen auf der Possum zu tippen, wenn auch mit vielen Fehlern und Löschungen. Aber wir hatten keine vernünftigen Sitzmöbel, um die Kinder ruhigzuhalten, keine Schalterbefestigungen, um die Schalter ruhigzuhalten, keine Therapeuten, um uns anzuleiten, und die Maschine war teilweise defekt. So konnten die Mitteilungen nur geschrieben werden, indem ein Erwachsener den Schalter für das Kind hielt. Da wir ein Ergebnis haben wollten, das nicht als menschlicher Irrtum oder Betrug abgetan werden konnte, war die Possum keine Hilfe. Als Annie das klar wurde, geriet sie völlig außer Fassung, wurde deprimiert und verlor die Lust, die Possum überhaupt noch zu benutzen. Auch ich war angespannt und durcheinander. Meine Nervosität übertrug sich auf die Kinder. Es wurde noch schwieriger, mit der Maschine zu arbeiten, und so war es schließlich für uns alle eine Erleichterung, als sie aus dem Verkehr gezogen wurde.

Gegen Ende des Jahres 1977 bewies das Melbourner College, an dem ich studierte, sein Vertrauen zu Annie, indem es die Erlaubnis einholte, unsere gemeinsame Arbeit auf Video aufzunehmen. Man wollte zukünftigen Studenten zeigen, daß man sogar einen schwer körperbehinderten Menschen lesen und schreiben lehren konnte, wenn Intelligenz und Motivation da waren. Der Direktor von St. Nicholas gab seine Einwilligung dazu.

Annie war begeistert. Ich erzählte ihr, daß der Film Lehramtsstudenten gezeigt werden sollte, und bat sie, sich etwas Passendes auszudenken, das sie ihnen in wenigen Worten mitteilen könnte. In dieser Sitzung nahm ich es mit ihrem Zeigen besonders genau und akzeptierte keinen Buchstaben, der nicht ganz eindeutig war. Annie mußte manche Zeichen vier- oder fünfmal anzeigen, bevor ich sie aussprach. Sie war sehr aufgeregt, aber fest entschlossen, und das Resultat war wirklich überzeugend. Ihre Worte lauteten: »Zuviel Tests. Nicht genügend Lehrer.« Da der Film professionell mit mehreren Kameras gedreht wurde, hatte er nicht die Schwächen unserer hausgemachten Aufnahmen. Die endgültige Fassung war eine Stunde lang: Eine halbe Stunde sah man Annie, wie sie die Sätze buchstabierte, und dann erklärte ich ihre einzelnen Lernschritte. Es war alles sehr eindrucksvoll.

Erst zwei Jahre später geruhte der Direktor, sich diesen Film anzuschauen.

ANNIE: Kommunikation ist das Wichtigste beim Buchstabieren. Es sollte nicht als Test oder zu Vorführzwecken benutzt werden. Stellen Sie sich vor, Sie dürften nur einen einzigen Satz in der Woche äußern und müßten dann diesen Satz darauf verwenden, irgendeine dumme Frage, zum Beispiel ob Sie in St. Nicholas wohnen, zu beantworten! Wenn Rosie all ihre Zeit auf Tests verwendet hätte, wären wir nie dazu gekommen, das Buchstabieren für unsere eigene Kommunikation zu nutzen. Es ist sehr leicht, die Persönlichkeit eines sprachunfähigen Menschen zu zerstören. Man braucht ihm nur die Möglichkeit zu nehmen, frei zu kommunizieren.

14. Ablehnung und Vorurteil

Annies Ausflüge in die Außenwelt brachten neue Probleme. St. Nicholas war sicher kein idealer Ort, aber wenigstens waren hier die Reaktionen der Betreuer für Annie berechenbar, und sie wußte, woran sie mit ihnen war. Ihre Entwicklung brachte es mit sich, daß sie sich wie eine Schnecke fühlte, die ihr Haus verläßt. Nach dreizehn Jahren totaler Verwahrung war sie draußen völlig schutzlos. All ihre kunstvoll entwickelten Verteidigungsmechanismen waren auf das Überleben in der Institution zugeschnitten – in der Außenwelt nutzten sie ihr wenig. Dort wurde Annie mit Vorurteilen und Ignoranz konfrontiert, die zum Teil auf Zeitungsberichten und Fernsehsendungen über Behinderte beruhten.

Eines Samstagsvormittags gingen wir auf den Königin-Victoria-Markt, den großen Warenmarkt von Melbourne. An Samstagen ist es dort immer gerammelt voll, denn die Leute kaufen für die ganze Woche ein. Annie schien sich gar nicht wohl zu fühlen und sah ziemlich unglücklich aus.

Nach dem Mittagessen fragten wir sie, was los sei. Sie buchstabierte: »Die Blicke.« Viele Leute, vor allem Kinder, starrten Annie an, daran gab es nichts zu rütteln, aber diese Blicke waren nicht unbedingt unfreundlich. Ich sagte, daß Angriff die beste Verteidigung sei: wenn sie die anderen ruhig ansah, würden sie wahrscheinlich den Blick abwenden. Auf so einem Markt laufen viele mehr oder weniger komische Gestalten herum, und jeder dreht sich nach jedem um. Sie mußte sich klarmachen, daß nicht jeder Blick ihr galt, und sich an belebte Plätze gewöhnen.

Als wir Annie Anfang September nach einem Wochenende bei uns ins Hospital zurückbrachten, weinte sie lange untröstlich. Montag und Dienstag war sie sehr niedergeschlagen, wollte die Station nicht verlassen, sich an nichts beteiligen und mir auch nicht sagen, was sie so beunruhigte. Am Mittwochmorgen nahm ich sie schließlich mit nach oben: Sie müsse mir nun endlich erzählen, was los sei, wenn sie es überhaupt wisse. Sie buchstabierte: »Kinder erschrecken vor mir.« Weitere Fragen brachten ans Licht, daß sie sich auf einen Vorfall während unseres Sonntagsspaziergangs bezog, den ich gar nicht bemerkt hatte. Ich wollte das Problem nicht bagatellisieren, aber ich sagte ihr, daß andere Menschen einen meist so wahrnehmen, wie man sich selbst einschätzt. Wenn man lächelt, Selbstvertrauen ausstrahlt und die Blicke mit Gleichmut erwidert, kommt man besser klar. Ich zum Beispiel hatte als Kind Schwimmhäute zwischen den Fingern. Hätte ich versucht, mich damit vor den anderen Kindern zu verstecken, ich hätte nichts als Schwierigkeiten gehabt. Statt dessen gab ich dermaßen damit an, daß sich schließlich die ganze Klasse Schwimmhäute wünschte. Ich sagte ihr, daß dies auch eine Frage guter oder schlechter Manieren sei. Und es sei ein Unterschied, ob Bekannte oder Fremde so reagierten, es komme im Grunde nur darauf an, daß man von Freunden und Familienangehörigen akzeptiert werde.

Mittlerweile kam Annie fast jedes Wochenende zu uns, und so holten wir sie auch diesen Samstag aus dem Hospital. Chris zeigte ihr die Rezension von »Baal«, einem frühen Stück von Brecht, und fragte, ob sie mitgehen wolle. Er wollte auf jeden Fall hin, und ich sagte, daß ich mitkäme, wenn Annie auch Lust hätte. Es war wohl nicht besonders unterhaltsam, nach der Besprechung zu urteilen, aber James McCaughey führte Regie. Er hatte in den letzten Jahren für einige der interessantesten Produktionen auf Melbournes experimentellen Bühnen gesorgt. Annie hatte Lust, und so machten wir uns auf. Am Eingang zum Theater trafen wir James McCaughey, der uns sagte, daß Babys nicht hineindürften. Ich erwiderte, Annie sei kein Baby. Er wiederholte, was er gesagt hatte, und so kam es zum Streit. Schließlich ließ er uns rein, aber nur, wenn wir für Annies gutes Benehmen garantierten. Das taten wir. Annie verhielt sich in der Öffentlichkeit immer vorbildlich – ihr Sozialverhalten entsprach dem einer normalen Sechzehnjährigen.

Im Theater waren die Stühle im Kreis um die Bühne angeordnet, und da James uns nicht half, mußten wir Annies Sportwagen in die oberste Reihe heben. In diesem Moment begann die Aufführung.

Fünf oder sechs Schauspieler in langen geflickten Unterhosen warfen sich in Pose und richteten ihre romantischen Gefühle in glanzvoller Prosa auf einen weiteren Mitspieler, der mit gekreuzten Beinen nägelkauend in der Mitte saß. Die ganze Bühne war mit einer orangefarbenen Plastikplane bedeckt. Wenn das nicht zum Lachen reizen sollte, dann hatte jemand einen Fehler gemacht, denn der Kontrast zwischen den Gefühlen und dem Bühnenbild war absurd und die Ausdrucksweise lächerlich blumig. Alle anderen Zuschauer saßen still und unbeweglich da. James' Auseinandersetzung mit uns hatte sie erstarren lassen, und Brechts Ruhm tat ein übriges. Annie ließ sich nicht so leicht einschüchtern: Sie lachte, nicht laut, nicht wild, nur ganz leise vor sich hin. Es war leiser als Schluckauf oder Husten oder das Atmen eines Asthmatikers. Aber Chris und ich waren so eingeschüchtert, daß wir versuchten, sie zu beruhigen, worüber wir selbst erschraken. Ihr Lachen war eine vollkommen angemessene Reaktion auf das, was vorne geschah. Wäre ich allein gewesen, hätte ich vermutlich genauso reagiert.

Wir wissen nicht, wie das Stück weiterging, denn wir wurden rausgeschmissen. Die Kassiererin bot uns an, auf »den kleinen Jungen« aufzupassen, solange das Stück lief. Als wir ablehnten, befahl James uns zu gehen. Draußen vor der Tür schrien wir drei uns erst mal tüchtig an, dann schickte ich Chris mit Annie die Treppen hinunter und erklärte James die volle Tragweite seines Tuns. Das war der Augenblick, in dem James uns befahl, zu gehen und mit der Polizei drohte. Ich versuchte ihm Annies Situation zu erklären, und einen Moment lang hatte ich das Gefühl, zu ihm durchzudringen. Aber dann ließ er die Jalousien wieder herunter. Das Stück war alles, was für ihn zählte, »ein sorgfältig orchestriertes Muster aus Ton und Stille«, und James war unfähig zu begreifen, daß Annies Lachen die Reaktion eines empfindungsfähigen Geschöpfes gewesen war.

Am nächsten Tag fragte ich Annie, was sie empfunden hatte. Sie buchstabierte: »Warum behandelt James drei Zuschauer so schlecht, wenn er nur so wenige hat?« Und: »Du hast ihm tüchtig Bescheid gesagt.« Ich warf eine Frage auf, die mich beschäftigte. Was für eine Reaktion wünschte sie sich in solchen Situationen? Ich stellte ihr »ruhiger«, »so wie wir waren« und »heftiger« zur Wahl. Sie schwankte zwischen den beiden letzten, bis sie endlich auf »so wie wir waren« landete. Dann schrieb sie: »Ich genieße einen Kampf, ganz gleich, ob ich ihn gewinne oder verliere. Die Leute müssen lernen, daß wir Rechte haben.«

Der Vorfall im Theater konfrontierte uns wieder einmal mit dem großen Problem Behinderter: Die normale Welt verlangt von ihnen sehr viel, mehr als von sich selbst. Wie empört und entsetzt Zuschauer und Schauspieler auch gewesen sein mögen angesichts dessen, was Annie angetan wurde – niemand verteidigte sie. Später erfuhren wir, daß einige Tage zuvor ein Betrunkener während der ganzen Aufführung gebuht, gelacht und Witze gemacht hatte. Niemand hatte ihn hinausgeworfen, obwohl sein Benehmen sicher schlecht und unpassend war und er allen anderen Zuschauern den Genuß an der Aufführung verdarb. Annies Lachen war viel leiser gewesen als das Husten und Niesen anderer Zuschauer. Aber weil sie behindert war, wurde ihr Verhalten an Standards gemessen, die viele Normale nicht erfüllen.

An ihrem ersten Wochenende draußen war Annie allen Menschen noch ganz entspannt begegnet. Aber damals galt sie als Baby, und so wurden weder von der einen noch von der anderen Seite große Anstrengungen gefordert oder erwartet.

Mit der Entwicklung ihrer Kommunikationsfähigkeit veränderten sich auch ihre Beziehungen. Die Jones von nebenan sind ein typisches Beispiel: Als Sue Annie kennenlernte und das ganze Ausmaß ihrer Behinderung wahrnahm, war sie zuerst völlig durcheinander, dann aber fähig, ihre Reaktion Annies Fortschritten anzupassen. Hingegen hatten Sally und Jodie, ihre Kinder, Annie zunächst viel naiver akzeptieren können; es fiel ihnen aber schwer, die unsichtbaren Veränderungen zu verstehen, die darauf hinausliefen, daß sie Annie nun als Teenager und nicht mehr als Kleinkind behandeln mußten.

Im Laufe der Zeit wurde Annie immer steifer, wenn sie jemanden kennenlernte. Sie erwartete, als intelligentes Wesen behandelt zu werden, und aus ihrer Sicht waren die anderen solange auf dem Prüfstand, bis sie bewiesen hatten, daß sie Annies Fähigkeiten anerkannten. Darum versuchte sie geradezu zwanghaft, jedem neuen Bekannten ihre Kenntnisse zu demonstrieren, und gab keine Ruhe, bevor sie nicht etwas auf der Alphabettafel buchstabiert und die Reaktion gesehen hatte. Lange Zeit war sie überempfindlich, wenn sie auch nur das leiseste Gefühl hatte, als Kleinkind behandelt zu werden. Eine unserer Freundinnen, die in ihrer herzlichen mütterlichen Art zu Annie manchmal nur »Hallo« oder »Tschüß« sagte, war oft ziemlich entnervt, wenn Annie dann in Tränen ausbrach. Draußen in der Öffentlichkeit, unter lauter Fremden, nahm Annie sich zusammen. Dann konnte keine Kränkung ihr auch nur eine einzige Träne entlocken, ganz gleich, wie es ihr hinterher ging, wenn sie wieder mit uns alleine war. Sie stand dann sehr unter Druck, aber das war eben ihre Art, damit umzugehen.

Sobald Annie uns regelmäßig besuchte, brauchte sie eigene Kleidung. Bis dahin stammten all ihre Kleidungsstücke aus der Kleiderkammer des Hospitals, und auch wenn ich ihr meist Sachen heraussuchte, die in gutem Zustand waren, so war doch alles grau in grau und ziemlich häßlich. Staatliche Institutionen beziehen Kleidung en gros direkt vom Hersteller, und das sind dann Sachen, die in besonderer Produktion hergestellt werden und anderswo unverkäuflich wären. Meist fand ich für Annie Kleidung in der richtigen Größe, die zusammenpaßte und auch nicht beim Waschen hoffnungslos aus der Façon geraten war; aber es war trotzdem nicht ihre eigene. Ein anderes Kind hatte sie die Woche vorher getragen, und in der nächsten würde sie wieder jemand anders anziehen. Annie hatte sie nicht selbst ausgesucht, und sie trugen sehr zu ihrem »Anderssein« bei. Behinderte unterscheiden sich ohnehin schon von uns anderen – man braucht diese Unterschiede nicht noch durch auffällige Kleidung zu betonen.

Annie brauchte das Selbstvertrauen, das man hat, wenn man weiß, man ist richtig angezogen. Ihre Kleidung sollte ausdrücken: »Ich bin nicht dumm, nicht grau und freudlos, ich bin kein Baby. Ich weiß, was los ist in der Welt, ich bin eine Persönlichkeit.« Das war ein hoher Anspruch, der sich mit den Sachen von St. Nicholas sicher nicht erfüllen ließ.

Wir gingen also in ein feines Kaufhaus, um ein paar richtig schicke Sachen zu kaufen. Wegen der Diskrepanz zwischen ihrer Größe und ihrem Alter konnte Annie sich nicht in jedem beliebigen Geschäft einkleiden, sondern mußte in Läden mit exklusiver Kinderkleidung gehen. Sie suchte sich die Sachen selbst aus. Ich fragte, ob sie eine bestimmte Sorte Kleidung, zum Beispiel eine Freizeithose, haben wolle, und wenn sie zustimmte, ließ ich ihr das gesamte Angebot in ihrer Größe vorführen. Die Verkäuferin machte ihre Sache gut. Wir verließen das Geschäft mit einem schicken grobgewebten graublauen Anzug mit rotem Futter, dazu passenden Tops, Strumpfhosen und Schuhen. Annie hatte einen ausgezeichneten Geschmack. Sie liebte starke, klare Farben und konnte sie auch gut tragen. Sie wußte immer genau, was sie wollte, und wählte niemals ihrem Alter unangemessene Kleidungsstücke. Alles, was sie sich aussuchte, paßte gut zusammen.

Von nun an gingen wir regelmäßig Kleidung kaufen, wobei Annie immer die letzte Entscheidung hatte. Das war der einzig richtige Weg. Einmal überredete ich sie zu einer weißen Bluse, die heruntergesetzt war. Sie trug sie nur ein paar Male, bis sie zu ihrer Erleichterung herausgewachsen war und sie ihrer Freundin Sasha schenkte – mit dem Kommentar: »Gib Sasha Färbemittel dazu.«

Ich war oft zu faul, Annie jeden Tag selbst aussuchen zu lassen, was sie anziehen wollte. Es war soviel einfacher, selbst etwas herzurichten. Einmal, als ich sie mit einem schwarzen Rolli und einer schwarzen Samthose, wie ich fand, besonders schick gemacht hatte, sagte sie mir: »Mein Ego fühlt sich mächtig angekratzt, wenn du meine Kleidung aussuchst.« Sie mochte die Sachen, die ich ausgesucht hatte, aber es war eben nicht ihre Wahl gewesen, und sie entsprachen nicht ihrer Stimmung.

Um Annies Unabhängigkeitsgefühl zu stärken, beschlossen Chris und ich, ihr Taschengeld zu geben. Sie bekam regelmäßig ihre Invalidenrente, aber die ging an St. Nicholas, und das Hospital zahlte sie auf ihr Konto und gab das Geld aus, ohne sie zu fragen. Sie kam dabei nicht schlecht weg. Sie hatte einen Farbfernseher und den Seitenwender bekommen, aber für den täglichen Gebrauch gab es nichts, keinen Cent, über den sie hätte selbständig verfügen können. Das Taschengeld kam von uns, und sie sollte damit machen können, was sie wollte.

Als erstes kaufte sie sich die gebrauchte Ausgabe eines Buches über Massage. Aber fast all ihr Geld verwendete sie für Weihnachtsgeschenke. Und sie sparte sich einen guten Radiorecorder zusammen, der an die Stelle des kleinen Transistorradios, das ich ihr Jahre zuvor geschenkt hatte, trat. So erlebte Annie zum erstenmal, wie es ist, selbst auf etwas zu sparen, statt das Gewünschte entweder sofort oder gar nicht zu bekommen. Jetzt mußte sie aber auch lernen, Prioritäten zu setzen.

Annie hatte uns mit dem großen Allgemeinwissen, das sie sich beim Fernsehen angeeignet hatte, in Erstaunen versetzt. Da wir nun ihr Niveau und ihre Interessen kannten, sorgten wir dafür, daß sie Radio und Fernsehen sinnvoll nutzten konnte. In St. Nicholas gab es damit Schwierigkeiten, weil sie so früh ins Bett mußte, aber bei uns versäumte sie keine wichtige Sendung. Samstagnachmittags gab es einige besonders gute Sendungen im Radio, die sie sehr genoß, und an Wochentagen ausgezeichnete Bildungsprogramme im Fernsehen, die ich als Unterrichtsstunden benutzte. Als Annie ihren eigenen Fernseher bekam, konnte sie trotzdem nur die frühen Abendsendungen sehen und nur dann ihre eigenen Wünsche äußern, wenn ich da war. Wenn ich nicht in der Nähe war und sehr aufpaßte, stellten die Schwestern das ein, was *sie* sehen wollten.

Zwischen den abendlichen Fernsehsendungen las ich den Kindern vor, jeden Abend ein bis zwei Kapitel. Auf diese Art lernten sie die meisten Klassiker kennen, wie »Peter Pan«, »Alice im Wunderland«, »Die Schatzinsel«. Chris meinte, diese Kinderbücher seien für Annie nicht altersgemäß – aber schließlich lesen auch Erwachsene sie noch mit Genuß.

Wir gingen oft mit Annie ins Kino. Mir war besonders daran gelegen, ihr australische Filme zu zeigen, denn ich fand, daß sie die Gesellschaft kennenlernen sollte, in der sie leben würde. Doch selbst Kinobesuche haben für so empfindsame Menschen wie Annie ihre Tücken, auch dann, wenn es mit dem Kinopersonal oder den anderen Besuchern keine Schwierigkeiten gibt. Chris war mit Annie in Woody Allens Film »Der Stadtneurotiker«. Alles ging gut bis zu der Szene in der Buchhandlung, wo Woody zu Diana Keaton etwa folgendes sagt: »Es gibt zwei Sorten von Leben, das schreckliche und das erbärmliche. Blind oder verkrüppelt zu sein , ist schrecklich. Ich verstehe nicht, wie solche Menschen überhaupt leben können. Uns anderen geht es einfach nur erbärmlich.« Annie protestierte, immer schriller und lauter, bis Chris mit ihr hinausging.

Wir zeigten Annie viele Melbourner Attraktionen, aber unser aufregendster Ausflug in diesem Jahr führte uns in die Bundeshauptstadt Canberra. Die leitenden Mitarbeiter von St. Nicholas waren überrascht, daß ich sie dorthin mitnehmen wollte, aber niemand hatte etwas dagegen, und auch ihre Eltern gaben gerne ihre Einwilligung. Da Canberra sechshundert Meilen von Melbourne entfernt ist, mußten wir fliegen – Annies erster Flug. Doch trotz der langen Reise und der Anstrengung, in einem fremden Haus bei bisher unbekannten Menschen zu wohnen, war sie wunderbar entspannt und ergriff die erstbeste Gelegenheit, ihre Fähigkeiten mit der Alphabettafel zu zeigen.

Es war das erste Mal, daß wir Annie für längere Zeit bei uns hatten – vier ganze Tage –, und zum erstenmal in ihrem Leben konnte sie täglich mehrere Sätze äußern. Sie beteiligte sich lebhaft an der Unterhaltung und ergriff oft das Wort. Als ich sie Donnerstag abend zu Bett bringen wollte, sah ich, wie sich ihr großer Zeh bewegte, als ich ihr den Schuh auszog. Ich kitzelte ihre Füße und versuchte, den Babinski-Reflex* auszulösen. Als die anderen fragten, was ich da täte, erklärte ich es ihnen. Annie hüpfte auf und ab, weil sie etwas sagen wollte, und buchstabierte: »Babinski-Reflex nicht vorhanden.« Ich imitierte den Standardtest für den Moro-Reflex*, indem ich auf den Beugemuskel seitlich des Kopfes klopfte, und fragte sie, ob sie sich erinnern könne, schon einmal auf diese Art untersucht worden zu sein. Sie schrieb: »Ich habe keinen Moro.« Den Namen des Reflexes hatte ich nicht erwähnt.

Am Freitag besichtigten wir die australische Kriegsgedenkstätte, ein riesiges Militärmuseum. Ich hob Annie hoch, damit sie die Aus-

* Babinski-Reflex: Das Strecken der großen Zehe, wenn man über den Fußsohlenrand streicht. Moro-Reflex: Umarmungsreflex des Neugeborenen.

stellungsstücke sehen konnte: eine Gasmaske für einen Hund, Modelle von Schützengräben aus gehämmerten Rindfleischdosen, Schaubilder von Gallipoli und Flandern, und sprach mit ihr über die Verschwendung und Leiden des Krieges.

Nach dem Mittagessen gingen wir zum Parlament, wo der Senat gerade zu einer Sondersitzung versammelt war. Wir trafen Jean Melzer, die uns die Büros der Senatoren zeigte, und trugen uns ins Gästebuch ein. Dann verfolgten wir von der Präsidentengalerie aus die Debatte.

Es war ein warmer Wintertag, und wir schlenderten vom Parlamentsgebäude zur Universität. Ein erfüllter und anstrengender Tag lag hinter uns.

Für Samstag hatten wir ein Picknick auf dem Lande geplant. Aber es regnete, und wir gingen zur Universität. Bei der Arbeit mit der Alphabettafel konnte Annie ihre Hand nur mühsam kontrollieren, ihr Arm krampfte ununterbrochen, und ihr Unterarm schlug ihr direkt ins Gesicht. Mit der Zeit lernte ich, das als Zeichen für Müdigkeit, Anspannung oder beginnende Krankheit zu interpretieren. Als wir nach Hause kamen, brachte ich sie früh zu Bett; aber es ging ihr sehr schlecht, und später übergab sie sich.

Der Kurzurlaub war trotz ihrer Krankheit ein echter Erfolg. Damit war bewiesen, daß ihre Behinderung kein unüberwindbares Hindernis für Reisen darstellte – sie hatte alles getan, was ein normaler Tourist tut.

Es ging auf Weihnachten zu. Das fiel zwar auch in St. Nicholas nicht ganz unter den Tisch, wurde aber nicht so gefeiert wie in den Familien zu Hause. Die Stationen waren geschmückt, Spielzeug kam zum Vorschein, hauptsächlich aufgrund von Spendenaufrufen in den Zeitungen. Aber die Kinder bekamen keine Geschenke, und es gab auch keine gefüllten Strümpfe oder Weihnachtskuchen oder all die anderen weihnachtlichen Freuden.

Einmal fand ich am Weihnachtstag die Kinder einer ganzen Station auf Matratzen im Spielraum auf dem Fußboden vor. Kein Erwachsener war in Sicht, und es gab nichts zu ihrer Unterhaltung: kein Fernsehen, kein Radio, keine Schallplatten.

Heiligabend 1977 holten wir Annie nach Hause. Am Weihnachtsmorgen öffnete sie ihren Strumpf, den ersten seit vierzehn Jahren. Er war vor allem mit Süßigkeiten gefüllt, aber sie fand auch einen Ring, eine Porzellanmaus, Strumpfhosen und Badezusätze. Wir aßen Schokoladenplätzchen, und ich las ihr vor bis zum Frühstück.

Chris' Schwester kam zum Mittagessen vorbei, und wir tauschten unterm Baum unsere Geschenke aus. Ich fotografierte Annie in ihrem Sportwagen vor dem Baum inmitten des Berges von Geschenken. Der Berg ist höher als Annie.

Annie hatte Geschenke für uns von ihrem Taschengeld gekauft. Das Geschenk für Chris hatte sie mir buchstabiert: »Buch, sci-fi, Asimov«, und Chris hatte sich eine schlaue Methode ausgedacht, sie ein Geschenk für mich aussuchen zu lassen, ohne daß ich mitbekam, was es war. Er rief in St. Nicholas an und bat mich, Annie ans Telefon zu holen. Ich hielt ihr den Hörer ans Ohr, und Chris gab ihr eine Liste zur Auswahl durch. Dann bat er mich, sie zu fragen, ob sie (1), (2) oder (3) wolle. Sie wählte (3), was sich zu Weihnachten als eine Flasche französischer Bordeaux entpuppte.

Annie bekam wunderbare Geschenke: ein Heft mit Postern, eine Sammlung chinesischer Scherenschnitte, »Das sogenannte Böse« von Konrad Lorenz, ein Halskettchen, Catch-22, Kate-Greenway-Anstecker, ein Strandtuch, eine geschnitzte Holztruhe, wo sie all das hineintun konnte, und ein Berührungslicht. Das ist eine Nachttischlampe mit einem Metallfuß, die sich an- und ausschalten läßt, indem man den Fuß an irgendeiner Stelle mit der Hand berührt. Annie würde es sicher bedienen können. Sie fand es toll und konnte gut damit umgehen.

Und als sie sich von dem reichlichen Geschenkesegen erholt hatte, buchstabierte sie: »Ich danke allen, besonders euch!«

Annies Geburtstag am 11. Januar 1978 fiel auf einen Tag mitten in der Woche, und wir verlegten die Feier aufs Wochenende. Am Samstag holten wir sie gleich nach dem Mittagessen ab und gingen mit ihr ins Puppentheater. Es gab »Alice im Wunderland«. Die meisten Zuschauer waren Kinder, und Annie durchquerte das unvermeidliche Sperrfeuer der Blicke ohne Schwierigkeiten. Bevor am Samstag die Gäste zum Geburtstagsmahl eintrafen, buchstabierte sie: »Sag allen danke für ihre Ge...« Als ich sie vor allzu hohen Erwartungen warnte, beendete sie den Satz mit »-genwart«. Als erste kam Margaret, eine Freundin von uns, die Annie noch nie gesehen, von der sie aber schon viel gehört hatte. Sie brachte Annie Aldous Huxleys Buch »Schöne neue Welt« mit und überreichte es ihr. Annie *sagte*: »Danke sehr.«

»Bitte, nichts zu danken«, erwiderte Margaret. Für sie hatte Annie normal auf eine normale Situation reagiert. Aber wir waren starr vor Staunen, denn soweit wir wußten, konnte Annie nicht verständlich sprechen. Ihre Worte waren klar und umißverständlich gewesen. Vermutlich hatte sie sie gedacht, und dann waren sie ihr wohlsortiert über die Lippen gerutscht. Das ist seitdem noch einige Male vorgekommen.

In den drei Wochen zwischen Weihnachten und ihrem Geburtstag verbrachte Annie zwölf Tage außerhalb des Hospitals. Wir besuchten zwei Theateraufführungen, waren in der Gemäldegalerie, fuhren aufs Land und gingen schwimmen. Acht Monate, nachdem sie zum erstenmal mit mir nach Hause gekommen war, konnte sie außerhalb des Hospitals vieles von dem tun, was gesunde Siebzehnjährige so unternehmen. Auch an ihren Geschenken sah man, wie sich die Reaktionen auf sie geändert hatten seit jenem ersten Wochenende, als ich ihr in der Annahme, sie sei ein geistig schwer behindertes Mädchen, eine Puppe und ein kleines goldenes Notizbuch gekauft hatte.

Sie war ein großes Stück des Weges gegangen.

ANNIE: Zum Sprechen braucht man eine gute Koordination, ich meine, zum willkürlichen Sprechen. Manchmal sage ich etwas, ohne es bewußt zu versuchen, und es kommt klarer heraus, als wenn ich mir große Mühe gegeben hätte. Wenn ich sprechen könnte, ohne zu denken, könnte ich deutlich sprechen.

15. Lieben ist schwierig

Kaum waren wir wieder in St. Nicholas, da hieß es, daß ich von nun an nur noch mit den Kindern arbeiten dürfe, mit denen ich schon das Buchstabieren begonnen hatte. Was auch immer die Motive für diese Entscheidung waren und wie hart die Folgen für die Kinder, die ich nicht mehr unterrichten durfte, der Vorteil war, daß ich mehr Zeit mit der Gruppe verbringen konnte, und daß sie öfter miteinander arbeiteten. Sie wurden alle auf eine Station verlegt, wodurch ihr Zusammengehörigkeitsgefühl noch wuchs. Kinder, die sich bis dahin ein- oder zweimal in der Woche getroffen und darum kaum die Möglichkeit gehabt hatten, ihre Kommunikationsmethoden auszukundschaften, waren jetzt täglich vierundzwanzig Stunden lang zusammen. Ihre Gitterbetten standen nah beieinander, und sie konnten einander zulächeln.

In jener Zeit wurden meine Bemühungen als Lehrerin mehr von den anderen Kindern als von Annie honoriert. Sie war mit dem Lesen und Schreiben so weit gekommen, wie ich sie fördern konnte, alles weitere mußte sie sich selbst erarbeiten. In Mathematik war sie mir längst haushoch überlegen. Leider konnte David Brownridge nicht mehr so häufig kommen, so daß sie hier erst mal ins Stocken geriet. Ich konnte sie noch in einigen Spezialgebieten unterrichten – Anfang 1978 begannen wir mit Französisch –, aber vor allem bemühte ich mich um die anderen Kinder, und Annie mußte sich mit Hilfe des Seitenwenders und ihres Fernsehers selbständig weiterbilden.

Inzwischen konnten alle Kinder der Gruppe eigene Sätze formulieren. Was da herauskam, gab oft mehr Anlaß zu Kummer als zu Freude. Ich zitierte Beispiele in den Berichten, die ich zu Beginn des Jahres für meine Vorgesetzten vorbereitete. Mark, unser Mäuschen: »Ich hasse St. Nicholas, darum schlafe ich soviel wie möglich.« Stephen: »Ich bin nicht geistig behindert.« Philip: »Bei meiner Geburt war ich gesund.« Sharon: »Ich bin behindert, nicht doof.« (Dieser Satz ging mir so unter die Haut, daß ich Buttons damit herstellen ließ, die die Kinder außerhalb des Hospitals ansteckten.) Shirley: »Am meisten vermisse ich Zärtlichkeiten.« Noelene: »Warum sind wir geistig behindert?« Wie üblich gab es keine Reaktionen darauf, daß die Kinder kommunizieren konnten, erst recht nicht auf das, was sie sagten.

Annies Beziehungen zu den anderen Kindern waren ein ständiges Auf und Ab. Sie waren ihre Freunde, aber sie wurde schrecklich eifersüchtig, wenn ich einem anderen Kind die Aufmerksamkeit schenkte, die ihrer Meinung nach nur ihr zustand. Dieses Problem tauchte besonders beim Füttern auf: Sie gebärdete sich immer unvernünftiger, wenn sie mich ein anderes Kind füttern sah. Zuerst quengelte sie nur, dann schrie sie, und als wir 1977 gemeinsam mit der ganzen Gruppe zur Weihnachtsfeier wegfuhren, kreischte sie hemmungslos.

Annie wußte, daß sie sich damit den ganzen Tag verdarb, aber sie konnte nicht anders. Sie schrie und kreischte so sehr während des Mittagessens, daß wir sie weit weg in einer Ecke des Gartens abstellen mußten. Es gab noch andere Kinder, die schwierig zu füttern waren, und die freiwilligen Helfer kannten sich mit ihnen nicht aus. Ich mußte sie selbst füttern, und Annie mußte sich eben von Chris füttern lassen oder warten.

Es war eine sehr anstrengende Zeit für uns beide. Ich nehme an, sie wollte die Sicherheit, daß sie bei mir wirklich an erster Stelle kam. Das war verständlich, aber ich war sehr froh, als sie darüber hinwegkam, und freute mich auch über die Art, wie das geschah: Sie tat es für Stephen, einen rothaarigen Jungen mit bezauberndem Lächeln, der leicht den Mut verliert. Das erste, was Annie im neuen Jahr buchstabierte, war: »Heute abend füttere Stephen!«

»Warum?« fragte ich. Es war eine Wendung um hundertachzig Grad.

»Stephen ist zu dünn.«

Sie wußte, daß ich mir Sorgen um ihn machte, aber wie üblich teilte sie mir nicht sofort mit, was sie wirklich bewegte.

Am nächsten Tag schrieb sie: »Füttere Stephen heute abend!« Ich sagte ihr, daß ich versuchen wolle, Stephen in Zukunft jeden Abend zu füttern. »Warum meinst du, daß du mir das nochmal sagen mußt?« fragte ich.

»Ein Arzt sagte, Stephen ist so dünn, daß er nicht mehr lange lebt, wenn er nicht zunimmt«, erwiderte sie. Sie war sehr aufgeregt, vermutlich auch deshalb, weil sie das Gefühl hatte, zu Stephens schlechter Verfassung beigetragen zu haben. Denn ich hätte ihn schon eher gefüttert, wenn sie nicht so einen Zirkus gemacht hätte.

Seit November hatte ich Annie regelmäßig mittags und abends gefüttert. Nun kam Stephen dazu, doch ich bemerkte sofort, daß etwas mit ihm nicht in Ordnung war. Er erbrach fast jede Mahlzeit. Als ich das berichtete und einen Arzt hinzuziehen wollte, reagierte das System nur langsam. Stephen kostete mich viel Zeit, da ich ihn sehr langsam und mit vielen Pausen füttern mußte, damit er überhaupt etwas bei sich behielt. Wenn alles wieder herauskam, mußte ich aufwischen und von vorne anfangen. So brauchte ich oft eine bis anderthalb Stunden. Nach zwei Wochen wurde Stephen endlich ärztlich untersucht und ein Hämoglobin-Test gemacht, der 6.2 Punkte ergab, die Hälfte des Sollwertes. Stephen erbrach schon »Kaffeesatz«, was normalerweise auf ein blutendes Magengeschwür hinweist. Sobald festgestellt war, daß er krank war, verbot man mir, ihn zu füttern. Stephen wurde nicht gefragt. Wieder vergingen mehrere Tage, bevor man auf die Hämoglobin-Werte reagierte. St. Nicholas gilt als Hospital, aber die Ärzte kommen nicht jeden Tag auf die Stationen, und die Schwestern fanden es nicht nötig, seinetwegen extra jemanden zu holen. Als schließlich eine Ärztin kam, war sie so entsetzt über seinen Hämoglobin-Wert, daß sie einen Kinderarzt hinzuzog. Der meinte, daß Stephen an Magersucht litte, einem psychosomatischen Symptom, das eine pathologische Nahrungsverweigerung beinhaltete! Mir wurde gesagt, daß ich Stephen nicht mehr ohne besondere Anordnung füttern dürfe, da die Station für sein Wohl verantwortlich sei.

Schließlich wurde Stephen auf Station drei verlegt. Dort arbeitete die einzige ausgebildete Schwester im ganzen Hospital, die ihm die verschriebenen Eiseninjektionen verabreichen konnte. Ursprünglich war geplant, daß Stephen nach der Eisenkur zu den anderen

Kindern auf Station zwei zurückkommen sollte. Er bekam sogar die Erlaubnis des Kinderarztes, doch wie immer ging die Politik vor. Ich war wegen der verschiedensten Vergehen, die überhaupt nichts mit Stephen zu tun hatten, in Ungnade gefallen, und Stephen mußte dafür büßen. Es wurde bestimmt, daß er, getrennt von all seinen Freunden und all den Kindern, mit denen er kommunizieren konnte, auf Station drei bleiben sollte. Er durfte sich täglich für fünf Stunden Unterricht mit den anderen Kindern treffen, aber an den Wochenenden war er total isoliert.

Stephen besitzt nicht Annies eiserne Entschlossenheit. Im März buchstabierte er: »Erbitte vom Friedensrichter das Recht, mich zu töten.« Stephen war es auch, der schrieb: »Hat Gott uns vergessen?«

Ich machte einen Termin mit Dr. Barlow, dem Direktor der Abteilung für geistig Behinderte, um mit ihm über Stephen zu sprechen. Er reagierte sehr wohlwollend, und ich hatte das Gefühl, daß er mir glaubte. Er wußte nicht recht, was tun, aber er sagte, er würde sich an die Leitung von St. Nicholas wenden. Doch wie üblich geschah nichts. Stephens Situation änderte sich in keiner Weise, und mir wurde die übliche Rüge wegen Nichteinhaltung des Dienstweges erteilt.

Ich sprach mit Chris darüber, und wir beschlossen, daß wir Stephen helfen würden, wenn niemand anders es tat. Das Nächstliegende war, ihn an Wochenenden mit nach Hause zu nehmen. Merkwürdigerweise erhielt ich ohne weiteres die Erlaubnis. Er durfte zu mir kommen, aber er war zu »krank«, zu »schwach«, um mit seinen Freunden auf einer anderen Station des Hospitals zusammenzuleben.

Kein Wunder, daß dies eine anstrengende Zeit für Annie wurde. Sie hatte es ins Rollen gebracht, indem sie mich bat, Stephen zu füttern, und nun führte kein Weg mehr daran vorbei, daß sie uns nicht nur in St. Nicholas, sondern auch noch zu Hause mit ihm teilen mußte. Obendrein hatte sie weniger Unterrichtszeit mit mir und seltener die Gelegenheit, mit mir zu kommunizieren, vor allem kaum je ausführlich.

Ein paar Tage später holten wir sie ab, um das alte Gefängnis und das Museum von Melbourne zu besichtigen. Zurück in St. Nicholas war ich so besorgt, daß ich die Alphabettafel hervorholte, obwohl es schon zwanzig nach sechs war und Chris' Verwandtschaft um sieben zum Abendessen kommen sollte.

Mein Tagebucheintrag gibt ein gutes Bild von unseren damaligen Problemen:

> Es fing gut an, nur ging es reichlich langsam. Ich ermüdete rasch und wurde sauer, als nicht alles glattlief. Annies Arm schien sehr verspannt. Aber jedesmal, wenn ich ärgerlich wurde, konnte sie ihn wieder tadellos bewegen und die nächsten paar Buchstaben zeigen. Dann ging sie plötzlich in die linke untere Ecke und zeigte nacheinander ganz eindeutig auf vier oder fünf Buchstaben, von denen sie auf Nachfrage keinen einzigen bestätigte.
>
> In letzter Zeit scheint die Verbindung zwischen uns abgerissen, und alles geht nur langsam und schwierig. Zum Teil liegt das wahrscheinlich daran, daß ich müde und angespannt bin. Aber sicher trägt auch dazu bei, daß Annies Gesichtsausdruck nicht mehr so deutliche Rückmeldungen gibt wie früher. Ihre alte Ja-Nein-Antwort scheint verschwunden zu sein (Zunge heraus – ja; Zunge unbewegt – nein), und es dauert endlos, bis eine klare Antwort kommt. Es ist, als ob sie sich gegen mich abschirmt, vielleicht um sich zu schützen. Ich habe zwei Erklärungen für unsere Probleme in den letzten Wochen: (1) Sie mag mich nicht; (2) sie befürchtet, daß ich sie nicht mag oder ablehne. Ich sprach mit Annie über beide Möglichkeiten. Falls (1) zuträfe, müsse sie mich leider ertragen, bis sie mit Hilfe der Possum unabhängig wäre, und (2) träfe ganz gewiß nicht zu. In Freundschaft und Liebe gäbe es nicht immer Sonnenschein und Rosen. Zum Beispiel erlebten Chris und ich oft längere »Eiszeiten«. Sie solle sich keine Sorgen machen, wenn sie sich mal über mich ärgere, das sei normal. Sie reagierte zustimmend, als ich sagte, daß wir beide eben eine schwierige Zeit hätten und wohl keine von uns ruhig schlafen könne, was die Sache auch nicht einfacher mache. Und daß ich mich bei Leuten, die mir nahestehen, normalerweise mehr aufrege als bei anderen, da ich von ihnen mehr erwarte. Diese

Rede hielt ich ihr auf der Station, während ich ihre Windeln wechselte. Besonders liebevoller Gutenachtkuß. Radio an. Den anderen gute Nacht gesagt. Es klang verdächtig nach unterdrücktem Weinen, als ich Annie ein oder zwei Minuten allein ließ, um mit der Nachtschwester zu reden. Stephen kurz besucht.

Ruhige und kontrollierte persönliche Beziehungen sind nicht meine Stärke. Enge Bindungen verlangen mehr Verantwortung, als ich zu übernehmen bereit bin. Das ist der Hauptgrund, warum ich keine Kinder haben möchte. Annie mag ich wirklich sehr gern, und ich bewundere sie. Ich sehe unsere Beziehung auch nicht als zeitlich begrenzt an. Aber im Augenblick ist meine Beziehung sowohl zu ihr als auch zu den anderen Kindern vergiftet durch mein »Warum ausgerechnet ich?« (ein Gefühl, das ich nur sehr schlecht verbergen kann). Ich weiß, daß ich für sie verantwortlich bin und diese Verantwortung nicht loswerde (es auch letztlich gar nicht möchte); aber sie scheint täglich schwerer zu werden, ohne daß ein Ende abzusehen wäre. Sisyphos und ich könnten gemeinsam ein Klagelied singen!

Am Montag schrieb Annie, teilweise auf der Possum: »Ich wußte nicht, daß Lieben so schwierig sein kann. Sage Chris, daß ich auch ihn liebe.« Soviel ich weiß, war dies ihre erste verbindliche Gefühlsäußerung.

Stephen hatte Glück. Auf Station drei gab es Personalprobleme, und bald darauf wurde angeordnet, daß ich ihn füttern sollte. Das brachte Annie neuen Kummer, denn mit den gemütlichen Mahlzeiten war es nun vorbei. Ich mußte sie so schnell wie möglich abfüttern, um dann auf Station drei zu hasten. Auch die Possum trug zum Streß bei. Wir litten alle unter Frustrationen und enttäuschten Hoffnungen. Wenigstens hatte ich inzwischen erreicht, daß ich wieder abends arbeiten durfte. Das war eine gewisse Erleichterung.

Ostern 1978 lag früh und bot uns eine ausgezeichnete Möglichkeit, endlich wieder miteinander ins reine zu kommen. Annie durfte picknicken gehen und genoß die ersten Erdnußbutterbrote ihres Lebens. Vor allem aber erlebte sie zum erstenmal, ganz allein zu sein. Am Samstagmorgen war Chris zum Markt gegangen. Ich machte mich gerade fertig, um Vorräte für die Feiertage einzukaufen, da begann es zu regnen. Ich hatte keine Regenkleidung für Annie und mußte sie zu Hause lassen. Ich war sehr unsicher, ob das ginge, aber sonst hätten wir über Ostern zu wenig zu essen gehabt, und darunter würde Annie genauso leiden wie wir. Sie sagte, es würde ihr nichts ausmachen. Ich packte sie auf eine Decke im Wohnzimmer auf den Fußboden, das Radio daneben, und ließ den Hund draußen. Sie konnte sich nirgends verletzen, und bis auf Feuer oder Wasserrohrbruch gab es keine Gefahr. Für jemanden, der so hilflos ist, ist es natürlich nicht angenehm, längere Zeit alleingelassen zu werden. Aber wahrscheinlich wäre es für alle Behinderten gut, mit »begrenztem« Verlassensein umgehen zu lernen, denn es kann immer mal passieren.

Nach dem Mittagessen bat Annie uns, sie in die Kirche zu bringen, und wir sorgten auch dafür, daß sie an einer anglikanischen Mitternachtsmesse teilnehmen konnte. Am Sonntag aßen wir Unmengen von Schokolade-Ostereiern und gingen dann zum Schauplatz unseres letztjährigen Debakels, dem Freien Theater, um uns eine neu inszenierte Show aus den fünfziger Jahren anzusehen. Das Ambiente war diesmal ganz anders, wir hatten keinerlei Probleme, und Annie schien nicht im geringsten durch Erinnerungen an vergangene Erlebnisse belastet zu sein. Sie kam überhaupt nicht aus dem Lachen heraus, und so ging es auch allen anderen. Mitten in der Nacht wachte sie weinend auf. Ich gab ihr etwas zu trinken, aber ich glaube, sie wollte nur Zuwendung. Sie war wohl traurig, daß die Ferien zu Ende gingen.

Anfang April starb der Junge in Stephens Nachbarbett und sechs Tage später ein Mädchen auf Stephens Station. Ihr Tod war besonders schrecklich. Sie quälte sich wochenlang, und Kinder und Mitarbeiter sahen sie die ganze Zeit neben dem Eingang liegen. Jeder, der fernsehen wollte, mußte ihr beim Sterben zuschauen. Tag für Tag fütterte ich Stephen nur wenige Meter von ihrem Sauerstoffzelt entfernt und sprang alle paar Minuten auf, wenn ihr Atem aussetzte, um nachzusehen, ob sie noch am Leben war. Sie konnte nicht schlucken, und da St. Nicholas nicht auf intravenöse Ernährung eingerichtet war, trocknete sie aus. Trotzdem erwartete man täglich

Stuhlgang von ihr, und wenn sie keinen lieferte, wurden die üblichen Mittel angewandt. Zuerst bekam sie eine Tablette, dann folgten Zäpfchen. Als ein Einlauf angeordnet wurde, weigerten sich die Mitarbeiter der Station. Man drohte ihnen mit Entlassung, und die Stationsschwester verabreichte den Einlauf.

Bei den Schwestern von St. Nicholas herrscht der Aberglaube, daß immer drei Todesfälle zusammenkommen, und sowie zwei Kinder nacheinander sterben, wird spekuliert, welches wohl das dritte sein wird. Daher hätte es mich nicht überraschen sollen, als Stephen buchstabierte: »Verdammt, jetzt sterbe ich.« Er hatte das Gerede der Schwestern gehört. Er war sich der Ironie bewußt: Noch vor einem Monat hatte er darum gebeten, getötet zu werden, und jetzt beklagte er sich, daß er sterben sollte. Aber jetzt gab es Hoffnung für ihn. Ich hatte ihm gesagt, daß Chris und ich ihn am Wochenende zu uns holen würden, sowie die Formalitäten erledigt wären.

Mitte April jährte sich Annies erster Besuch in unserem Haus, und alle, die sie damals kennengelernt hatten, ließen es sich angelegen sein hereinzuschauen. Am Samstag hörten wir eine Sendung im Radio, die uns mit einem Thema konfrontierte, über das wir noch nie gesprochen hatten: die Kosten im Gesundheitswesen. Wieviel Geld ist uns ein Leben wert? Gibt es eine Grenze, über die wir für die Erhaltung eines Lebens finanziell nicht hinausgehen sollten? Wenn ja, wo liegt sie? Annie buchstabierte: »Sollte ich besser sterben, weil ich so teuer bin?« Ich erwiderte, daß die Kosten für ihr Leben Sache der Kommune seien, keine Angelegenheit des Gesundheitswesens. Die Kosten für ihren Lebensunterhalt, zur damaligen Zeit in St. Nicholas etwa 10000 Dollar im Jahr, waren nicht höher als die für andere Kinder. Sally und Jodie von nebenan zum Beispiel nahmen ihre Mutter vom Arbeitsmarkt, verbrauchten ein Gutteil des väterlichen Einkommens und benutzten Bildungseinrichtungen, zu denen Annie keinen Zugang hatte. Ich war mir nicht sicher, ob Annie das hören wollte. Vielleicht wollte sie, daß wir darüber nachdachten, was es hieß, dagegen zu sein, Leben unter allen Umständen zu erhalten.

Am Sonntag gab es wieder Schwierigkeiten. Annies Kommunikation richtete sich normalerweise nach ihren eigenen Wünschen: Wenn sie etwas buchstabieren wollte, hüpfte sie auf und ab, ich ließ es mir mit ihrer Ja-Nein-Antwort bestätigen, holte die Tafel, und sie schrieb, was sie sagen wollte.

Als Aileen, John, Damien und Bill mit Spielkarten und Keksen zum Nachmittagstee erschienen, fragte ich Annie, ob sie etwas sagen wolle. Sie hatte das wohl als Aufforderung verstanden. Bill sagte immer wieder: »Was wird sie buchstabieren? Wird sie schreiben ›ich habe Besuch‹?«, und beide Jungs versuchten Buchstaben und Wörter zu erraten, was sehr irritierend war. Als sie bis »Ich habe« gekommen war, gab Annie auf.

Als die Kinder gegangen waren, machten wir noch einen Versuch und erweiterten den Satz bis zu »Ich habe jedes Jahr«, als Annie wieder blockierte. Es wird alles sehr schwierig, wenn Annie erst mal ins Stocken gerät: Nicht nur, daß ihre Armbewegungen ungeschickt werden, auch ihre Ja-Nein-Antworten brechen zusammen, und man kann überhaupt nicht weiterarbeiten. Wenn sie müde ist, wird es noch schlimmer, und es passiert auch leicht, wenn sie eigentlich nichts Bestimmtes sagen will und das Gefühl hat, daß sie nur etwas »vorführt«. Ebenso, wenn ich müde oder schlechter Laune bin, dann bin ich ohnehin ungeduldiger. Diesmal war ich sehr ärgerlich, daß das Wochenende ihrer Jahresfeier so zu Ende ging, und zeigte das auch. Als wir uns beide erholt hatten, fragte ich sie, ob sie versuchen wolle, den Satz zu beenden. Sie war wohl sehr erleichtert über dieses Versöhnungsangebot und buchstabierte schnell: »... so eine schöne Zeit, daß ich es kaum bis nächstes Jahr abwarten kann.«

St. Nicholas sorgte mal wieder für Schlagzeilen: Die Feuerwehr hatte festgestellt, daß die Schutzvorrichtungen unzureichend waren, und die Lehrer hatten sich wegen des totalen Mangels an geeigneten Unterrichtshilfen an die Presse gewandt. Die *Health Commission* reagierte so ungeschickt wie nur möglich: Sie gab bekannt, daß St. Nicholas mit einer wahnsinnig teuren Feuerlöschanlage ausgestattet werden solle – das Geld wäre besser für eine anderweitige Unterbringung der Kinder ausgegeben worden –, und die Kinder wurden in irgendwelche anderen staatlichen Institutionen gebracht, die gerade unterbelegt waren. Das führte zu tragischen

Fehlplazierungen. Zwei taubblinde Kinder aus St. Nicholas kamen in eine Einrichtung auf dem Lande, wo es keine anderen Kinder mit dieser Störung gab, keine Programme für Taubblinde und kein Personal, das damit Erfahrung hatte. St. Nicholas war auch nicht gut für sie ausgerüstet, aber wir hatten wenigstens fachliche Unterstützung bei der Ausarbeitung ihrer Unterrichtsprogramme.

Stundenlang erklärte ich Reportern, warum der »Totalausverkauf der Kinder« nicht sinnvoll sei, und setzte alles daran sicherzustellen, daß kein Kind meiner Gruppe auf die Umsiedlungsliste geriet. Man sagte mir, sie würden nicht auseinandergerissen, und ich verließ mich darauf, bis ich Anfang Mai dazukam, wie eine Schwester für Noelene den Koffer packte. Die Oberschwester sagte, sie solle am nächsten Tag verlegt werden. Nach hektischen vierundzwanzig Stunden wurde ihr Name von der Liste gestrichen, und wir konnten uns alle wieder beruhigen. Noelene buchstabierte: »Ich bin froh, daß ich nicht weg muß.«

Ich erzählte den Kindern von den Erfahrungen anderer behinderter Menschen. Wir sprachen über Helen Keller, über Blindenschrift und über ein taubblindes Mädchen in Melbourne. Kaye Gooch, heute eine von Annies besten Freundinnen, besuchte uns. Sie ist Spastikerin und blind, taub und sprachunfähig. Sie gab Annie gewaltigen Auftrieb: Trotz dreier Behinderungen, von denen jede einzelne sie zum Bezug einer Invalidenrente berechtigen würde, arbeitet sie ganz normal im Finanzamt.

Zum erstenmal sah ich den Videofilm der staatlichen Hochschule und fand ihn sehr ermutigend. Er mußte auch die hartgesottensten Skeptiker überzeugen. Ende des Jahres hatten mehrere hundert Studenten das Band gesehen, und mir kamen keinerlei Zweifel an Annies Kommunikationsfähigkeit zu Ohren. Einige Studenten hatten mich darauf erkannt und erzählten mir zu meiner Überraschung, daß dieser Film für sie der eindrucksvollste und wichtigste Teil des ganzen Seminars gewesen sei.

An einem Montag Anfang Juli geriet die Welt aus den Fugen. Ich holte Stephen von Station drei, und wir gingen hinüber zu Station zwei, wo die anderen wie immer auf der Veranda saßen und die »Sesamstraße« sahen. Dennis hing tot in seinem Sitz. Ich versuchte es mit Mund-zu-Mund-Beatmung und Herzmassage, doch nichts half. Ich war wie in einem Alptraum befangen. So etwas passiert doch nicht in der Wirklichkeit, dachte ich, und: Gleich werde ich aufwachen, und er ist gesund und munter. Doch dies war die Wirklichkeit: Dennis war auf schreckliche Weise gestorben, und die anderen Kinder hatten meinen vergeblichen Rettungsversuchen zusehen müssen.

Als der Direktor kam und feststand, daß Dennis nicht wieder aufwachen würde, fing ich an zu weinen. Später wurde mir das als unprofessionelles Verhalten vorgeworfen: Man hat nicht zu weinen, wenn ein Kind stirbt. Dennis hatte dreizehn Jahre in St. Nicholas gelebt – wenn ich nicht um ihn weinte, wer sonst? Aber ich weinte nicht lange. Ich mußte mich zusammenreißen und zu den anderen Kindern gehen und ihnen sagen, daß Dennis tot war. Annie weinte leise, ebenso Noelene – sie war Dennis' beste Freundin gewesen. Lesley weinte, aber sie weinte damals viel. Die anderen waren traurig und bedrückt. Die Schwestern nahmen das als Zeichen für Verstopfung und wollten ringsum Zäpfchen verabreichen. Wenigstens das konnte ich verhindern.

Sharon wurde in den leeren Stuhl gesteckt, der buchstäblich noch warm war. Ich nahm sie heraus und brachte ihn nach oben in die Physiotherapieabteilung, wo keiner seine Geschichte kannte. Ich räumte Dennis' Gitterbett weg und schenkte sein Spielzeug einem Kind auf einer anderen Station.

Dennis war mein Liebling gewesen, fast mehr als Annie. Er war entsetzlich behindert, sogar verglichen mit den Kindern dieser Gruppe. Er konnte weder ausgestreckt noch auf dem Rücken liegen, weil seine Muskelspannung so stark war, daß sein Kopf dann nach hinten schlug. Vermutlich hat ihn das auch sein Leben gekostet. Wochen zuvor war er einmal blau angelaufen, und als ich ihn später danach fragte, sagte er, er sei falsch gelagert gewesen. Einmal war er mir fast erstickt, und ich hatte den Schwestern gezeigt, wie man ihn richtig lagerte. An dem Tag, als Dennis starb, hatten neue Schwestern auf der Station angefangen.

Ich liebte Dennis, weil er so mutig war und einen wunderbaren Sinn für Humor besaß. Er hatte mit der Alphabettafel mehr Schwierigkeiten als alle anderen, aber er blieb bei der Stange. Manchmal konnte man seine gesprochenen Worte verstehen. Als ich ihn einmal die Lösung einer Rechenaufgabe an der Tafel zeigen lassen wollte, hatte er gerade Geräusche von sich gegeben. Da rief eine freiwillige Helferin vom anderen Ende des Raumes: »Ist die Antwort 5? Das hat er gerade gesagt.« Es war die Antwort.

Da sein Kopf so weit nach hinten schlug, war er sehr schwierig zu füttern, und aus irgendeinem Grund fanden die Schwestern es einfacher, wenn man die Hauptmahlzeit mit dem Pudding mischte. Dieser Brauch war im Hospital weit verbreitet, aber Dennis haßte ihn und beklagte sich immer heftiger: »An die Schwestern. Laß meine von der Mischung kosten.« Er wartete begierig auf ein unabhängiges Kommunikationsmittel, und als die Zusage für die Possum kam, buchstabierte er mit gequältem Lächeln: »Ich hasse unnötiges Theater. Ich möchte die Possum als erster.« Einer seiner letzten Sätze war: »Ist unser Haus möglich? Wer zahlt?« Als ich meinen Antrag an die Schulkommission stellte, hatten wir darüber gesprochen, ob nicht alle Kinder der Gruppe zusammen in ein Rehabilitationszentrum außerhalb von St. Nicholas ziehen könnten. Nun war es Dennis, der zahlte.

Am Nachmittag des Tages, an dem Dennis starb, kam der beratende Kinderarzt vorbei, um die Intelligenz einiger Kinder zu messen. Er brauchte für fünf Kinder, darunter Annie, genau eine Dreiviertelstunde. Alle lagen während der Untersuchung flach auf dem Rücken, und ich wurde nicht um Hilfe gebeten. Er interessierte sich nicht für ihre Ja-Nein-Antworten, weil er, wie er sagte, »unvoreingenommen« bleiben wollte.

Einige Tage später kamen Annie und Stephen zu uns nach Hause, und Annie buchstabierte: »Dennis hat ›Hilfe‹ geschrien, aber ich habe nicht darauf reagiert.«

»Warum?« fragte ich.

»Er... es wurde sofort still«, erwiderte sie.

»War dir klar, was geschah?« fragte ich.

»Nein. Ich dachte, er wäre okay, niemand anders hat es gehört.«

»Bist du sicher?«

»Ja.«

Angela, das Gruppenbaby, hatte das letzte Wort: »Ist unser Haus möglich?«

»Ja«, antwortete ich.

»Schade, daß Dennis das nicht miterlebt.«

Zwei Wochen nach Dennis' Tod fand ich Stephen eines Morgens im Sauerstoffzelt. Sein Atem war während des Frühstücks unregelmäßig geworden, und die Schwestern hatten ihn schnellstens in das Zelt gesteckt. Er war nur teilweise bei Bewußtsein, als ich ihn sah, aber er bekam gerade wieder etwas Farbe. Später kamen die Ärzte, diagnostizierten Bronchitis und gaben ihm Penicillin. Am Nachmittag lebte er auf, und ich konnte ihm etwas zu trinken geben. Es muß schrecklich sein, in St. Nicholas krank zu sein: Man wird wie ein lebloses Objekt behandelt, hat kein Recht, etwas zu erfahren und auch kein Recht auf Gefühle – niemand fragt: »Hast du Durst? Hast du Kopfschmerzen?« Es war sicher furchtbar für Stephen, wortlos ins Sauerstoffzelt gepackt zu werden. Niemand erklärte ihm, daß das nicht sein Todesurteil sein mußte. Und natürlich wurden seine Überlebenschancen ständig in seiner Gegenwart besprochen, denn er verstand ja sowieso kein Wort.

Ich brachte Annie nach oben und erzählte ihr davon. Den anderen Kindern sagte ich nichts.

Am nächsten Morgen fand ich Leonie fassungslos. Sie buchstabierte: »Annie hat gesagt, Steve ist im Sauerstoffzelt.« Ich fragte sie, ob Annie auch gesagt habe, was er hätte. Leonie buchstabierte: »Lungenzündun« – Lungenentzündung. Ich war verblüfft. Das hieß, daß die Kinder untereinander kommunizieren konnten. Ich hatte mir darüber schon Gedanken gemacht, denn sie gaben viele Laute von sich, aber ich hätte es nie ernsthaft geglaubt. Stephen war inzwischen aus dem Zelt heraus und wieder voll bei Bewußtsein, und ich konnte Leonie beruhigen. Dann ging ich zu Annie und machte ihr scherzhaft Vorhaltungen: Sie könne doch Vertrauliches nicht einfach weitergeben. Sie lachte, und einige andere Kinder, die uns zugehört hatten, warfen sich wissende Blicke zu. Ich fragte die Kinder, wer wen verstehen könnte. Philip behauptete, daß er niemanden verstünde und niemand ihn – was schlicht geschwindelt war. Leonie sagte, sie verstünde Angela nicht. Am nächsten Tag brachte ich Annie zu Stephen. Ich mußte meine Glaubwürdigkeit wieder herstellen, nachdem ich den Kindern nicht von seiner Krankheit erzählt hatte, und fand es am einfachsten, wenn Annie mit eigenen Augen sah, daß es ihm wieder besser ging.

Ich verfolgte die Sache mit ihrer Sprache nicht sofort – das mußte ich erst verarbeiten. Aber eine Woche später wurde es bestätigt. Annie klagte, ganz im Vertrauen, über den Mangel an sexuellen Beziehungen in St. Nicholas. Am nächsten Tag buchstabierte Philip boshaft: »Ich konnte Annie bei ihren Problemen helfen«. Die Kinder sprachen jetzt viel mehr miteinander; kaum verließ ich den Raum, da begann schon ein Schwatzen und Lachen, wie ich es noch nie von ihnen gehört hatte. Nachdem das Geheimnis ihrer Sprache gelüftet war, brauchten sie sich nicht mehr in acht zu nehmen. Aus der Ferne klang es wie das normale Geschnatter von Teenagern. Leonie »sagte« etwas, und Lesley wollte sich kaputtlachen.

Während ich Annie zu Mittag fütterte, dachte ich über die Konsequenzen nach – sie reichten weit. Dann sprach ich mit Sharon. Ich hatte mir schon immer Gedanken über ihre Unaufmerksamkeit im Unterricht gemacht, und jetzt fragte ich sie, warum sie so oft zur falschen Zeit lachte. Brachten die anderen sie absichtlich zum Lachen? Sie bejahte. Das kannte ich auch aus meiner Schulzeit.

Mark sagte, daß er neun Kinder verstehen könne, sieben davon seien in der Gruppe. Stephen, Shirley, Philip und Angela könnten nicht sprechen.

»Welche der neun Kinder sind nicht in der Gruppe?« fragte ich.

»JB und SK«, erwiderte er.

»Wie intelligent sind sie deiner Ansicht nach?«

»Wenn es ein Intelligenzbeweis ist zu merken, daß St. Nicholas schrecklich ist, dann sind sie intelligent.«

Annie war am folgenden Wochenende ungewöhnlich still. Sie wollte nichts tun, nirgendwo hingehen und auch nichts essen. Als sie wieder in St. Nicholas war, verlangte sie die Alphabettafel und buchstabierte sehr schnell nacheinander: »Ich ärgere mich fürchterlich, daß wir unsere Sprache so lange geheimhielten. Wir hatten Angst, daß ihr uns nicht glaubt.« Das mag der Grund gewesen sein.

Ich glaube aber, sie wollten auch mir gegenüber etwas in der Hinterhand behalten, für alle Fälle. Es beweist Annies Vorrangstellung bei den anderen, daß sie sie dazu brachte, es so lange vor mir geheimzuhalten. Und es erklärt vielleicht auch, warum die Mathematikhausaufgaben der anderen Kinder durchweg fehlerfrei waren.

Stephen und Annie kamen weiter gemeinsam nach Hause. Da sie immer noch ungern mit ihm sprach, wenn wir dabei waren, wollten wir ihre Unterhaltungen mit Stephen mit dem Kassettenrecorder aufnehmen, um sie zu analysieren. Wir stellten das Gerät heimlich auf, doch Annie war ungewöhnlich ruhig. Nur um halb zehn morgens, als ich noch im Bett war, machte sie ein paar Töne. Ich hörte das Band später ab, und es schien weiter nichts zu enthalten als Annies Rufe: »Steh auf! Steh auf!« Am Abend buchstabierte Annie: »Ich bezweifle, daß es dir hilft, mich besser zu verstehen, wenn du mit Chris die Bänder abhörst.« Es ist hoffnungslos, etwas vor Annie zu verheimlichen. Sie hört einfach zu gut. Ich fragte, ob sie etwas sagen oder vorschlagen wolle. Sie schrieb: »Spiel sie ab, dann sage ich dir, was ich gesprochen habe.« Ich spielte ihr die Kassette vor und sagte ihr, daß ich ein paar Wörter heraushören könne. Sie hatte tatsächlich »Steh auf!« gesagt.

Es hatte schon Eifersüchteleien zwischen den Kindern gegeben, aber erst bei einer Weihnachtsfeier mit Jean Melzer wurden sie richtig sichtbar. Jean wurde jedem Kind vorgestellt und verteilte Geschenke. Annie bekam einen Gedichtband und dazu als besondere Aufmerksamkeit eine Puppe mit McDonald-Schottenhosen, die Jean in Schottland gefunden hatte. Mark buchstabierte im Namen der Gruppe: »Danke«. Annie, die schon die ganze Zeit äußerst gereizt gewesen war, explodierte. Sie wollte Jean als Freundin für sich alleine haben. Ich fragte sie, ob sie etwas sagen wolle. Sie buchstabierte: »Vielen Dank. Glückliches Silvester!« Mark fühlte sich gekränkt und brach in Tränen aus, und da fing auch Annie an zu weinen.

Manchmal fühlte ich mich wie die alte Frau, die in einem Schuh leben mußte. Annie hing verzweifelt zwischen allen Stühlen: Einige ihrer Freunde zogen aus Melbourne fort oder verstritten sich, und die übrigen mußte sie mit der Gruppe oder mit Stephen teilen. Ich konnte mir ausmalen, was sie fühlte: Lieben sie mich, weil ich *ich* bin, oder sind sie so nett zu mir wie zu allen behinderten Kindern, weil wir eben behindert sind? Das Traurige daran war, daß ausgerechnet die Leute, um die sie sich die meisten Sorgen machte, sie zärtlich liebten und rückwärts Purzelbäume schießen mußten, um in der Gruppe einigermaßen gerecht zu erscheinen. Aber das konnte sie nicht wissen, und es war nicht die Art Problem, die sich durch Reden lösen ließ. Sie mußte selbst herausfinden, daß sie es sich leisten konnte, Menschen zu teilen, daß sie nicht im Stich gelassen wurde, wenn auch andere Zuwendung bekamen, und daß man nicht ununterbrochen ungeteilte Aufmerksamkeit braucht, um sich der Liebe anderer sicher zu sein.

ANNIE: Wir Kinder sprachen eine Mischung aus Jugoslawisch und Englisch, die wir später Yuggisch nannten. Unsere Kommunikation war sehr langsam, weil wir vieles oft wiederholen mußten. Feinere Nuancen waren unmöglich. Wir mußten einander sehen, um uns zu verstehen, denn man konnte viel aus dem Gesichtsausdruck des anderen ablesen. Wir alle benutzten unsere Mimik, um Bedeutungen klarer zu machen.

Kinder, die aufgenommen wurden, bevor sie sprechen lernten, hörten Englisch nur von Menschen, die es selbst kaum sprechen konnten, denn die meisten Schwestern waren nicht aus Australien. Als wir nach St. Nicholas kamen, konnten wir in der fremden neuen Welt zunächst keinen einzigen Erwachsenen verstehen, bis wir Jugoslawisch lernten. So wurde Sprache ein Geheimnis, das uns von ihnen trennte. Eine Zeitlang verstand kein Kind einen Erwachsenen, und kein Erwachsener verstand ein Kind. Die Kinder lernten, die Erwachsenen nicht. Mein Sprechen wurde von einigen Kindern verstanden, aber nie von Erwachsenen. Wir konnten alle verstehen, aber niemand verstand uns.

Da die Erwachsenen uns nicht verstehen konnten, brachten sie uns zum Schweigen, wenn wir zu sprechen versuchten. Manchmal wurde ich geschlagen, weil ich mit anderen Kindern redete und die Schwestern dachten, daß ich grundlos schreie. Da immer Schwestern um uns herum waren, konnten wir selten miteinander sprechen. Reden wurde noch schwieriger, wenn die Schwestern uns aufregten, weil wir uns dann noch mehr verspannten, und Spannung ist ja das größte Problem bei Zerebralparese. Manche Kinder hörten ganz auf zu reden. Bevor Rosemary Crossley kam, wußten wir nicht, daß auch Nicht-Behinderte sich mit uns unterhalten können. Langsam begannen sich steife Arme zu regen, um die Zungen zu unterstützen. Das machte die Stimmen weniger wichtig und bedeutete für sprachunfähige Kinder, daß sie trotzdem kommunizieren konnten. Unsere Methode bestand darin, Fragen durch Handzeichen zu beantworten. Wir fragten ein Kind, ob es etwas sagen wolle, und wenn es Ja-Zeichen gab, stellten wir Fragen, bis wir wußten, worum es ging. Dann fragten wir so lange weiter, bis wir das Richtige geraten hatten. Wir hatten nur für oberflächliche Fragen Zeit, da ich Ewigkeiten brauchte, um Fragen zu stellen. Ich sprach so langsam und mußte mich so oft wiederholen, bis ich verstanden wurde. Diese Art Interview endete mit dem Zubettgehen, denn wegen der Wandschirme konnten wir uns nicht mehr durch Gesten verständigen.

Ich versuchte auch, den anderen etwas beizubringen. Als Rosie mich das Buchstabieren lehrte, versuchte ich es weiterzugeben.

Ich erzählte Rosie nichts von unserer Sprache, weil ich dachte, sie würde es nicht glauben. Für normale Menschen ist es selbstverständlich, daß jemand, den sie selbst nicht verstehen, auch von niemand anderem verstanden werden kann. Außerdem kenne ich niemanden, der die Sprache Behinderter so schlecht versteht wie Rosie.

16. Mit gemäßigtem Optimismus

Ich machte mir Sorgen, was meine Arbeit mit den Kindern für die Eltern bedeuten könnte. Niemand in St. Nicholas ermutigte die Eltern, an den Fortschritten ihrer Kinder Anteil zu nehmen. Hatten sie sie einmal im Hospital abgegeben, dann sollten sie sich keine Gedanken mehr um sie machen, sondern die ganze Geschichte vergessen. Das Hospital wollte nicht von besorgten Eltern belästigt werden.

Manche Eltern ließen sich entmutigen und besuchten ihre Kinder nicht mehr; andere, wie Annies Eltern, kamen noch ein paarmal im Jahr; wieder andere unterhielten engen Kontakt und kamen jede Woche.

Es würde sicher viel Fingerspitzengefühl erfordern, Annies Eltern dabei zu helfen, ihre Entwicklung zu akzeptieren. Gleich zu Anfang meiner Arbeit hatte mich der Direktor angewiesen, Annies Eltern nichts davon zu erzählen. Später schrieb er in einem Bericht:

> Miss Crossley und ich diskutierten mehrfach darüber, ob es sinnvoll sei, Annies Eltern über ihre Fortschritte zu unterrichten. Ich gab zu verstehen, daß dies aus meiner Sicht nicht gerechtfertigt erschien, da es nicht erwiesen war, daß das Kind genügend Kommunikationsfähigkeiten erworben hatte. Ich wollte bei den Eltern keine falschen Hoffnungen erwecken... Ich ordnete an, daß Miss Crossley Mr. und Mrs. McDonald nicht über Annies Fortschritte informieren dürfe.

Die Kluft zwischen meinem Wissen über Annie und dem ihrer Eltern verbreiterte sich ständig. Ich nahm an, daß Mrs. McDonald mir vertraute und sich von mir betrogen fühlen würde, wenn sie die Wahrheit über Annie durch Dritte erfuhr, doch ich wußte auch, daß ich meine Stelle verlieren würde, wenn ich sie informierte. Womöglich kam sie auch durch Zufall dahinter. Eines Tages fand ich eine neue Puppe an Annies Bett hängen. Ihre Mutter war dagewesen und hatte sie auf ein Fest mitgenommen. Was sie sich wohl bei den Mathematikaufgaben gedacht hatte, die ich Annie an die Gitterstäbe ihres Bettes geheftet hatte? Als ich Annie fragte, buchstabierte sie: »Hinterließ die Puppe für dich«. Ihre Mutter hatte die Puppe im Büro der Schwestern abgegeben und die Schulaufgaben am Bett nicht gesehen. Das war noch einmal gutgegangen, aber es sollte nicht mehr lange dauern, bis Annies Eltern merkten, was los war.

Als ich Mrs. McDonald 1977 wegen ihrer Erlaubnis für die Reise nach Canberra angerufen hatte, hatte ich ihr vorgeschlagen, das Hospital um einen Entwicklungsbericht zu bitten. Sie kam auch nach Melbourne und sprach mit einem der Ärzte von St. Nicholas, doch sie erfuhr fast nichts. Man sagte ihr nur, daß ich etwas behauptete, was von anderen Leuten bezweifelt würde. Was das war, was Annie und ich taten, und ob sie es sich selbst einmal ansehen wolle – davon war nicht die Rede.

Die Sache hatte zwei Seiten. Ich machte mir Sorgen über die Beziehung der Kinder zu ihren Eltern. Was soll man machen, wenn einem verboten wird, eine Mutter mit ihrer Tochter kommunizieren zu lassen? Lesley buchstabierte: »Ich möchte mit Mama sprechen.« Sie war fürchterlich enttäuscht, daß sie das nicht durfte. Ihre Mutter, die sie fast jede Woche besuchte und ein enges Verhältnis zu ihr hatte, spürte das und fragte mich immer wieder, ob ich wisse, was Lesley bedrückte. Ich wich ihren Fragen aus und fühlte mich einfach schrecklich.

Ende 1978, etwa eineinhalb Jahre, nachdem ich mit Annie zu arbeiten begonnen hatte, fand ich endlich Gelegenheit, ihre Eltern darauf anzusprechen. Wir wollten Annie wieder mit nach Canberra nehmen, und ich rief Mrs. McDonald an, um sie um Erlaubnis zu fragen. Über Annies Fähigkeiten durfte ich noch immer nicht sprechen, aber ich fragte ihre Mutter, ob sie den Videofilm über Annie schon gesehen habe. Sie hörte zum erstenmal davon. Sie fragte mich, ob von Annies Rente Dinge für sie angeschafft würden, und ich erzählte ihr von dem Seitenwender. Da wurde sie neugierig, aber als sie mich drängte, ihr mehr zu sagen, erwiderte ich, daß ich über

Annies Fähigkeiten und unsere gemeinsame Arbeit nicht sprechen dürfe. Sie solle doch den Direktor um einen Bericht bitten.

Einen Monat später kam sie nach Melbourne. Was dann folgte, war ein klassisches Beispiel für die Macht der Gewohnheit. Man sagte mir, Mrs. McDonald sei im Hospital und der Direktor habe angeregt, ihr Annies Arbeit zu zeigen. Ich nahm Annie mit nach oben, wo Mrs. McDonald zusammen mit Annies elfjähriger Schwester Roslyn und einer Pflegerin wartete. Im Spielraum ging Mrs. McDonald gleich auf den Seitenwender zu, aber ich lotste sie schnell davon weg, denn der Anblick des komplizierten mathematischen Textes, den Annie gerade las, wäre sicher ein Schock für sie gewesen. Ich begann, die magnetischen Buchstaben an die Tafel zu stecken. »Das ist ja nicht zu fassen«, sagte Mrs. McDonald. Annie war ganz entspannt. Ich hatte ihr nahegelegt, sich mit ihren Äußerungen zurückzuhalten, solange sie nichts Besonderes mitzuteilen hätte. Sie buchstabierte: »Sag Papa, daß man durchs Fernsehen manches besser als aus Büchern lernen kann.« Mrs. McDonald und Roslyn lachten. Offenbar gab es in der Familie häufig Auseinandersetzungen übers Fernsehen, und Annies Vater beharrte auf seiner Meinung, daß es die Moral und die Bildung der Jugend verdürbe. Ich nahm es mit dem Zeigen sehr genau, und wir brauchten etwa eine halbe Stunde, um den Satz zu buchstabieren. Dann sprach Mrs. McDonald die Buchstaben zuerst aus. Sie fragte mich, wie lange Annie schon mit der Tafel gearbeitet hätte, bevor der Videofilm aufgenommen wurde, und wie ich Annie das Buchstabieren beigebracht hätte. Ich erzählte ihr die ganze Geschichte rasch, aber detailliert.

Man habe ihr und ihrem Mann nach Annies Geburt gesagt, daß sie nie etwas würde lernen können, sagte Mrs. McDonald, und das sei wieder und wieder von Experten bestätigt worden.

Wir gingen zurück zur Station und setzten unsere Unterhaltung fort, während ich Annie zu Mittag fütterte. Ich fragte vorsichtig nach, ob Annie als Kleinkind Physiotherapie gehabt habe. Sie hätten versucht, sie mit Gipsstützen zum Stehen zu bringen, sagte Mrs. McDonald, aber Annie sei dabei hysterisch geworden, und so hätten sie den Versuch aufgegeben.

Für die Weihnachtsfeier am Samstag kündigte Mrs. McDonald

den Besuch der Familie an, um Annie ihre Gaben zu bringen. Ich war sehr gespannt auf diese Geschenke – ob sie angesichts dessen, was ich ihnen heute gezeigt hatte, nicht vielleicht lieber andere besorgten?

Ich dachte, nun wären wir über den Berg. Ich hatte das Gefühl, die Enthüllung sei sanft vonstattengegangen: Mrs. McDonald würde nun wohl erst einmal alles in Ruhe verdauen und dann eine neue Beziehung zu Annie aufbauen. Doch ich täuschte mich. Ich hatte unterschätzt, wie tief das falsche Bild von Annie in ihren Eltern verankert war. Und ich hatte gewaltig überschätzt, was das eigene Erleben im Vergleich zu den Behauptungen eines Arztes wiegt. Hätte in St. Nicholas Einigkeit über Annie geherrscht, wäre uns vielleicht ein glatter Übergang gelungen. So aber zeigte Mrs. McDonald nie wieder Interesse, Annie buchstabieren zu sehen.

Mitte 1978 trat Dr. Barlow als Leiter der Abteilung für geistig Behinderte zurück. Er feierte seinen Abschied mit einem Artikel im »Australian Medical Journal«, in dem er sich darüber verbreitete, wie wichtig es sei, große Institutionen zugunsten familienähnlicher Unterbringung aufzulösen. DEAL setzte sich so schnell wie möglich mit seiner Nachfolgerin Dr. Rosemary West in Verbindung. Die ersten Eindrücke waren vielversprechend. Sie kam, sah Annie beim Buchstabieren zu und brachte sogar den Direktor mit. Und obwohl Annie als Antwort auf die Frage nach dem Wochentag nur »Donn« statt Donnerstag buchstabierte, war das doch mehr, als sie in Anwesenheit von Autoritäten je zustande gebracht hatte. Dr. West sah sich auch die Videoaufnahmen der Pädagogischen Hochschule an und schien sehr überzeugt. DEAL suchte weiterhin nach einem Haus, in dem die Kinder gemeinsam leben könnten. Wir besichtigten Swinburne House, ein Wohnheim für Kinder, die nicht zu Hause leben konnten, und im September schrieb Dr. West einen Brief, in dem zu lesen war:

> Es besteht Interesse, Swinburne House für mehrfach körperbehinderte Kinder einzurichten, die intellektuelle Fähigkeiten zeigen, aber sehr intensive Förderungsprogramme benötigen, damit ihre Entwicklungsfortschritte bewertet werden können.

Noch nie hatte sich eine Autorität schriftlich so positiv über die Kinder geäußert. Doch leider war dies auch schon das Ende des Projekts.

Dr. West hatte vielversprechend angefangen, aber die Unbeweglichkeit der Bürokratie machte kurzen Prozeß mit ihren guten Absichten. Anfang Dezember gab es ein Treffen zwischen DEAL und Frau Dr. West; Thema waren die frühen Zubettgehzeiten der Kinder. Hinterher schrieb sie an DEAL:

> Ich habe das Problem mit der zuständigen Person erörtert. Es gibt gewichtige Gründe in bezug auf die Reinigung der Stationen und der Vorbereitungen für den nächsten Tag... Die Notwendigkeit, die Kinder so früh zu Bett zu bringen, damit all diese Hausarbeiten durchgeführt werden können, ist einsichtig. Mir wurde versichert, daß die Angelegenheit überprüft wird. Ich muß jedoch darauf hinweisen, daß dieses Problem in großen Institutionen immer besteht, und St. Nicholas ist in dieser Hinsicht sicherlich keine Ausnahme... Ich wäre Ihnen dankbar, wenn wir die Sache zunächst auf sich beruhen lassen könnten. Wir müssen es der Leitung von St. Nicholas überlassen, das Hospital so zu führen, wie es sich nach aller Erfahrung als am effektivsten erwiesen hat.

Effektivität reichte ihr anscheinend als Rechtfertigung, Teenager nachmittags um halb fünf ins Bett zu schicken.

Ich dachte immer wieder daran, mich an die Presse zu wenden, doch jedesmal, wenn meine Verzweiflung den entscheidenden Punkt erreicht hatte, legte man einen neuen Köder für mich aus, irgendeine Vergünstigung, die verloren ginge, sobald die Öffentlichkeit von all dem erfahren würde.

Dennis' Tod und Stephens Krankheit hatten meine Verzweiflung gesteigert. Anscheinend herrschte bei all denen, die die Macht hatten, etwas zu verändern, Gleichgültigkeit. Mir war unbegreiflich, wie Menschen die Situation kennen und untätig bleiben konnten. Jeder Mensch braucht Schutz gegen die Stümperei der Bürokratie, Kinder noch mehr als andere. Wenn Unrecht geschehen war, dann mußte es schnell wiedergutgemacht werden.

Inzwischen waren unsere Rollen fest verteilt: Die Kinder waren die Opfer, ich der Agitator, die *Health Commission* die uneinnehmbare Festung. Obwohl ich leidenschaftlich verkündete, ich würde so lange kämpfen, bis die Kinder auszögen, war ich im Grunde meines Herzens überzeugt, daß es niemals soweit kommen würde. In St. Nicholas ging ich meiner täglichen Routine nach, und draußen agitierte ich pro forma weiter. Anscheinend gab es keine Alternative.

Chris Biddle, eine Ergotherapeutin, die mir unentgeltlich bei den Kommunikationsproblemen der Kinder weiterhelfen wollte, empfahl uns den Gebrauch von Stehbrettern. Sie vertrat die Ansicht, daß wir bei den Grundlagen anfangen, also die Kinder erst in stabile Ausgangspositionen bringen mußten, bevor wir an die Fingerfertigkeit gehen konnten. Da wir keine Stehhilfen hatten, mußten wir Gipsabdrücke von den Rückseiten ihrer Beine herstellen und die Kinder dann mit diesen Gipsschalen bandagieren – ein sehr zeitaufwendiges Verfahren. Da wir nur über ein einziges Stehbrett verfügten, konnten wir nicht die ganze Gruppe gleichzeitig zum Stehen bringen. Wir mußten bandagieren, stehen, die Bandagen entfernen, bandagieren, stehen, die Bandagen entfernen. In gewisser Weise tat das Annie sehr gut: Sie hatte Schienen und Festbinden immer abgelehnt, und auch auf diese Gipsschalen reagierte sie zunächst ungnädig. Aber allmählich überwand sie ihre Abneigung und konnte immer länger stehen, ohne sich zu beklagen. Am 10. Oktober schrieb ich in mein Tagebuch: »Annie zwei Stunden im Gips. Toll.«

Aber auf die Dauer erlahmten sowohl mein Rücken als auch meine Begeisterung für Gipsschalen. Weihnachten, als die Lehrer Urlaub hatten, hörte ich damit auf. Mir wurde klar, daß ich Prioritäten setzen mußte. Die Kinder waren auf so vielen Gebieten behindert – man konnte nicht alles auf einmal tun. Ob zu Recht oder Unrecht: Ich entschied mich, die Fähigkeiten zu fördern, die ihnen helfen könnten, aus St. Nicholas herauszukommen. War das erst einmal geschafft, dann konnte man sich immer noch um Förderung und Heilung kümmern. Körperliche Fertigkeiten würden die Kinder nicht aus St. Nicholas herausbringen, sondern Mut und intellektuelle Fähigkeiten, die sie durch unabhängige Kommunikation beweisen mußten.

Bei der Kommunikation über Apparate gab es zwei praktische Probleme. Wir brauchten ein Gerät, und wir brauchten passende Sitzmöglichkeiten, damit die Kinder das Gerät auch bedienen konnten. Das erste Problem war das einfachere. Angeregt durch einen Artikel in einer amerikanischen Zeitschrift entwarf ich selbst einen Apparat und ließ ihn von einem Elektriker bauen. Er war einfach, billig und tragbar und bestand aus wenig mehr als einem Zeiger, der über eine Wahlscheibe lief, bis man ihn durch Drücken eines Schalters anhielt, oder der stillstand, bis man ihn durch Betätigung des Schalters in Gang setzte. Der Schalter ließ sich leicht und einfach bedienen, und die Wählscheibe hatte eine metallene Oberfläche, so daß man sowohl darauf zeichnen als auch Bilder und magnetische Buchstaben anheften konnte. Ich brauchte ein Gerät, das Kinder und Erwachsene bedienen konnten: Krabbelkinder konnten damit Spielzeug auswählen, Erwachsene mit guter Bewegungskontrolle Buchstaben des Alphabets. Ich nannte das Ding »Wombat« und ließ gleich mehrere anfertigen.

Die Spastikergesellschaft und andere Organisationen kauften einige Exemplare, und sie werden von Kindern wie Erwachsenen noch immer als wichtiges Kommunikationsmittel genutzt.

Der Wombat funktionierte gut, und eine talentierte freiwillige Helferin baute Halterungen für die Schalter, um den Kindern die Handhabung zu erleichtern, aber das Problem mit dem Sitzen bestand weiterhin. Wenn sie nicht ganz stabil und sicher sitzen, ist es ihnen unmöglich, einen Schalter in eine optimale Position zu bringen. Denn beim Drücken des Schalters verändert sich ihre Lage und dadurch die Position gegenüber dem Schalter. Für jede Art von elektronischer Ausrüstung braucht man passende Stühle. Gemeinsam mit der Physiotherapeutin und dem Schulleiter von St. Nicholas wandte ich mich an die Schulkommission, um Stühle zu beantragen. Der Antrag wurde abgelehnt. Die Schulkommission gewährt Heimen Zuschüsse nur für Luxusartikel. Stühle galten nicht als Luxus, daher wäre die *Health Commission* dafür zuständig gewesen – aber die lehnte ab. Die Kinder gingen wieder leer aus.

Ich hatte den Bedarf an geeigneten Sitzmöglichkeiten lautstärker betont, seit Dennis gestorben war, denn meiner Ansicht nach war sein Tod auch durch falsches Sitzen verursacht worden. Daraufhin sagte man mir, daß Geld für Sitzmöglichkeiten zur Verfügung stünde, aber als die Physiotherapeutin etwas davon haben wollte, hieß es, ich hätte das »mißverstanden«. Wer keine Erfahrung mit körperbehinderten Menschen hat, kann sich anscheinend nicht vorstellen, daß Stühle so wichtig sind.

Meine Tage in St. Nicholas waren mit all dem, den Gipsschalen und dem Wombat so ausgefüllt, daß die Kommunikation fast zum Erliegen kam. Selbst Annie mußte manchmal vierzehn Tage ohne Alphabettafel auskommen, und die anderen Kinder, die mich seltener für sich allein hatten und nicht so schnell mit der Tafel arbeiten konnten, waren zu noch längerem Schweigen gezwungen. Wir hatten vom Blindeninstitut gerade eine Vorlesemaschine erbettelt, die unschätzbare Dienste leistete. Die Kinder konnten sich vorlesen lassen, während ich ihnen Gipsschalen anlegte oder zu trinken gab oder anderes erledigte, das mich davon abhielt, sie zu unterrichten oder ihnen vorzulesen. Unser Bücherkonsum stieg steil an. Annie las eine Menge mit dem Seitenwender, hauptsächlich Sachbücher.

Der Wombat blieb weiter in Gebrauch, und wir konnten unter den richtigen Bedingungen gut damit arbeiten. Wenn Annie und Stephen bei uns waren, befestigte ich Kleiderkarten daran, so daß sie sich aussuchen konnten, was sie anziehen wollten. Stephen bediente den Schalter mit dem Kinn, Annie mit dem Fuß. Bei freier Kommunikation war der Wombat nicht das Mittel der Wahl, obwohl es Stephen einmal gelang, etwa die Hälfte seines Kommentars über eine Landschaftsausstellung in der Nationalgalerie damit zu formulieren. Das Problem war noch immer, daß die Kinder sich so wahnsinnig anstrengen mußten, um die notwendige Bewegungskontrolle aufrecht zu erhalten.

Nichts wurde besser in St. Nicholas, und die Beziehungen zur *Health Commission* waren so kühl wie eh und je. Doch es gab auch manchmal Silberstreifen am Horizont.

Ende September fuhr ich auf eine Konferenz, die von der Spastikergesellschaft organisiert worden war und sich mit einem neu entwickelten nonverbalen Kommunikationssystem befaßte. Ich fand es ungeheuer anregend. Zum erstenmal, seit ich mit Annie arbeitete, war ich unter Fachleuten, die alles, was ich sagte, verstanden und nicht bezweifelten, daß so etwas möglich war.

Ich war so isoliert gewesen, daß ich die Konferenzteilnehmer mit allem, was ich erarbeitet hatte, überraschte. Der Wombat und die Kreise waren einfache Ideen, mit denen ich mich nicht brüsten konnte. Aber sie waren doch etwas Neues, und einige der Teilnehmer haben sie später angewandt.

Nach der Konferenz besuchte ich die Abteilung für Sprachtherapie bei der Spastikergesellschaft von Victoria. Dort zeigte man mir eine neue Aufteilung der Alphabettafel.

Abbildung 19

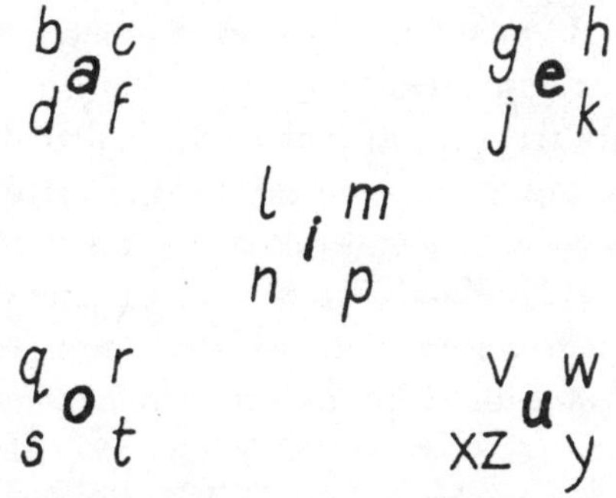

Diese Form ermöglichte es Annie und einigen anderen Kindern, die Tafel ohne Unterstützung zu benutzen: Sie zeigten auf eine Buchstabengruppe und kamen dann mit Ja-Nein-Fragen zu den einzelnen Buchstaben. Leider blieb ich nicht bei diesem System. Annie konnte inzwischen mit Armunterstützung einen Satz in ungefähr zehn Minuten buchstabieren. Ohne Unterstützung hatten wir wieder den alten Zustand, wo ein Satz eine Stunde brauchte.

Im Oktober traf ein neuer Holzstuhl für Annie ein, der in ihrem Auftrag bei Designern in Neusüdwales bestellt worden war. Er war nicht besonders elegant, aber er zwang sie zum aufrechten Sitzen. Außerdem war es der erste Stuhl auf der Station, der mit einem Tisch kombiniert war, was die Kommunikation sehr erleichterte.

Ich teilte den Tisch in eine Ja- und eine Nein-Zone ein, um ihr den Umgang mit anderen Leuten zu vereinfachen. Mit der neuen Alphabettafel und dem neuen Stuhl buchstabierte Annie ihren ersten, von jeglicher Unterstützung unabhängigen Satz: »Der Stuhl wird mich eitel machen.« Alle Schwestern kamen und bewunderten sie: Der Stuhl ließ sie wirklich älter und größer aussehen.

Auch Margaret Batt, eine Sprachtherapeutin mit einer großen Arche-Noah-Spielzeugsammlung, brachte frischen Wind herein. Sie faszinierte die Kinder mit ihren Erzählungen von John Hickman, einem ihrer Freunde: Er hatte es trotz seiner schweren athetotischen Behinderung geschafft, den Doktor in Mathematik zu machen, und arbeitete zur Zeit in Canberra in der Forschung.

Mitte November mußte ich nach Sidney. Ich beschloß, Annie mitzunehmen und einen Umweg über Canberra zu machen, um John Hickman zu besuchen. Er wohnte in einem normalen Haus mit Rampen statt Treppen, fuhr einen normalen Wagen mit automatischer Kupplung, hatte eine normale elektrische Schreibmaschine und einen normalen Rollstuhl mit manueller Bedienung. Dabei ist er so stark körperbehindert wie Annie, und daß er es schafft, selbständig zu leben, wäre nur vergleichbar damit, wenn Helen Keller zum Beispiel ohne die Hilfe von Annie Sullivan ganz allein leben würde.

Annie war anfangs schüchtern und brauchte eine Weile, bis sie sich entspannte. John kann sprechen, wenn es ihm auch Schwierigkeiten bereitet. Annie buchstabierte: »Erzähle uns bitte von dir«, woraufhin er etwas aus sich herauskam. Später sagte sie noch: »Anspannung ist ein großes Problem.« John erzählte, daß er durch die Physiotherapie gelernt habe, seine Muskeln zu entspannen, und verriet uns sein Rezept, wie man sich auf der Stelle entspannen könne, wenn man vor einer schwierigen körperlichen Aufgabe stehe: ein Schluck echter schottischer Whisky – ein Rezept, das Annie allerdings gar nicht gefiel.

Seine Schreibmaschine faszinierte sie. Sie fragte, ob sie ihm beim Schreiben zuschauen dürfe, und er demonstrierte uns seine Methode. Mit einer Hand hielt er einen Stab, mit dem er die Tasten anschlug, die andere Hand stabilisierte er, indem er etwas festhielt.

Er war bemerkenswert schnell und sehr treffsicher. Er schrieb gerade an einem Buch über die Probleme von Behinderten und ließ uns einen Teil seines Manuskripts lesen, das in Australien inzwischen unter dem Titel »One Step At a Time« veröffentlicht worden ist.

Wir hatten an diesem Nachmittag nur die Oberfläche dessen gestreift, was wir eigentlich sagen wollten, und so waren wir sehr froh, als John uns für den nächsten Abend zum Essen einlud. Diesmal holte er uns mit dem Auto ab. Wegen seiner Athetose waren gerade die »einfachen« Dinge – den Schlüssel ins Zündschloß zu stecken oder den Sicherheitsgurt anzulegen – schwierig für ihn, aber sobald er seine Hände aufs Lenkrad legte, konnte er seine Bewegungen stabilisieren und sicher und gut fahren. Das Abendessen war einfach, denn Kochen fiel ihm sehr schwer. Er aß, indem er mit der Gabel die Bissen aufspießte, die man ihm kleingeschnitten hatte, und trank mit einem Stohhalm. Am Ende des Essens fiel Annie sichtlich in sich zusammen. John bemerkte, daß er immer fürchterliche Magenkrämpfe bekäme, wenn er übermüdet sei. Das schien sie sehr zu berühren. Wir versuchten, die Alphabettafel mit ihr zu benutzen, aber ihr Arm verkrampfte sich immer wieder. Schließlich gab ich ihr noch eine letzte Chance, und mit eiserner Entschlossenheit buchstabierte sie: »Danke, daß du mir gezeigt hast, wie es gemacht wird.« Zum Schluß war sie schneeweiß geworden. Sie war wohl auch deshalb so müde, weil sie die letzte Nacht nicht geschlafen hatte. Ich hatte sie lange Zeit leise weinen hören. Der Unterschied zwischen Johns Leben und dem ihren machte so viele verlorene Chancen deutlich.

Wir flogen nach Sidney und fuhren zum Mosman-Spastikerzentrum. Annie benutzte eine »Zeichen-und-Symbole«-Tafel, um nach den Kosten für einen Rollstuhl zu fragen, und buchstabierte etwas auf der Alphabettafel. Die Mitarbeiter dort bestanden nicht so krampfhaft auf jedem einzelnen Buchstaben. Sie konnten sich das leisten, denn sie waren sich ihrer selbst und ihrer Methoden sicher. Eine der Therapeutinnen zeigte uns eine verbesserte Form der Alphabettafel mit Farben und Positionsmerkmalen. Jeder Buchstabe innerhalb einer Fünfergruppierung hatte eine andere Farbe, und oben auf der Tafel gab es fünf Farbfelder. Für einen bestimmten Buchstaben mußte man zunächst auf eine Gruppe und dann auf ein Farbfeld zeigen.

Abbildung 20

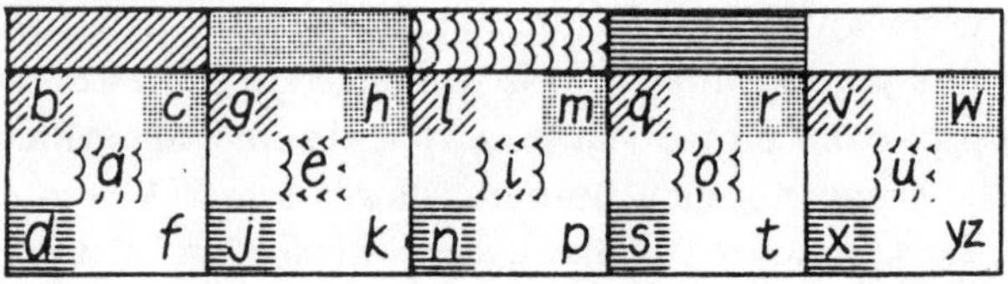

Einer der Sprachtherapeutinnen gelang es, ein paar Worte zu verstehen, die Annie sagte, und niemand hatte Schwierigkeiten mit ihren Ja-Nein-Antworten.

Annie nahm auch an einer Gruppendiskussion teil: einer richtigen Gruppendiskussion, bei der jedes Kind mit Kommunikationsschwierigkeiten von einer Therapeutin unterstützt wurde. So konnten die Kinder wirklich miteinander reden, nicht nur nacheinander. Das Thema lautete: »Was mißfällt dir am meisten an der Art, wie du von anderen Menschen behandelt wirst?« Annies Antwort darauf war: »Babysprache.«

Die wertvollste Information dieses Tages bekamen wir, während wir nach Hause gefahren wurden. Die Therapeutinnen erläuterten uns die wichtigsten Ziele der Physiotherapie: Symmetrie (den Körper so zu halten, daß beide Seiten einander entsprechen), Stabilität (eine sichere Basis fürs Sitzen oder Stehen zu haben) und Normalisierung von Positionen (Standardbewegungen und Standardstellungen). Das waren Ziele, auf die Annie selbständig hinarbeiten konnte, für die sie keine Experten brauchte.

Chris brachte Annie am nächsten Tag nach Melbourne zurück, und ich blieb noch ein paar Tage in Sidney. Als ich zurückkam, hatte Annie sichtbare körperliche Fortschritte gemacht, was mich gleichzeitig überraschte und deprimierte: Wenn ein paar Worte und wenige Tage einen solchen Unterschied bewirkten, was hätte dann alles erreicht werden können, wenn wir Jahre früher begonnen hätten?

Gegen Ende des Jahres begann DEAL die Politiker zu bombardieren. Wir trafen uns mit den lokalen Parlamentariern zum Mittagessen und verfolgten jeden Hoffnungsschimmer. Einem Mitglied der DEAL-Kommission erschien es sinnvoll, sich an den neuen Leiter der psychiatrischen Abteilung der *Health Commission*, Dr. George Lipton, zu wenden. Wir stellten Material für ihn zusammen und betonten, daß etwas geschehen müsse, wenn die Zustände nicht über die Zeitungen an die Öffentlichkeit dringen sollten.

Am Tag nach dem unerwarteten Besuch von Annies Mutter buchstabierte Annie: »Verflixt. Maginn (der Direktor) ist gestern nicht gekommen. Sag ihm, ich möchte mit dem Gesundheitsminister sprechen.« Ich schrieb eine Notiz mit Annies Bitte um ein Interview mit dem Minister an den Direktor und schickte sie auf den »Dienstweg«.

Am Nachmittag wurde ein großer Weihnachtsbaum gebracht, und ich schnappte ihn mir sofort für die Veranda der Kinder. Wir schmückten den Baum, hörten Weihnachtslieder und genossen den schönen, ruhigen Nachmittag. Es war die Ruhe vor dem Sturm.

Der Direktor der Pflegeabteilung erschien kurz vor dem Abendessen, höchst erzürnt über meine Notiz. Sie sei fingiert, und ich wolle nur mein Programm publizieren. Wie Annie denn überhaupt von dem Minister wisse? Er würde die Notiz nicht an den Direktor weiterleiten, wenn Annie ihm nicht sage, worüber sie mit dem Minister reden wolle. Ich schlug ihm vor, Annie zu fragen. Das lehnte er ab – ich solle die Sache mit ihr erörtern. Nach dem Abendessen buchstabierte Annie: »Sag Bantos (dem Direktor der Pflegeabteilung), daß ich an Maginn geschrieben habe, nicht an ihn. Ich möchte Houghton (den Gesundheitsminister) ohne Bantos sprechen. Aus dem Fernsehen weiß man, wer der Minister ist.« Ich schrieb eine zweite Notiz, diesmal an den Direktor der Pflegeabteilung. Annies Antrag verlief im Sande. Gerade in solchen Fällen war der unklare legale Status von St. Nicholas ein großes Hindernis. Da es nicht wie die meisten anderen psychiatrischen Institutionen unter dem *Mental Health Act* stand, genossen seine Bewohner keinen gesetzlichen Schutz. Hätte dieses Gesetz für St. Nicholas gegolten, wären die

Mitarbeiter gezwungen gewesen, den Brief ungeöffnet weiterzuleiten. So aber konnten sie damit tun, was sie wollten.

Am 20. Dezember erreichte unsere politische Offensive ihren Höhepunkt. DEAL hatte einen Termin mit dem Senator der Liberalen, Alan Missen, mit der Labour-Senatorin Jean Melzer und einigen anderen Staatspolitikern beider Parteien. Jetzt war ein Punkt erreicht, wo DEAL von der *Health Commission* nichts mehr erwartete. Aber da wir immer noch auf Hilfe von verschiedenen Ministerien und freiwilligen Organisationen für Behinderte hofften, hatte das Komitee beschlossen, sich nicht an die Presse zu wenden.

Wir hüteten uns auch vor Veröffentlichungen, weil wir vermeiden wollten, daß die Eltern durch die Schlagzeilen der Morgenzeitung über die Intelligenz ihrer Kinder aufgeklärt würden. Ich bezweifle, daß die *Health Commission* sich darüber im klaren war, wie sehr sie uns im Griff hatte, indem sie die Eltern im dunkeln ließ. Leider wurden dann doch viele Eltern gerade so informiert, wie wir es befürchtet hatten.

Wir zeigten den Politikern das Videoband der Pädagogischen Hochschule über Annie, und ich sprach über die Situation der Kinder in St. Nicholas. Man beschloß, daß ein Staatspolitiker sich um Hilfe an Dr. Lipton wenden und versuchen solle, ein Gespräch zwischen dem Minister und dem Komitee zustande zu bringen. Alle machten sich Sorgen um die Eltern, und der Politiker versprach, diese Frage mit Dr. Lipton zu erörtern. Es sah sehr gut aus. Aber wir verkannten, wie viel mehr Macht ein Bürokrat haben kann als ein Parlamentarier.

Was wir von diesem Treffen hörten, war verheißungsvoll. Der Parlamentarier hatte sowohl mit Dr. Lipton als auch mit dem Minister Kontakt aufgenommen und einiges an Hintergrundinformationen weitergegeben. Die nächste Nachricht kam vom Direktor: Dr. Lipton wollte Annies Videoband sehen. Alles schien auf dem richtigen Weg zu sein.

Ich hatte noch eine weitere Alphabettafel entworfen, eine Kombination aus dem Alphabet der Spastikergesellschaft, dem farbigen Mosman-Alphabet und meinen ursprünglichen Kreisen, die Annie jetzt benutzte:

Abbildung 21

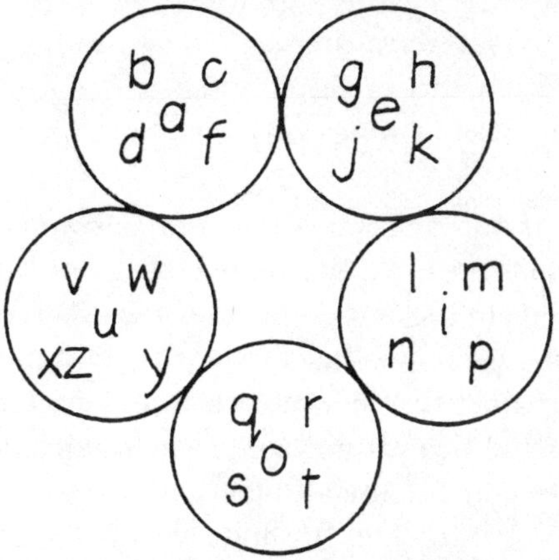

Alle fünf Kreise hatten verschiedene Farben, und alle Buchstaben innerhalb eines Kreises waren verschiedenfarbig. Um zum Beispiel »a« zu erhalten, mußte Annie zuerst auf den Kreis zeigen, in dem »a« enthalten war, danach auf den roten Kreis, da »a« rot geschrieben war. Wieder mußte sie für jeden Buchstaben zweimal zeigen, erstens den Kreis, in dem der Buchstabe zu finden war, zweitens die Farbe des Buchstabens.

Am 11. Januar 1979 wurde Annie achtzehn Jahre alt und buchstabierte: »Ich will wählen. Mein IQ sollte nicht ausschlaggebend sein.« Das ist eine sehr scharfsinnige Bemerkung. Wenn wir in einer Demokratie leben, dann sollten geistig behinderte Menschen in der Regierung genausoviel zu sagen haben wie normal intelligente. Sie könnten ihre Sache kaum schlechter machen. Andererseits: Wer so etwas formulieren konnte, war nicht geistig behindert. Am nächsten Tag besorgte ich ein Formular für die Anmeldung zur Wahl, und nach aufwendigen Übungen setzte Annie ihr Kreuz darauf.

17. Zwischen Wut und Verzweiflung

Wir kamen zwar nur langsam voran, aber das Jahr 1979 hatte immerhin mit gemäßigtem Optimismus begonnen. Das änderte sich schlagartig an einem Montag Anfang Februar. Annie sah schon seit Tagen verweint aus und wollte mir nicht sagen, was ihr fehlte. Fast den ganzen Tag über war sie weinerlich und angespannt. Bei den Mahlzeiten machte sie nicht mit und weigerte sich, mir den Grund zu nennen. Während des Abendessens war sie endlich bereit, mir zu erzählen, was sie bedrückte. Ich holte sie aus ihrem Bett, und wir gingen hinaus auf die Veranda der Station, wo die Kommunikationstafeln standen. Sie buchstabierte: »Sag Senator Missen, daß Schwester X. mir Freitagnacht ein Kissen aufs Gesicht gedrückt hat. Ich habe geschrien, und Schwester X. hat Angst bekommen.« Angesichts dieser grauenvollen Mitteilung fragte ich sie genauer aus. Später sprach ich mit den Kindern, die, wie Annie sagte, Zeugen des Tötungsversuches gewesen waren.

Wie sollte ich die Wahrheit herausfinden? Es erschien mir sinnlos, zur Polizei zu gehen. Ich konnte mir nicht vorstellen, wie sie mit den komplexen rechtlichen, medizinischen und bürokratischen Problemen dieser Situation umgehen sollte.

Am Freitag bat ich eine Sprachtherapeutin, ins Hospital zu kommen. Ich wollte Annie Gelegenheit geben, ihre Aussage vor einer unabhängigen und im Kommunikationsbereich qualifizierten Zeugin zu wiederholen. Die Logopädin war entsetzt und wandte sich an die *Health Commission*.

Zum Glück waren wir mit Annie übers Wochenende aufs Land gefahren, bevor die Bombe platzte. Wir hörten erst davon, als ich Sonntagnachmittag mit Melbourne telefonierte. Was wir erfuhren, ließ uns sofort in die Stadt zurückjagen: Ich sollte am nächsten Morgen vor einem Untersuchungsausschuß in St. Nicholas erscheinen. Als ich Annie davon erzählte, sagte sie, sie wolle einen Rechtsanwalt. Wir konnten nicht absehen, was da in Gang gesetzt worden war, und natürlich hatten wir keine Ahnung, wie die medizinische Bürokratie in dieser bedrohlichen Situation reagieren würde.

Der von der *Health Commission* eingesetzte Untersuchungsausschuß lehnte jeden Kontakt mit Annie ab. Die Ausschußmitglieder machten deutlich, daß sie nicht von ihrer Kommunikationsfähigkeit überzeugt seien, sondern annahmen, daß ich all das erfunden hätte, um in böser Absicht eigene Ziele zu verfolgen. Man sprach auch davon, ein Verfahren wegen Verleumdung gegen mich einzuleiten.

Nach einer zweistündigen Befragung verließ ich sofort das Hospital, um einen Anwalt zu konsultieren. Annie durfte ich nicht mitnehmen. Wenn der Anwalt Annie sehen wolle, so könne er das am nächsten Tag in St. Nicholas. Ich verbrachte vier Stunden in einem namhaften Anwaltsbüro und bat darum, nicht nur mich, sondern auch Annie als Klienten zu übernehmen. Aber ob sie nun Annie oder mich zu verteidigen hatten – es war klar, daß sie Annie sehen mußten.

Graham Dethridge, ein Anwalt des Büros, kam am Dienstagmorgen nach St. Nicholas. Er hatte die Erlaubnis der *Health Commission*, Annie in St. Nicholas zu besuchen. Doch kaum war er da, türmten sich auch schon die Hindernisse vor ihm auf. Der Direktor der Pflegeabteilung befand, daß er Annie nur in seiner und einiger Schwestern Anwesenheit sehen dürfe. Das ist nicht das übliche Verfahren, wenn jemand seinen Anwalt sprechen will, und während Annie und ich in einem anderen Raum warteten, telefonierte Graham Dethridge mit Beamten der *Health Commission*, um die Erlaubnis zu bekommen, Annie allein zu sprechen. Die Antwort auf seine Anfrage war, daß er Annie gern allein ohne mich sehen könne, aber wenn ich dabei wäre, sollten auch andere anwesend sein. Eine zynische Antwort angesichts der Tatsache, daß Annie sich ohne mich gar nicht verständigen konnte. Schließlich erreichte Mr. Dethridge die Zustimmung der *Health Commission*, daß nur ein Beobachter anwesend sein müsse, und daß dieser Beobachter ein Mitarbeiter sein solle, der bisher nicht in die Ereignisse verwickelt war. Dies schien zunächst einmal befriedigend.

Der erste Satz, den Annie buchstabierte, war der Antrag, Graham Dethridge ohne den anwesenden Beobachter zu sprechen. Ihm fiel nichts anderes ein, als das Hospital zu verlassen und bei einem leitenden Beamten der *Health Commission* die Erlaubnis zu erwirken, Annie ohne Zeugen zu sehen. Ich fragte sie, ob sie noch etwas sagen wolle, bevor er ging. Sie buchstabierte: »Arbeiten Sie, um uns hier herauszuholen.«

Dieser Satz erwies sich später als lebenswichtig, denn dies war die einzige Gelegenheit, bei der Graham Dethridge einen Auftrag von Annie bekam. Bis zum Ende des Verfahrens, das er für sie führte, konnte er sich nur auf diese Worte stützen, um zu belegen, daß er ihr Anwalt und von ihr beauftragt sei. Er sah Annie erst drei Monate später vor dem Höchsten Gericht wieder.

Annies Anschuldigung hatte sofort Folgen. Ich durfte kein Kind mehr aus dem Hospital mitnehmen, und immer mußte eine Schwester dabeisein, wenn ich mit den Kindern zusammen war. Annie hatte ständig eine Schwester um sich. Diese Schwestern waren angewiesen, alles aufzuschreiben, was mit der Alphabettafel gesagt wurde, ebenso jedes Wort, das ich mit den Kindern sprach. Das erwies sich in der Praxis als nicht so streng, wie es sich anhörte, da viele nicht gut genug Englisch lesen und schreiben konnten, um dem Buchstabieren der Kinder zu folgen. Aber es verschärfte die angespannte Atmosphäre und hob das Recht der Kinder auf Intimität auf. Einige der Kinder waren bald sehr niedergeschlagen und konnten oder wollten unter diesen Umständen nicht mehr kommunizieren. In einer weiteren Anweisung wurde ich aufgefordert, die Sammelmappen der Kinder, die ich für sie aufbewahrte, bei der Verwaltung der Pflegeabteilung abzugeben. Diese Mappen enthielten Postkarten, die sie bekommen hatten, ihre Bastelarbeiten, Fotografien und Sätze, die sie buchstabiert hatten. Ich weigerte mich, den Privatbesitz der Kinder ohne ihre Zustimmung auszuhändigen. Wenn jemand die Mappen haben wollte, sollte er kommen und die Kinder darum bitten. Doch das wollte niemand.

Die Spannung im Hospital wuchs mit jedem Tag. Graham Dethridge versuchte immer wieder, Annie ohne Zeugen zu sehen. Aber die *Health Commission* hatte sich mit Annies Vater in Verbindung gesetzt, und der sagte, daß sie nicht ohne Zeugen gesprochen werden dürfe. Dethridge appellierte an Dr. Lipton, dann an den Gesundheitsminister von Victoria. Das alles brauchte Zeit, und Annie wurde täglich ungeduldiger. Da ich keine Kinder mehr mitnehmen durfte, konnten auch Annie und Stephen nicht mehr zu uns kommen, und so saß Annie Ostern einsam und verlassen im Hospital. Mir hatte man verboten, sie zu besuchen.

Es kostete mich Nerven, die Kinder zu unterrichten, während ständig zwei Schwestern mich beobachteten. Außerdem interessierten sich viele Schwestern nicht für meine Arbeit und lenkten die Kinder vom Unterricht ab, indem sie miteinander redeten oder mit den Kindern spielten. Annie hatte noch viel mehr auszuhalten, da sie abends und an den Wochenenden ständig überwacht wurde. Man setzte mehr Personal ein, um sicher zu sein, daß sie nie allein war. Doch die Forderung, daß immer jemand bei Annie sein sollte, wurde so ausgelegt, daß Annie nun immer bei den Schwestern sein mußte. Sie legten sie ins Bett und drehten ihr Radio an, dann jedoch wurde das Bett in den Spielraum geschoben, wo das Radio mit einem auf volle Lautstärke geschalteten Fernseher und Kindergeschrei konkurrieren mußte. Annie war immer müde, weil die Nachtschwestern ständig ihr Bett hinter sich herrollten. Wenn sie zum Beispiel im Badezimmer Windeln zusammenfalteten, mußte Annie mit. Als ich eines Abends spät ins Hospital zurückfuhr, um etwas Vergessenes zu holen, fand ich sie dort: Sie lag im blendenden Neonlicht, neben ihr schwatzten die Schwestern, das Radio plärrte.

An Wochenenden, wenn wir sie mit Freunden besuchen kamen, fanden wir sie oft bleich, verängstigt und weinend vor. Sie buchstabierte, daß sie Angst habe. Bis Ende Februar durfte sie die Station überhaupt nicht mehr verlassen, nicht einmal in den Garten des Hospitals konnte sie. All die Freunde, die sie in den vergangenen Jahren gewonnen hatte und die sie regelmäßig besuchen kamen, mußten plötzlich schriftlich Besuchsanträge stellen, und es wurden neue Besuchszeiten eingerichtet, um sie von ihr fernzuhalten.

Ende März korrespondierte Mr. Dethridge immer noch mit dem Gesundheitsminister, um Annie ohne amtlichen Beobachter sehen zu dürfen. Er schrieb:

Dr. Lipton beruft sich auf die Tatsache, daß sie als freiwillige Patientin im St.-Nicholas-Hospital wohnt und dort auf Wunsch ihrer Eltern untergebracht wurde. Nach unserer Kenntnis wurde Anne McDonald jedoch vor einigen Jahren als kleines Kind auf Antrag ihrer Eltern ins Hospital aufgenommen. Mittlerweile hat sie das Alter von 18 Jahren erreicht. Nach dem Gesetz über die Volljährigkeit von 1977 erlangt eine Person, die dieses Alter erreicht hat, Volljährigkeit und Geschäftsfähigkeit, es sei denn, er oder sie leide an einem Mangel an »juristischer Kompetenz oder Prozeßfähigkeit, der auf Geisteskrankheit oder Geistesschwäche oder irgendeinem anderen altersunabhängigen Grund beruht«.

Da es so aussieht, daß Anne McDonalds Behinderung eine körperliche ist und sie niemals offiziell für geisteskrank oder geistesschwach erklärt wurde, möchten wir zu bedenken geben, daß sie tatsächlich in der Lage ist, einen Anwalt zu beauftragen, und daß man uns erlauben sollte, ihre Anweisungen wie üblich auf vertraulicher Basis entgegenzunehmen.

Annie wurde fast wahnsinnig vor Wut und Verzweiflung. Sie schrieb, daß sie Mr. Dethridge sehen wolle, gleich ob mit oder ohne Zeugen. Ende März buchstabierte sie: »Ich will weg von St. Nicholas. Ich kann es nicht mehr ertragen.« Nie zuvor hatte sie davon gesprochen, das Hospital ohne die anderen Kinder verlassen zu wollen.

Drei Tage später antwortete der Minister:

Ihr Brief bezieht sich auf einige Tatsachen und auf einige juristische Fakten.

Anne McDonalds Situation ist der *Health Commission* bekannt. Es wird dort alles getan, die Probleme in ihrem wohlverstandenen Interesse zu lösen.

Miss Crossley und andere Personen, die nicht bei der *Health Commission* angestellt sind, haben geltend gemacht, daß Anne McDonald eine durchschnittliche bis hohe Intelligenz besitzt und fähig ist, mit Hilfe einer von Miss Crossley entwickelten

Technik zu kommunizieren. Ein Gremium von leitenden und erfahrenen Fachleuten glaubt jedoch, daß diese Behauptungen der Grundlage entbehren und daß Anne McDonald eine geistig schwer behinderte Person ist (zusätzlich zu ihren körperlichen Behinderungen). In Anbetracht der großen Schwierigkeiten, die die fachgerechte Lösung dieser wichtigen Angelegenheit bereitet, läßt sich wohl schwerlich akzeptieren, daß Mr. Dethridge in der Lage sein sollte, mit einem gewissen Grad an Sicherheit festzustellen, daß Anne die Fähigkeit und Berechtigung besitzt, einen Anwalt zu beauftragen.

Da es von großer Wichtigkeit ist, die Frage von Annes intellektuellem Niveau und ihrer Kommunikationsfähigkeit stichhaltig zu beantworten, hat Dr. Lipton, Leiter der Psychiatrischen Abteilung der *Health Commission* und selbst erfahrener Kinderpsychiater, die Angelegenheit persönlich in die Hände genommen. Nach Durchsicht aller verfügbaren Unterlagen erstellte er für die *Health Commission* einen Bericht, in welchem er unter anderem empfiehlt, daß ein unabhängiger, fachlich qualifizierter Untersuchungsausschuß etabliert wird. Das Amt akzeptierte seine Darstellung samt seinen Empfehlungen, und es werden derzeit geeignete Personen für die Untersuchung in Aussicht genommen. Das Amt ist der Meinung, daß die Angelegenheiten, auf die sich verschiedene Behauptungen Ihres Briefes beziehen, nicht vernünftig erörtert werden können, bevor die Ergebnisse des Untersuchungsausschusses vorliegen. Ich begrüße Ihre Abneigung gegen Schritte, die Anne zweifellos in unnötiger Weise der Öffentlichkeit aussetzen würden, und ich hoffe, daß Sie sich unter diesen Umständen der Meinung ihrer Eltern und der *Health Commission* anschließen, wonach eine sorgfältige und nüchterne Prüfung der sie betreffenden Behauptungen in ihrem wohlverstandenen Interesse liegt.

Weil ein paar »leitende und erfahrene Fachleute« sagten, daß Anne geistig schwer behindert sei, hatte sie nicht das Recht, sich einen Anwalt zu nehmen und den Beweis anzutreten, daß sie es nicht war. Die vom Minister erwähnte Untersuchung klammerte genau diesen

Punkt aus und ignorierte damit, daß es nicht nur, oder nicht einmal hauptsächlich, um rein medizinische Fragen ging, sondern daß die wichtigsten Grundrechte und die einfachsten Grundsätze menschlicher Gerechtigkeit zur Diskussion standen. Jeder Mörder, der auf seinen Prozeß wartet, hat das Recht, einen Anwalt ohne die Anwesenheit von Zeugen zu sprechen; Anne hatte es nicht. Kein Mensch kann zu lebenslanger Haft verurteilt werden, ohne daß er die Möglichkeit bekommt, seinen Anklägern in einer offenen Gerichtsverhandlung gegenüberzutreten, von ihnen die Vorlage und Begründung von Beweisen in der Öffentlichkeit zu verlangen und am Ende das Urteil öffentlich verkündet zu hören.

Annies Eltern hatte man mitgeteilt, daß sie einen Anwalt verlangte, und Graham Dethridge schlug eine Zusammenkunft vor, aber sie lehnten ab. Es bestand wohl kaum Aussicht auf die Genehmigung, Annie unter vier Augen zu sprechen. In vorläufiger Anerkennung dieser Tatsache vereinbarte Mr. Dethridge einen Termin mit Annie, der in Gegenwart von Vertretern der *Health Commission* stattfinden sollte. Doch kurz vorher sagte ihm Dr. West, die Leiterin der Abteilung für geistig Behinderte, daß Mr. und Mrs. McDonald ihm nicht erlaubten, Annie zu sehen, und daß der Besuch daher nicht gestattet werden könne. Die *Health Commission* entzieht sich jeder schwierigen Situation, indem sie an die Eltern verweist. Die Eltern wiederum fragen dann meist die *Health Commission*, welche Strategie sie empfiehlt, und richten sich danach. Die McDonalds konnten nicht viel über ihre Tochter oder deren Kommunikationsfähigkeit wissen – und sollten es offenbar auch nicht. Denn man hatte mir gesagt, es käme einer Verletzung ihrer Privatsphäre gleich, einer Verletzung ihres Rechtes, *nicht* zu wissen, was ihr Kind machte, wenn ich ihnen von Annies Kommunikationsfähigkeit berichtete.

Chris und ich hatten sehr gemischte Gefühle. Für Annie war die Situation in St. Nicholas entsetzlich, und sie führte dort ein jämmerliches Leben. Sie wußte nur, daß sie weg wollte. Chris und ich hatten nicht geplant, Annie bei uns aufzunehmen, auch wenn wir ausgemacht hatten, daß sie uns an Feiertagen und im Urlaub immer willkommen war. Wir hatten nach einer Organisation gesucht, die

Annie aufnehmen würde, wenn sie St. Nicholas verlassen müßte, doch ohne Erfolg. Wegen der politischen Tragweite des Falles wollte niemand zusagen.

Ich schwankte zwischen Wut und Verzweiflung: Wut darüber, daß ich gegen meinen Willen gezwungen war, mich um jemanden zu sorgen und zu kümmern – und Verzweiflung, weil ich keinen Ausweg sah. Annie hatte die Beschuldigungen geäußert, und ich hatte sie gutgläubig weitergegeben. Ich konnte sie nun nicht einfach zurücknehmen. Ich konnte nicht mit Annie fortgehen, und auch nicht ohne sie.

Die Auswirkungen all dessen auf Annie waren furchtbar anzusehen: Sie war blaß, hatte schwarze Ringe unter den Augen und war ständig angespannt. In den sechs Wochen, die seit ihrer Anschuldigung vergangen waren, war sie körperlich um ein Jahr zurückgefallen. Auch ich war angespannt, und wir hatten dauernd Krach. Immer wieder versuchte ich, sie dazu zu bringen, ihre Beschuldigungen zurückzuziehen, indem ich mit Fragen in sie drang und ihr sagte, daß ich ihr nicht glaubte. Bei einer dieser Konfrontationen sagte Annie: »Ich langweile die Leute, weil die Wahrheit so erschreckend ist. Es ist leichter zu glauben, daß ich lüge. Dir ist alles zuviel, deshalb macht jedes neue Problem es noch leichter für dich, dein emotionales Engagement zu hassen.« Sie hatte recht. Ich war dabei, mich zurückzuziehen.

Ich hatte oft das Gefühl, mich in einem Alptraum zu bewegen: die Beschuldigungen, die Annie buchstabiert hatte, die Taktiken der *Health Commission*... So etwas geschah doch nur in Büchern, nicht mit lebendigen Menschen in der realen Welt! Es war wie damals, als ich den toten Dennis gefunden hatte. Es konnte einfach nicht wahr sein. Anfang April schrieb Annie: »Wenn Dethridge bereit ist, vor Gericht zu gehen, sollte das unser nächster Schritt sein. Bitte sage Dethridge, ich bin sicher, daß er kompetent genug ist, sich seine Klienten auszusuchen.«

Der April war unser Rubikon. Als Dethridge die Erlaubnis verweigert wurde, Annie überhaupt zu sehen, gleich ob mit oder ohne Zeugen, standen wir vor der Wahl: Sollten wir weitergehen, oder sollten wir die ganze Sache fallenlassen? Chris und ich beschlossen, unser Zuhause für Annie bereitzuhalten, und das hieß auch, daß wir weitergingen.

Da Annie ihren Anwalt durch mich instruieren mußte, sammelten wir Beweise, daß diese Instruktionen nicht von mir kamen. Alle, denen es noch gelang, Annie zu besuchen, fragten sie, was sie tun wolle und was für sie getan werden sollte. Sie antwortete mit ihren Ja-Nein-Reaktionen oder, wenn ich dabei war, durch Buchstabieren. Dieses Beweismaterial sollte später vor Gericht ausschlaggebend sein.

Die Lage verschärfte sich immer mehr. Ich durfte nach Ende meiner Arbeitszeit um fünf nicht mehr freiwillig arbeiten. Ich durfte am Wochenende in St. Nicholas keine Besuche mehr machen. Und schließlich sagte man mir, daß ich Stephen in Zukunft weder unterrichten noch besuchen dürfe. Ja, ich durfte nicht einmal zu ihm gehen, um ihm all das selbst zu sagen. Damit war Stephen die Zunge herausgeschnitten: Er hatte keine Möglichkeit mehr zu kommunizieren. Ich war seine engste erwachsene Bezugsperson, denn seine Eltern hatte er seit acht Jahren nicht mehr gesehen.

Annie hatte große Angst, nach Sunbury verlegt zu werden, einer riesigen staatlichen Institution für geistig behinderte Erwachsene. Als ich nach Ostern zu ihr kam, waren all ihre persönlichen Sachen von der Station verschwunden, und das erste, was sie buchstabierte, war: »Ich komme nach Sunbury. Kämpfe für Stephen.« Im Hospital ging das Gerücht, daß ich Station zwei verlassen müsse und ganz und gar von den Kindern getrennt würde. Die Gerüchte waren nicht aus der Luft gegriffen: Mein Name wurde, quer durch alle Stationen, auf dem Dienstplan hin- und hergeschoben, und der Direktor des Pflegedienstes teilte mir mit, daß er nur noch auf die Zustimmung der Hospitalleitung wartete, um mich von den Kindern zu trennen und die Kinder auf verschiedene Stationen zu verteilen. Als Graham Dethridges Besuchserlaubnis widerrufen wurde, schrieb er an die *Health Commission*:

> Nach unserer Auffassung hat Miss McDonald uns mitgeteilt, daß sie das Hospital so bald wie möglich und für immer verlassen möchte. Daher erbitten wir hiermit schriftliche Auskunft, ob das

Amt ihren Auszug zu verhindern gedenkt und, wenn ja, auf welcher rechtlichen Grundlage dies geschehen soll.

Ich hatte Annies dringenden Wunsch, St. Nicholas zu verlassen, an Dethridge weitergegeben. Er war nun in der außergewöhnlichen Situation, sich ganz auf mich verlassen zu müssen, um die Anweisungen seiner Klientin korrekt ausführen zu können.

So erfuhr die *Health Commission* zum erstenmal, daß Annie St. Nicholas verlassen wollte, und gewiß ging ein Beben durch das Establishment. St. Nicholas befindet sich juristisch gesehen in einer komplizierten Position. Die Kinder, die dort hinkommen, werden offiziell nicht wegen Geisteskrankheit entmündigt. Juristische Verfahren sind nicht nötig. Wenn Eltern das Hospital bitten, ihr Kind in Obhut zu nehmen, und das Hospital einwilligt, dann handelt es einfach so, als sei es von nun an im Besitz der elterlichen Gewalt.

Ein Gutachten der Weltgesundheitsorganisation von 1978 betont, daß Kinder, die von ihren Eltern in Heimen untergebracht werden, nicht als freiwillige Patienten betrachtet werden dürfen, unabhängig von ihrem offiziellen Status. Es wird argumentiert, daß von ihren Eltern eingewiesenen Kindern derselbe rechtliche Schutz zusteht wie jedem zwangseingewiesenen Insassen: das Recht auf einen Anwalt, das Recht auf Beschwerde und regelmäßige Überprüfung ihrer Unterbringung.

Die *Health Commission* hatte den Kindern in ihrer Obhut diesen Schutz nie gewährt, und der Status von Patienten, die als Kinder aufgenommen wurden, aber inzwischen Erwachsenenalter erreicht haben, ist nie hinterfragt worden.

In Victoria erreicht man mit achtzehn Jahren die Volljährigkeit, und Anne war im Januar achtzehn geworden. Damit hatten ihre Eltern keine juristische Gewalt mehr über sie. Dasselbe galt für St. Nicholas. Wäre Anne fähig gewesen, auf ihren Beinen das Hospital zu verlassen, hätte niemand das Recht gehabt, sie daran zu hindern.

Annie konnte St. Nicholas nicht auf ihren eigenen Beinen verlassen, und St. Nicholas hatte nicht die Absicht, irgend jemandem zu gestatten, mit ihr zusammen hinauszugehen. Man argumentierte, daß sie, da sie nur die Intelligenz eines zweijährigen Kindes besäße, gar nicht die Absicht entwickeln könne, das Hospital zu verlassen, und folglich auch nicht gegen ihren Willen festgehalten werde. Annie hatte nicht das Recht, an eine Instanz außerhalb der *Health Commission* zu appellieren.

Graham Dethridge hatte ein unabhängiges Gutachten über Annies Intelligenz gefordert. Auch hierzu bedurfte es der Zustimmung der *Health Commission.* DEAL hatte zu einigen Reportern von »Age« Kontakt aufgenommen und ihnen Informationen über die Fortschritte der Kinder zur Verfügung gestellt, nicht zur sofortigen Publikation, sondern nur für den Fall der Fälle. Einer unserer Freunde hatte den Premierminister von Victoria angesprochen und ihn warnend darauf hingewiesen, daß sich die Situation in St. Nicholas gefährlich zuspitze.

Die *Health Commission* verschleppte die Antwort auf den Antrag des Intelligenzgutachtens, indem sie zunächst die Erlaubnis von Annies Eltern einholte. Als ich Annie das erzählte, buchstabierte sie: »Wieso haben meine Eltern das Recht zu bestimmen, ob ich getestet werde?« Wie recht sie hatte: Wenn Eltern ihren Kindern eine Überprüfung ihrer Entwicklung verweigern können, kann sich eine Diagnose aus der Säuglingszeit zu lebenslänglicher Freiheitsstrafe auswachsen.

Wir wurden vom Gutachten abgelenkt, als wir Ende April erfuhren, daß Senatorin Jean Melzer die Erlaubnis verweigert worden war, Annie zu besuchen. Wir gingen zu »Age«, und ein Reporter fragte Chris, ob die Zeitung das Material von DEAL verwenden dürfe. Chris stimmte zu. Als ich Annie den Artikel zeigte, buchstabierte sie: »Ich fürchte, Jean hat meinen Fall vermasselt.« »Warum?« fragte ich. »Schlecht für den Richter, wenn er es über die Zeitungen erfährt«, war ihre Antwort.

Ich beruhigte sie: Ihr Name sei nicht erwähnt worden. Am selben Tag erfuhren wir, daß ihre Eltern dem Gutachten zugestimmt hatten, die *Health Commission* ihr Einverständnis gegeben habe und der Test für den nächsten Tag, einem Sonnabend, anberaumt sei.

Am Nachmittag wurden zwei Reporter durchs Hospital geführt, und St. Nicholas zeigte sich wie üblich im Feiertagsgewand. Es gab erst um vier Uhr Abendessen, und die Schwestern waren angewiesen, die Kinder erst ins Bett zu bringen, wenn die Reporter gegangen waren. Besondere Bildungsprogramme, die sonst um halb vier endeten, wurden bis zum Aufbruch der Reporter fortgesetzt. Ich ließ es mir angelegen sein, immer wieder zu betonen, wie schön doch die neuen Essenszeiten wären und wie sehr ich darauf hoffte, daß die Zubettgehzeiten in Zukunft immer so wie heute lägen. Am Samstag brachte »Age« auf der Titelseite einen Artikel, in dem berichtet wurde, daß zwölf Kinder zu Unrecht in einem Hospital für geistig Behinderte untergebracht seien.

Am nächsten Morgen ging ich früh ins Hospital, um mit Annie auf einem großen Bobath-Ball Entspannungsübungen zu machen. Ich wollte ihr auch ihre eigenen Kleider anziehen. Dr. Rosemary West erschien mit dem Psychologen Bernard Healey, der Annie begutachten sollte. Er hatte sich einen Teil des Videos der staatlichen Hochschule angesehen, um festzustellen, was er erwarten konnte und welche Untersuchungstechniken angebracht waren. »Kann sie Zahlen ebenso gut wie Buchstaben?« fragte er. Wir sprachen kurz über Untersuchungsmethoden: Dr. Healey wollte mit dem Wechsler-Intelligenztest für Erwachsene beginnen, einer der gängigsten Intelligenzskalen für Erwachsene. Dieser Test wird üblicherweise mündlich durchgeführt, indem der Psychologe die Fragen stellt und der Proband laut antwortet. Annie würde ihre Antworten buchstabieren müssen oder sie auf einer Zahlentafel zeigen. Das schien Dr. West zu verwirren: Annie könne nur mit meiner Hilfe kommunizieren, sagte sie. Doch Dr. Healey betrachtete das nicht als Problem.

Wir nahmen Annie hoch und brachten sie auf die Veranda der Station. Dabei plauderten wir ein bißchen, um sie zu entspannen. Eine Schwester stand dabei. Ich schlug Dr. Healey vor, Annie vorher zu fragen, ob sie noch etwas mitteilen wolle. Er war einverstanden. Ich fragte sie: »Möchtest du Dr. West etwas sagen?«

»Nein«, erwiderte sie.

»Hast du Dr. Healey etwas mitzuteilen?«

»Ja.«

Dr. Healey konnte ihre Ja-Nein-Reaktionen sehr gut interpretieren.

Annie buchstabierte: »Verhindern Sie, daß die *Health Commission* uns umbringt.« Buchstabe für Buchstabe sprach ich diese Botschaft aus.

Da das Buchstabieren viel mehr Zeit kostet als das mündliche Antworten, war es unmöglich, mit Annie den vollständigen Test durchzuführen. Dr. Healey konnte ihr nur ausgewählte Fragen vorlegen. Der Test besteht aus vielen Untertests, und er machte Stichproben von allen Untertests, die sie bearbeiten konnte. Ein Untertest, in dem es um das Zusammenfügen von Puzzleteilen geht, ließ sich ihren Fähigkeiten nicht anpassen. Viele Fragen bezogen sich auf die Allgemeinbildung.

»Woher kommt Gummi?«

»Bäume.«

»Der Name des Premierministers von Australien?«

»Fraser.«

Um schneller voranzukommen, akzeptierte Dr. Healey bei dieser Art Fragen Annies Antwort als richtig, wenn die ersten beiden Buchstaben stimmten.

»Der Name des vorigen Premierministers?«

»Whitlam.«

»Was ist die Hauptstadt von Italien?«

»Rom.«

»Was würdest du tun, wenn du einen beschrifteten und frankierten Briefumschlag auf der Straße neben dem Briefkasten fändest?«

»Ihn in den Briefkasten werfen.«

Für die Rechenaufgaben benutzte Annie die Zahlentafel.

»Eine Sitzgarnitur wurde gebraucht für 400 Dollar verkauft. Das sind zwei Drittel des Neupreises. Wie hoch war der Neupreis?«

»600 Dollar.«

»Wieviel Millionen Einwohner hat Australien?«

»Dreizehn.« Die Antwort konnte man durchgehen lassen.

»Wenn man zwei Teile für 31 Cents kaufen kann, wieviel kosten dann zwölf?«

»186 Cents.«

»Wenn man sechs Orangen für 36 Cents bekommt, wieviel kostet dann eine?«

»6 Cents.«

»In welcher Richtung fährt man von Adelaide nach Brisbane?«

»Nordost.«

»Eine Apfelsine und ein Apfel sind beide was?«

»Obst.«

»Ohr und Auge sind beide was?«

»Sinnesorgane.«

»Wo liegt der Siedepunkt des Wassers?«

»100 Grad Celsius.«

Dr. Healey war offensichtlich verblüfft, besonders über ihre Geschwindigkeit beim Rechnen. Im Test gibt es Extrapunkte für Zeit bei der Beantwortung der Rechenaufgaben, und obwohl Annie im Nachteil war, da sie die Zahlen auf der Tafel zeigen mußte, bekam sie solche Extrapunkte. Wir beendeten den Test mit der Verabredung, daß Dr. Healey am Montag wiederkommen würde, um weitere Tests durchzuführen. Für gerichtliche Zwecke habe er schon genügend Informationen, sagte er, aber es locke ihn aus eigenem fachlichem Interesse, den Test zu vervollständigen. Auch ich war überrascht: Annies Leistungen waren vollkommen fehlerfrei gewesen.

Als Dr. Healey am Montag wiederkam, eröffnete Annie das Gespräch: »Ich bin nur der Vorreiter. Testen Sie die andern.« Frau Dr. West war nicht anwesend. Diesmal spielte Patricia Minnes, die leitende Psychologin, den Beobachter. Sie hatte Annie nie zuvor gesehen und kannte ihre Ja-Nein-Reaktionen nicht. Der Test verlief wie zuvor. Einmal ordnete Annie eine Serie von Bildern in der falschen Reihenfolge. Als Dr. Healey sie fragte, ob das ihre endgültige Lösung sei, sagte sie jedoch »nein« und berichtigte sich. Wieder eine fehlerfreie Sitzung.

Am Montag brachte »Age« eine weitere Reportage auf der Titelseite, die vor allem Zitate aus meinem Antrag an die Schulkommission enthielt. Keine andere Zeitung machte Anstalten, die Geschichte aufzugreifen.

Der Dienstag war ruhig.

Der Mittwoch begann mit einem Interview für eine aktuelle Fernsehsendung, und später am Morgen führte der Direktor einen Reporter vom »Bulletin«, einem landesweit gelesenen Wochenblatt, herein. Dr. Maginn stand daneben, als Annie buchstabierte: »Soviel ich weiß, ist der ›Bulletin‹ ziemlich rechtsgerichtet.« Kurz darauf ging ich zu unserem Anwalt, und der Reporter fuhr fort, den Direktor zu befragen. Seine Antworten geben Einblick in das offizielle Denken. Er sagte:

> Wir würden uns glücklich schätzen, eine zweite Helen Keller bei uns zu haben. Glauben Sie allen Ernstes, wir würden es verschweigen, wenn wir zwölf Kinder mit normaler Intelligenz in unserem Hause hätte? Ich würde einen Orden bekommen. – Nein, die Behauptungen sind maßlos übertrieben. Alle Behauptungen von Miss Crossley stehen und fallen mit einer einzigen Frage: ob nämlich auch nur eines der Kinder etwas ohne ihre Hilfe buchstabieren kann... Sehen Sie, es besteht kein Zweifel, daß es einen gewissen Grad an Kommunikation zwischen Miss Crossley und den Kindern gibt – aber es besteht Zweifel an dem hohen Grad an Kommunikation, den sie geltend macht. Nach meiner Überzeugung hat keines der zur Diskussion stehenden Kinder einen höheren geistigen Entwicklungsstand als ein zweijähriges. Ich habe niemals eines von ihnen auch nur ein einziges Wort ohne ihre Hilfe buchstabieren sehen. Tatsächlich glaube ich, daß sie auch mit Miss Crossleys Unterstützung kein Wort buchstabieren können. Ich glaube sogar, daß einige Kinder ihrer Gruppe weniger begabt sind als viele andere hier. Wir möchten nicht, daß diese Kinder als politische Keule mißbraucht werden. Die Eltern sind, gelinde gesagt, wütend. Stellen Sie sich vor, was das für sie bedeutet! Hier bei uns tun alle ihr Bestes, Rosie eingeschlossen. Ich bin sicher, sie ist ehrlich. Ich möchte sie keineswegs behindern. Ich wünschte, es wäre wahr, was sie sagt... Sie hat phantastische Arbeit geleistet. Ich persönlich habe mich jahrelang für sie eingesetzt. Wir wußten, wie gut sie mit den Kindern arbeitet – das war der wichtigste Grund, warum wir ihr die Spielgruppe anvertraut haben. Aber ihre Behauptungen müssen erst bewiesen werden, bevor wir handeln können.

Es wurde ein hektischer Tag. Die Anwälte bereiteten eidesstattliche Erklärungen vor und spurteten in letzter Minute zum Höchsten Gericht, bevor es seine Pforten schloß.

Annies Rechtsanwalt vor Gericht, Peter Heerey, skizzierte kurz ihren Fall, und Richter Menhennit erteilte die Auflage an die *Health Commission* nachzuweisen, warum kein Haftüberprüfungsantrag gemäß Habeas Corpus gestellt werden dürfe, aufgrund dessen Anne McDonald dem Gericht vorgeführt werden müsse. Wir hatten einen Fuß in der Tür. Eine Woche lang würden wir Ruhe haben, und dann mußte die *Health Commission* Annie vorführen oder ihr gegenteiliges Verhalten begründen. Annies Fall würde gehört werden.

Auf die Habeas-Corpus-Akte wird nur selten zurückgegriffen. Jetzt aber wurde der medizinischen Fachwelt durch ein altehrwürdiges juristisches Verfahren, das Menschen vor rechtswidriger Freiheitsbeschränkung schützen soll, der Kampf angesagt.

18. Der Prozeß

Annies Klage um Habeas Corpus war für uns später immer »der Prozeß«. Annie saß »gefangen« in einer Anstalt und stand »unter Anklage« – um ihrer Freiheit willen. In gewissem Sinne war auch ich angeklagt. Annies Fall hing so sehr von meinem Beweismaterial ab, und auch wenn ich bei negativem Ausgang des Verfahrens nicht hinter Gitter käme, so war ich doch sicher, dann von der *Health Commission* entlassen zu werden. Man würde mich von Annie und den anderen Kindern trennen. Für Annie aber ging es um ihr Leben, diesmal in einem Gerichtssaal.

Gerichtsverfahren sind Spiele, die von Gentlemen nach festen, durch die Zeit geheiligten Regeln gespielt werden. Man benimmt sich wohlanständig, und diese guten Manieren sorgen für Distanz und Maskerade. Wir kämpften um ein Menschenleben, doch das Gefecht verlief seltsam emotionslos. Daß Annie nicht im Gerichtssaal war, trug viel zu dieser kühlen Abstraktheit bei. Wir sprachen über eine Rechtsperson mit dem Namen Anne Therese McDonald, aber kaum einer der Anwesenden hatte auch nur die geringste Vorstellung von der Frau, die sich hinter diesem Namen verbarg. Man konnte sie leicht über dem Prozeß vergessen.

Am Mittwoch, dem 9. Mai 1979, fuhr mich eine Freundin nach St. Nicholas. Ich sah Annie kurz und hinterließ eine Tasche mit Kleidung. Vielleicht mußte sie ja vor Gericht erscheinen, oder aber die Sache wäre in einem Tag erledigt und sie käme dann zu uns – in jedem Fall brauchte sie ihre Kleider.

Ich ließ Annie allein und ging zu Anwalt Peter Heerey, der sein Büro gegenüber dem Höchsten Gericht hatte. Wir wollten uns in letzter Minute noch einmal besprechen. Er wartete auf die eidesstattliche Erklärung des Direktors, die der beste Hinweis auf die Strategie der *Health Commission* sein würde. Er stellte mir viele Fragen, die ich alle schon beantwortet hatte. Aber es scheint bei

Anwälten ein üblicher Kunstgriff zu sein, um fünf vor zwölf noch nach juristischen Hintertürchen, etwaigen Fehlern oder neuen Einsichten zu suchen.

An diesem Morgen fand Peter Heerey ein paar nützliche Informationen in der Korrespondenz, die ich mitbrachte. Ich kämpfte seit zwei Jahren und hatte dabei pedantisch jedes Stück Papier, das die Kinder in St. Nicholas betraf, in Ordner abgeheftet. Nun waren diese Ordner für unseren Fall von größter Wichtigkeit.

Die Anhörung fand im sogenannten Praxisgericht unmittelbar neben dem Hauptgebäude des Höchsten Gerichts statt. Im Gerichtssaal standen Annies Freunde in zwei Reihen im Hintergrund, und die Anwälte waren um den Tisch vor der Schranke versammelt. Ein Beamter erheischte unsere Aufmerksamkeit, indem er feierlich verkündete: »Die Königin und die *Health Commission* des Staates Victoria, George Lipton und Dennis Maginn, ex parte Anne McDonald.« Annies Fall kam vor Mr. Jenkinson, erst seit kurzer Zeit Richter am Höchsten Gericht.

Mr. Heerey eröffnete das Verfahren. Es war eine klare Sache: Anne war intelligent und in der Lage, ihren Anwälten vernünftige und logische Anweisungen zu erteilen. Sie hatte ihnen mitgeteilt, daß sie das Hospital zu verlassen wünsche. Er argumentierte, daß es keine rechtliche Basis gäbe, aufgrund derer das Hospital sie festhalten könne, auch wenn die *Health Commission* geltend zu machen versuche, daß ihre Eltern ihren Auszug ablehnten. Mr. Heerey gab einen kurzen Überblick über die Methoden, mit denen ich Annies Kommunikation entwickelt hatte, und erinnerte das Gericht, daß die Eltern nicht unsere Prozeßgegner seien. Zusammenfassend sagte er: »Der Fall der Antragstellerin sieht so aus, daß sie volljährig ist und das Hospital verlassen will und daß sie legal nicht davon abgehalten werden kann, das zu tun.«

Der Fall unserer Gegner lag komplizierter, und ihre Darstellung begann mit einer Flut verfahrenstechnischer Argumente, die darauf abzielten, das Verfahren niederzuschlagen, da Annie nicht die notwendige Urkunde unterzeichnet habe. Der Berater der *Health Commission*, Mr. Gillard, zitierte Fälle, denen zufolge Personen, die Habeas Corpus beantragten, den Antrag signieren mußten, außer wenn nachgewiesen werden konnte, daß sie durch Zwang davon abgehalten wurden. Obwohl St. Nicholas Annie nicht erlaubt hatte, einen Anwalt zu sprechen, war dies kein Zwang, denn Zwang beinhaltete, daß Annie etwas gegen ihren Willen angetan wurde, und es war nicht erwiesen, daß sie die Intelligenz besäße, überhaupt einen Willen zu entwickeln.

Peter Heerey parierte schlagfertig mit Fällen, die anders lagen, aber keine der beiden Seiten konnte einen Fall beibringen, der die Sache eindeutig entschieden hätte. Mit der Anhörung von Annies Fall wurde also ein Präzedenzfall geschaffen. Richter Jenkinson wollte die Argumente abwägen, und inzwischen sollte der Fall weiter vorgetragen werden.

Mr. Gillard räumte ein, daß das Hospital Annie nicht gegen ihren Willen zurückhalten könne, aber er argumentierte: »Angesichts von Miss McDonalds Verfassung und der Wünsche ihrer Eltern fühlt sich die *Health Commission* moralisch verpflichtet, sich zu vergewissern, daß Miss McDonald genügend Intelligenz besitzt, um sich für das Verlassen des Hospitals entscheiden zu können und die Folgen dieser Entscheidung abzuschätzen. Bis jetzt sind meine Klienten nicht überzeugt, daß Miss McDonald wirklich ausreichend Intelligenz besitzt, um eine Entscheidung in ihrem eigenen wohlverstandenen Interesse zu fällen.« Dann teilte er mit, daß Anne für den Fall, daß der Richter sie zu sehen wünschte, in einem Nebenraum warte.

Was nun kam, entging mir, da ich hinausstürmte, um Annie zu suchen. Ich fand sie inmitten eines »Sortiments« von Angestellten des Hospitals und Kommunikationshilfen. Wenigstens trug sie ihre eigenen Kleider. Sie buchstabierte: »Ich bin gegen meinen Willen hierhergebracht worden.« Inzwischen hatte sich das Gericht zum Mittagessen zurückgezogen, und Graham Dethridge, Annies Anwalt, bekam so die Möglichkeit, seine Klientin zum zweitenmal zu sehen.

Richter Jenkinson beschloß, daß er Anne nicht sehen wolle und sie wurde nach St. Nicholas zurückgebracht.

Nach dem Mittagessen wurden die medizinischen Beweise vorgelegt, und Dr. Philip Graves wurde ins Kreuzverhör genommen.

Zentraler Punkt der Auseinandersetzung war ein Widerspruch zwischen der beeidigten Erklärung von Dr. Graves und der von Dr. Maginn, dem Direktor. Philip Graves hatte Annie als Athetotikerin bezeichnet. Dr. Maginn hingegen hatte erklärt, daß sie eine Spastikerin mit bilateraler Hemiplegie und zusätzlicher athetotischer Behinderung sei. Der Unterschied war so wichtig, weil bilaterale Hemiplegie (beidseitige zerebrale Lähmung) normalerweise mit geistiger Behinderung verbunden ist, Athetose hingegen nicht. Man legte Philip Graves eine Liste mit den typischen Symptomen von Patienten mit bilateraler Hemiplegie vor und fragte ihn, welche bei Anne zuträfen.

»Leidet sie unter Beeinträchtigungen des Bewegungsapparates?«

»Ja«, stimmte er zu, Annie leide tatsächlich unter Bewegungsstörungen, Wachstumsstörungen, Beeinträchtigung der Hirnnerven, Strabismus (Schielen), Schwierigkeiten beim Schlucken und beim Bewegen der Zunge, und all diese Symptome wurden vom Anwalt als Belege für eine bilaterale Hemiplegie gewertet. Dr. Graves erklärte jedoch, daß diese Störungen sowohl bei bilateraler spastischer Hemiplegie als auch bei Athetose aufträten. Das differenzierende Merkmal beider Zustandsbilder bestünde darin, daß Athetotiker nicht unter signifikanten Muskelverkürzungen litten und daß im Schlaf die Position ihrer Muskeln normal sei. In diesen beiden Punkten war Annie den Athetotikern zuzurechnen.

Dr. Graves stellte den Fall überzeugend dar, und ich freute mich, daß wir uns so gut schlugen, obwohl ich das Ganze als Scheingefecht empfand. Die Frage, um die es in Wirklichkeit ging, war noch gar nicht zur Sprache gekommen. Der schwache Punkt in der Argumentation der *Health Commission* wurde in einem Schlagabtausch zwischen Mr. Gillard und Dr. Graves über die Bedeutung von Annies frühkindlicher Epilepsie besonders deutlich:

Gillard: »...Es ist doch wohl von Bedeutung, daß sie in ihren ersten drei Lebensjahren an Krämpfen vom Grand-Mal-Typus litt? Das wird doch sicherlich Ihre Schlußfolgerung, daß solche Menschen intellektuell normal funktionieren könnten, tangieren?«

Dr. Graves: »Nein, tut es nicht.«

Gillard: »Das ändert überhaupt nichts an Ihrer Schlußfolgerung?«

Dr. Graves: »Nein.«

Gillard: »Somit macht es keinen Unterschied, ob sie in diesen ersten drei Lebensjahren Grand-Mal-Anfälle hatte oder nicht? Es ist für Sie als Fachmann nicht von Bedeutung? Menschen, die an athetotischer Zerebralparese leiden, können intellektuell normal funktionieren, verstehe ich das richtig?«

Dr. Graves: »Ja.«

Gillard: »Mit anderen Worten: Es hat nichts damit zu tun?«

Dr. Graves: »Ich weise es nicht ganz von der Hand, aber meiner Meinung nach hängt die Einschätzung des Intelligenzniveaus dieser Kinder davon ab, welche Leistungen sie zu dem Zeitpunkt erbringen, an dem sie in der Lage sind, zu kommunizieren und ihre Fähigkeiten zu äußern. Und nie von etwas, was vielleicht in der Vergangenheit geschehen ist und bestenfalls als Hinweis dienen kann, daß sie vielleicht Schwierigkeiten haben könnten. Wir wissen, daß sie ernstlich behindert ist, aber ich glaube nicht, daß wir daraus definitiv etwas Negatives über ihre geistigen Fähigkeiten ableiten können.«

So einfach war das. Ob ein Mensch geistig behindert ist oder nicht, findet man heraus, indem man ihn testet, und nicht, indem man seine Lebensgeschichte betrachtet. Alles, was sich die *Health Commission* von der Feststellung einer bilateralen Hemiplegie bei Annie erhoffen konnte, war die Zuordnung zu einer Gruppe von Menschen, von denen die meisten geistig behindert sind: Das wäre nicht mehr als eine statistische Wahrscheinlichkeit.

Glücklicherweise läßt sich das Gericht von statistischen Wahrscheinlichkeiten nicht beeindrucken. Es entscheidet aufgrund von Tatsachen, die ihm vorliegen.

Als nächste war ich dran. Ich hatte es leichter als Philip, weil ich seinem Kreuzverhör hatte zuhören können. Im Zeugenstand, so beschloß ich für mich, würde ich kein Blatt vor den Mund nehmen, dem Richter gerade ins Gesicht schauen und keine Frage einfach mit »Ja« oder »Nein« beantworten.

Mr. Gillard fragte mich, wie ich Annie das Lesen beigebracht hätte und wie sie den Seitenwender benutze, Themen, über die ich schon oft gesprochen hatte. Er stellte mir nicht, wie Philip, schwierige technischen Fragen, die meine wissenschaftliche Reputation betroffen hätten. Ich sollte nur erzählen, was Annie und ich getan hatten, und brauchte also nur die Wahrheit zu sagen.

Gillard: »In welchem Alter wären Ihrer Ansicht nach gesunde, intelligente Kinder fähig, ein Buch wie ›Roots‹ zu lesen?«

Crossley: »Nun, ein gesundes, intelligentes Kind könnte ein Buch wie ›Roots‹ ungefähr mit zehn Jahren lesen.«

Gillard: »Mit zehn?«

Crossley: »Ja.«

Gillard: »Sie waren anscheinend fähig, das im Zeitraum von wieviel, von ungefähr neun Monaten mit Anne zu erreichen?«

Crossley: »Ja, ich muß gestehen, so ist es.«

Richter Jenkinson: »Wenn man davon ausgeht, daß sie normal intelligent ist, hat sie den gewaltigen Vorteil, dem üblichen Schulbetrieb zu entkommen.«

Mr. Gillard wollte auf etwas Bestimmtes hinaus. Er fragte mich, wie ich feststellen konnte, daß Annie »Roots« gelesen hätte, und welche Art von Fragen ich ihr vorgelegt hätte.

Gillard: »Wenn wir sie heute fragen würden, was sie von dem Buch ›Roots‹ erinnert, würde sie etwas wissen?«

Crossley: »Ja, ich glaube, sie hat ein sehr gutes Gedächtnis.«

Gillard: »Wer die Hauptpersonen waren?«

Crossley: »Ich glaube, das könnte sie – ich möchte darauf hinweisen, daß sie ›Roots‹ auch als Fernsehserie gesehen hat.«

Mr. Gillard verzog sein Gesicht und zuckte mit den Achseln: »Danach wollte ich Sie gerade fragen.« Er fragte mich weiter, wie ich Annes Arm unterstützte, und Jon Hamer, ein Anwalt aus Dethridges Büro, mußte nach vorne kommen und im Zeugenstand Modell sitzen. Mr. Gillard fragte mich noch einiges über Annes Kommunikation und gab mir damit Gelegenheit, auf vieles hinzuweisen, das mir wichtig war. Unser letzter Schlagabtausch verlief so:

Gillard: »Miss Crossley, haben Sie Anne eigentlich erklärt, was Sie für sie tun wollen und daß Sie möchten, daß sie bei Ihnen lebt?«

Crossley: »Das habe nicht ich ihr erklärt. Sie hat es mir gesagt.«

Gillard: »Was gesagt?«

Crossley: »Daß sie St. Nicholas verlassen und bei mir wohnen möchte.«

Gillard: »Und glauben Sie, daß sie beurteilen kann, was es bedeutet, das Hospital zu verlassen und bei Ihnen zu wohnen?«

Crossley: »Ja, das glaube ich. Sie kann das sehr gut beurteilen.«

Das konnte man wohl kaum als hartes Kreuzverhör bezeichnen. Richter Jenkinson fragte mich, wie zuvor Philip Graves und später die andern, einiges über Annes Kommunikation. Besonders interessierte ihn die Frage, ob eine unabhängige Person – jemand, den Anne nicht kannte – direkt mit ihr kommunizieren könne, entweder, indem sie ihren Arm unterstützte, oder, indem sie ihre Ja-Nein-Reaktionen benutzte. Er wollte sich offenbar nur informieren – keine seiner Fragen war aggressiv oder bedrohlich.

Mr. Heerey nahm nun ein offenkundiges Problem in Angriff:

Heerey: »Miss Crossley, Sie haben sich mit Miss McDonald über das Anzeigen von Buchstaben an der Tafel verständigt. Haben Sie je die Möglichkeit in Betracht gezogen, daß Sie das Anzeigen der Buchstaben in irgendeiner Weise, unbewußt oder unbeabsichtigt, beeinflußt haben könnten?«

Crossley: »Ja, sicher habe ich das. Das ist ein Grundproblem für alle, die versuchen, die Bewegungen körperbehinderter Menschen auf diese Weise zu unterstützen.« Und ich erklärte, wie ich versucht hatte, dies auszuschließen.

Sue Jones, unsere Nachbarin, war die nächste im Zeugenstand. Sie bezeugte, daß sie anwesend war, als Annie buchstabierte, daß sie das Hospital verlassen und bei uns wohnen wolle.

Dann vertagte sich das Gericht auf den nächsten Tag, und nach der üblichen Manöverkritik fuhr ich zurück ins Hospital, um den Kindern vom Fortgang der Ereignisse zu berichten.

Die Donnerstagsausgabe von »Age« zeigte auf der Titelseite ein Foto von Annie, wie sie vom Gerichtsgebäude weggetragen wurde. Ganz klein sah sie darauf aus.

Am nächsten Tag betrat Dr. Maginn, der Direktor von St. Nicholas, den Zeugenstand. Die Befragung begann mit dem Kernstück des Beweismaterials.

Heerey: »Herr Doktor, stimmen Sie zu, daß anscheinend kein

Zweifel daran besteht, daß Anne McDonald das Zustandsbild einer Athetose zeigt?«

Dr. Maginn: »So ist es. Ja.«

Heerey: »Es besteht Uneinigkeit, ob außerdem eine bilaterale Hemiplegie vorliegt?«

Dr. Maginn: »Meinerseits besteht kein Zweifel. Ich bin sicher, daß es so ist.«

Heerey: »Sie sind sich sicher, aber Sie akzeptieren, daß Dr. Graves zu einer abweichenden Ansicht gelangt ist?«

Dr. Maginn: »Soweit ich Dr. Graves verstanden habe, beinhaltet seine Stellungnahme, daß eine Mischform von Spastik und Athetose vorliegen könnte.«

Heerey: Ich möchte Ihnen gerne den Kern von Dr. Graves' Aussage nochmals zu Gehör bringen: ›Ich glaube, daß sie nicht das Bild einer bilateralen Hemiplegie zeigt; wenn aber doch, so jedenfalls in wesentlich geringerem Ausmaß im Vergleich zur Athetose.‹«

Dr. Maginn: »Es mag sein, daß so seine Aussage lautet, ich kann mich nicht im einzelnen erinnern.«

Heerey: »Wenn Sie recht haben und sie tatsächlich das Zustandsbild der bilateralen Hemiplegie zeigt, verstehe ich Sie dann richtig, daß sie deshalb sehr wahrscheinlich geistig behindert ist?«

Dr. Maginn: »Ja.«

Heerey: »Es ist dann eine Frage der statistischen Wahrscheinlichkeit, daß sie geistig behindert ist?«

Dr. Maginn: »Ja.«

Heerey: »Besteht keine Gewißheit?«

Dr. Maginn: »Keine Gewißheit.«

Heerey: »Und ist es nicht in jedem konkreten Einzelfall, wo unklar ist, ob der Intellekt beeinträchtigt ist, ganz einfach entscheidend wichtig, zu untersuchen, was das Gehirn leistet?«

Dr. Maginn: »Ja.«

Heerey: »Und die allgemein anerkannte Methode hierfür besteht in einer psychologischen Untersuchung des betroffenen Individuums?«

Dr. Maginn: »Das hängt vom Entwicklungsniveau dieser Person ab. Es ist unmöglich, Menschen, die keine Art von Kommunikation beherrschen, psychologisch zu begutachten.«

Heerey: »Genau darum scheint es zu gehen, Herr Doktor. Ich möchte Ihnen die Aussagen vorlegen, die Ihnen in der neuesten Ausgabe des ›Bulletin‹ zugeschrieben werden. Vielleicht können Sie uns sagen, ob Sie korrekt zitiert wurden. Es wird berichtet, daß Sie Folgendes äußerten – dies erschien in Anführungsstrichen: ›Diese Behauptungen sind maßlos übertrieben. Alle Behauptungen von Miss Crossley stehen und fallen mit einer einzigen Frage – nämlich ob auch nur eines der Kinder etwas ohne ihre Hilfe buchstabieren kann‹?«

Dr. Maginn: »Nun, bevor...«

Heerey: »Zunächst einmal möchte ich wissen, ob Sie mit dieser Erklärung richtig wiedergegeben wurden?«

Dr. Maginn: »Ja, aber es gibt – also, das ›maßlos übertrieben‹ bezog sich auf die voranstehenden Behauptungen, nämlich daß diese Kinder fähig sein sollen, sehr komplexe Rechenoperationen durchzuführen, daß sie fähig sind, Französisch, Jugoslawisch und Griechisch zu verstehen, und Geschichte, und daß sie sogar – Anne McDonald hat mit einer andern Gruppe an Lektionen über menschliche Anatomie teilgenommen –, das meinte ich mit ›maßlos übertrieben‹.«

Heerey: »Es läuft alles auf die Frage der Kommunikation hinaus, nicht wahr?«

Dr. Maginn: »Ja.«

Heerey: »Würden Sie, wenn Annes Kommunikation mit Mr. Healey echt und von niemandem beeinflußt war, zugeben, daß sie damit zumindest durchschnittliche Intelligenz bewiesen hat?«

Dr. Maginn: »Ja.«

Heerey: »Und es ließe sich daraus folgern, daß Ihre Ansicht falsch wäre, daß sie nicht geistig behindert wäre?«

Dr. Maginn: »Nein, angesichts der mir jetzt vorliegenden Ergebnisse vertrete ich die Meinung, die ich auch in meiner schriftlich beeidigten Erklärung niedergelegt habe, nämlich daß sich ihre Leistungen im Bereich schwerer geistiger Behinderung bewegen. Das bedeutet nicht, daß es immer so sein wird. Es mag sein, daß sich mit neuem Beweismaterial auch meine Einschätzung ändert.«

In seiner eidesstattlichen Erklärung hatte Dr. Maginn mehrfach aus Annes Krankenakte zitiert. Ihr Hausarzt hatte sie 1964 als geistig behinderte Spastikerin bezeichnet. 1965 hatte der Kinderarzt des Hospitals sie als geistig schwer behindert eingestuft.

In den folgenden Jahren wurde ihr Gesundheitszustand ein paarmal überprüft, und anscheinend hatte keiner der Ärzte erwähnt, daß sie an bilateraler Hemiplegie leide. 1975 befand der Amtsarzt bei ihrer Wiedervorstellung, daß sie geistig schwer behindert sei, und 1978 berichtete Dr. Basil Glaun, der Kinderarzt des Hospitals, daß sie eine Mischform spastischer und athetotischer Zerebralparese zeige und höchstens die Fähigkeiten eines zwölf Monate alten Säuglings habe.

Heerey: »Basiert Ihre in Ihrer beeidigten Erklärung niedergelegte Meinung sowohl auf Ihren eigenen Beobachtungen als auch auf Ihrem Studium der einschlägigen Berichte?«

Dr. Maginn: »Ja.«

Heerey: »Gehe ich recht in der Annahme, daß es in diesen medizinischen Berichten nichts gibt, was mit der von Ihnen gewonnenen Ansicht oder Meinung unvereinbar wäre?

Dr. Maginn: »Nein, da gibt es nichts.«

Heerey: »Und wenn sich doch etwas fände...? Vielleicht darf ich Sie korrigieren. Es gibt eine Feststellung in der Krankenakte – sie stammt von einem Dr. Graves –, die dem widerspricht, was Sie sagen... Aber lassen wir einmal Dr. Graves' Ansicht beiseite. Die Krankenberichte enthalten also nichts, das mit der von Ihnen geäußerten Meinung unvereinbar wäre?«

Dr. Maginn: »Ganz recht. Ja.«

Heerey: »Ihrer Ansicht nach ist sie also geistig schwer behindert und kann nicht, wie Miss Crossley behauptet, durch Buchstaben-Anzeigen kommunizieren.«

Dr. Maginn: »Das ist richtig, außer daß ich es so formulieren würde: Ihre Leistungen bewegen sich im Bereich schwerer geistiger Behinderung. Ich sage nicht, sie ist geistig schwer behindert, das würde einen festgeschriebenen Zustand implizieren.«

Dieser Punkt wurde in einer Diskussion mit Richter Jenkinson genauer geklärt. Dr. Maginn sagte: »Wir sprechen lieber in der Begrifflichkeit einer funktionellen Diagnose von Retardierung. Das impliziert, das Zustandsbild kann sich ändern, das Ausmaß der Retardierung kann sich ändern, oder es können später andere Informationen gewonnen werden. Deshalb die funktionelle Diagnose und nicht: ›Jemand ist schwer geistig behindert. Punkt.‹«

Dr. Maginn wies darauf hin, daß das Hospital mir für die Arbeit mit den Kindern Räume zur Verfügung gestellt habe, eine Possum-Schreibmaschine und einen Seitenwender, und daß es eine Reihe von wissenschaftlichen Untersuchungen angestrengt habe. Er behauptete, St. Nicholas habe alles unternommen, was in seiner Macht stand, um herauszufinden, ob Kommunikation möglich sei.

Dr. Maginn: »Wir organisierten eine Untersuchung durch eine Kommission, bestehend aus Dr. Roger Wales, Basil Glaun und dem Leiter des Pflegedienstes, Mr. Bantos. Dr. Wales berichtete damals unter anderem, er sei nicht davon überzeugt, daß Miss Crossleys Kommunikationsmethode ohne einen gewissen Grad an – er hatte seine Zweifel an der Kommunikationsmethode durch Armbewegungen. Was er aber nach eingehender Untersuchung bestätigte, war, daß seiner Ansicht nach die Kinder – nun, Anne und einige andere Kinder – Wörter und Bilder einander zuordnen konnten.

Noch früher hatten wir Mrs. Vant, Jean Vant, gebeten, eine ordentliche Untersuchung bezüglich der Behauptungen von Miss Crossley durchzuführen. Sie gab eine ziemlich schlampige Stellungnahme ab, aus der in etwa hervorging, daß die Kinder nach ihrer Überzeugung höhere Leistungen als ursprünglich angenommen erbrachten. Ja, Euer Ehren, ich habe die ganze Zeit die Position vertreten, daß ich – und ich bin sicher, daß Sie das verstehen – objektiv oder noch objektiver als alle andern sein muß. Ich darf nicht den Anschein erwecken, daß ich bestimmten Dingen zustimme, denn damit gewinnen diese einen Wahrheitsgehalt, der gar nicht berechtigt ist.«

Der Richter befragte Dr. Maginn ausführlich über Annes Ja-Nein-Reaktionen und ob es möglich sei, diese für einen zufriedenstellenden Test zu nutzen. Er schien anzunehmen, daß das möglich wäre und daß Anne, wenn sie Intelligenz besäße, diese auch zeigen könnte.

Mr. Heerey wandte sich wieder der Krankenakte zu.

Heerey: »Ich möchte Ihnen etwas vorlesen. Bitte hören Sie genau zu: ›Annie wurde mehrfach vorgestellt. Ich habe sie bei der Arbeit mit der magnetischen Buchstabentafel beobachtet, und zwar sowohl in der Rolle der Person, die ihr Hilfestellung gab, als auch in der Rolle der Testleiterin. In beiden Fällen konnte ich mich davon überzeugen, daß sie tatsächlich die Fragen beantwortete und jeweils das Arbeitsmaterial und die Fragen gelesen hatte. Allerdings ist diese Methode sowohl für Annie als auch für die Menschen, die mit ihr arbeiten, sehr ermüdend und zeitraubend. Außerdem kann die Interpretation, wenn man die Antwort nicht kennt, zu Mißverständnissen und Frustrationen für alle Beteiligten führen, besonders dann, wenn man mit Annie nicht vertraut ist, aber auch dann.‹ Nun, gehen wir einmal davon aus, daß dies von einer anderen Person als Miss Crossley stammt. Das wäre doch wohl Ihrer Meinung nach nicht damit zu vereinbaren, daß Anne retardiert ist und mit niemand anderem als Miss Crossley kommunizieren kann, oder doch?«

Dr. Maginn: »Das ist wahr, das letztere ist wahr, ja.«

Heerey: »Sehen Sie, Herr Doktor, ich möchte Sie darauf aufmerksam machen, daß das, was ich soeben vorgelesen habe, aus dem Bericht einer gewissen Jean Vant stammt. Sie machte am 22. September 1977 Interviews mit einigen Bewohnern von St. Nicholas, darunter auch mit Anne McDonald.«

Dr. Maginn: »Gut.«

Heerey: »Ist das richtig?«

Dr. Maginn: »Das weiß ich nicht. Ich nehme an, es war so. Sie hat es anscheinend nie für wichtig genug befunden, mir davon zu erzählen.«

Heerey: »Also, Sie sagen, Sie haben einen derartigen Bericht nie gesehen oder davon gehört?«

Dr. Maginn: »Nein, einen derartigen Bericht nicht.«

Heerey: »Es klingt nicht nach der sehr schlampigen Stellungnahme, von der Sie sprachen?«

Dr. Maginn: »Nein.«

Ich wußte, was jetzt kommen würde.

Heerey: »Mrs. Vant war die leitende Psychologin der Abteilung für geistig Behinderte, nicht wahr?«

Dr. Maginn: »Ja.«

Heerey: »1977 ging sie ans Institut für Sonderpädagogik der Staatlichen Hochschule von Burwood?«

Dr. Maginn: »Ja.«

Heerey: »Ich möchte darauf hinweisen, daß sie diese vier Kinder interviewte...«

Richter Jenkinson: »Wie kommen Sie dazu, darauf hinzuweisen, Mr. Heerey, wenn Sie keinen Antrag auf weitere Beweisaufnahme stellen?«

Heerey: »Vielleicht dürfte ich Dr. Maginn zunächst einmal den Bericht übergeben?«

Der Bericht wurde Dr. Maginn ausgehändigt.

Heerey: »Würden Sie bitte hineinschauen? Erkennen Sie Mrs. Vants Unterschrift?«

Dr. Maginn: »Ja, ja.«

Heerey: »Mrs. Vant ist eine hochqualifizierte Psychologin?«

Dr. Maginn: »Ja.«

Heerey: »Gab es 1977 einen Dr. Barlow als Leiter der Abteilung für geistig Behinderte?«

Dr. Maginn: »Ja.«

Heerey: »Kennen Sie ihn, und kennen Sie seine Unterschrift?«

Dr. Maginn: »Ja.«

Heerey: »Würden Sie bitte diesen Brief vorlesen?«

Richter Jenkinson: »Was ist das Ziel dieses Kreuzverhörs, Mr. Heerey?«

Heerey: »Das Ziel, Euer Ehren, besteht darin, festzustellen, daß dies eine Kopie des Berichts ist, aus dem ich vorgelesen habe. Er wurde von Mrs. Vant verfaßt und Dr. Barlow vorgelegt. In jenem Brief hat Dr. Barlow mitgeteilt, daß er den Bericht weitergeleitet hat, unter anderem an Dr. Maginn.«

Richter Jenkinson: »Sie möchten Dr. Maginn zu dem Eingeständnis bringen, daß er eine Kopie des von Mrs. Vant unterzeichneten Dokuments gesehen hat?«

Heerey: »Ja.«

Richter Jenkinson: »Warum ist es für diesen Zweck notwendig, daß der Zeuge den Brief laut vorliest? Er hat ihn gelesen, und er sieht das, was Ihrer Meinung nach seine Ansicht bezüglich seiner früheren Einschätzung ändern helfen wird. Fragen Sie ihn nun, ob er sich jetzt erinnert, daß er einen derartigen Bericht gesehen hat.«

Heerey: »Ja, Sir. Dr. Maginn, sagen Sie jetzt, nachdem Sie diesen Brief gelesen haben, daß Sie ein Exemplar jenes Berichts erhalten haben?«

Dr. Maginn: »Ja.«

Heerey: »Haben Sie ein Exemplar erhalten?«

Dr. Maginn: »Ja.«

Heerey: »Er ging in die normalen Akten des Hospitals über...?«

Dr. Maginn: »Ja.«

Heerey: »Haben Sie diesen Bericht bei der Vorbereitung Ihrer schriftlich beeidigten Erklärung miteinbezogen?«

Dr. Maginn: »Ja, aber ich betrachte diesen Bericht immer noch als ziemlich schlampig. Er ist nur eine Seite lang.«

Heerey: »Es war ein schlampiger Bericht?«

Dr. Maginn: »Dieser Bericht bezieht sich auf vier Kinder.«

Heerey: »Dr. Maginn, warum haben Sie diesen Bericht in Ihre schriftlich beeidigte Erklärung nicht miteinbezogen, zusammen mit den Gutachten der anderen Experten, die eher Ihre Ansicht unterstützen?«

Dr. Maginn: »Weil ich Mrs. Vant nicht glaube – ich glaube nicht, daß ihre Stellungnahme – ich glaube ihr kein bißchen mehr als Miss Crossley.«

Heerey: »Hm. Wäre es nicht eine gute Idee gewesen, auch dem Gericht die Möglichkeit zu geben, über die Gültigkeit dieser Stellungnahme zu urteilen?«

Dr. Maginn antwortete nicht.

Heerey: »Sie beharren auf Ihrer Position, daß jener Bericht trotz dieses Gutachtens weiterhin gültig ist, so wie Sie es als Ihre Meinung geäußert haben?«

Dr. Maginn: »Ja.«

Mr. Heerey beendete sein Kreuzverhör mit Dr. Maginn. Es sah nicht so aus, als ob noch etwas dabei herauskommen würde.

Der nächste Zeuge war Dr. George Lipton, der Leiter der Abteilung für Psychiatrie. Er hatte nicht viel mehr zu sagen, als daß Anne trotz eventueller »hoher kognitiver Leistungen« Ausfälle haben könne, die ihr Urteilsvermögen einschränkten.

Dr. Lipton: »Es ist meine Überzeugung, Euer Ehren, daß wir nicht sicher sein können, ob nicht aufgrund verschiedener Faktoren eine Störung der Urteilsfähigkeit vorliegt. Einige dieser Faktoren führen oft zu weitreichenden Fehleinschätzungen, auch bei Menschen mit vollständiger Wahrnehmung oder hohen kognitiven Fähigkeiten. Ich kann das letztlich nicht beurteilen, jedenfalls nicht, solange keine äußerst gründlichen und detaillierten Untersuchungen von den verschiedensten Fachleuten vorliegen.«

Mr. Healey wurde genauestens zu seiner schriftlich beeidigten Erklärung vernommen, in welcher er Anne eine »zumindest überdurchschnittliche Intelligenz« bescheinigt hatte. Richter Jenkinson befragte ihn über die Möglichkeiten, einen objektiven Test anzuwenden. Patricia Minnes war die einzige andere Zeugin, die über die Untersuchungsmethoden aussagte. Dem Richter lagen ansonsten beeidigte Erklärungen von John Hickman und Dot Chandler über ihre Kommunikation mit Anne vor, die von der *Health Commission* nicht angefochten wurden.

Richter Jenkinson befand sich in einer schwierigen Lage: Er stand vor eben den Problemen, mit denen wir in den vergangenen Jahren konfrontiert gewesen waren. Wir waren hier im Gericht, weil wir keine akzeptable Beurteilungsmethode hatten finden können. Wenn sich so eine Methode fand, wäre er von dem Dilemma befreit, zwischen widersprüchlichen medizinischen Aussagen wählen zu müssen und einen Rechtsstreit zu entscheiden, zu dem es keinen Präzedenzfall gab.

Er hatte sich offensichtlich die Mühe gemacht, die einschlägige Literatur zu studieren. Es gelang ihm mehrfach, die Anwälte und sogar die Ärzte durch unerwartete medizinische Fachkenntnisse aus der Fassung zu bringen. Doch er hatte nur wenige Tage gehabt, um Fragen zu erforschen, die uns jahrelang beschäftigt hatten.

»Könnte Anne McDonald«, so fragte er Philip Graves, »sich von einer bestimmten Stelle auf dem Fußboden näher zur Tür hinbewegen?«

Nein, das konnte Philip sich nicht vorstellen.

Ob sie zwei verschiedene Arten von Tönen von sich geben könnte?

Vielleicht.

Mich fragte er, wie lange es wohl brauchen würde, bis ein zuvor Unbekannter Anne bei der Benutzung der Buchstabiertafel helfen könnte. Ich hatte keine Ahnung. Ob sie einen Schalter treffen könne? Ja, in einer entspannten Situation wohl, war meine Antwort. Ob sie eindeutige Zeichen für »ja« und »nein« mit der Zunge geben könne? Ich mußte zugestehen, daß die Eindeutigkeit von der Einstellung des Betrachters abhänge; meiner Ansicht nach könne sie es. Er fragte Pat Minnes, ob sich Fragen konstruieren ließen, die mit Ja-Nein-Reaktionen beantwortbar wären und dennoch Rückschlüsse auf ihre Intelligenz ermöglichten. Nach einigen Vorbehalten stimmte sie dem zu. An Dr. Maginn ging die Frage, ob man Annes Bewegungskontrolle testen könne, indem man sie aufforderte, ihre Augen solange geschlossen zu halten, bis sie ein Glockenzeichen hörte. Er hielt dies für möglich. Dr. Healey wurde über Einwegspiegel befragt. Mich fragte er noch mal zu Annies Ja-Nein-Zeichen. Ihre zuverlässigsten Zeichen mache sie mit der Zunge oder den Augen, sagte ich. Ob Anne nicht dazu neige, ihre Zunge unwillkürlich herauszustrecken, fragte der Richter. Ich bejahte – aber es gäbe einen Unterschied zwischen der unwillkürlichen Bewegung und der gezielten Ja-Antwort. Ich fragte, ob ich diese Bewegungen demonstrieren dürfe.

Der nächste Augenblick war einer der Höhepunkte meiner Karriere. Es ist bislang wohl nur wenigen Menschen die Aufforderung zuteil geworden, einem Richter des höchsten Gerichts die Zunge herauszustrecken.

Annies Anwalt und die *Health Commission* versuchten einen für beide Seiten bindenden Test auszutüfteln. Nach einigem Hin und Her wurde vorgeschlagen, ein neutraler Arzt solle als Schiedsrichter bei einem Test fungieren, bei dem ich den Raum verlassen würde, während Annie die Worte gezeigt wurden. Wir kannten die Fallstricke eines solchen Unternehmens: Annie würde vielleicht die Mitarbeit verweigern oder könnte vor lauer Anspannung die Aufgabe nicht erfüllen, oder ihre Antworten wären an jenem Tag womöglich nicht klar genug. Aber manchmal muß man etwas riskieren. Wenn wir Richter Jenkinsons Vorschlag nicht akzeptierten, liefen wir Gefahr, daß er mangels Beweisen nicht über Annies Intelligenz urteilen konnte oder aber zu dem Schluß kam, unsere Weigerung, den Test durchzuführen, bedeute, daß wir uns unserer Sache nicht sicher wären. Wir hatten schon zugestimmt, als sich herausstellte, daß der »unparteiische« Arzt, den man ausgesucht hatte, nicht aufzutreiben war und daß ich bei dem Test nicht nur während der Aufgabenstellung den Raum verlassen, sondern auch noch mit verbundenen Augen mit Annie arbeiten sollte. Das war überflüssig und unmöglich. Ich würde Annie nicht sagen können »zeig noch mal«, oder sie die Buchstaben bestätigen oder ablehnen lassen, auf die sie meiner Ansicht nach gezeigt hatte – ganz zu schweigen von dem psychologischen Effekt, den ein derartiges Arrangement auf sie haben würde. Ich ging mit einer Notiz nach vorn, die besagte, daß der Vorschlag undurchführbar sei. Ich hätte mir keine Sorgen zu machen brauchen. Ohne Zögern erhob sich Mr. Heerey und sagte, wir hätten unsere Meinung geändert. Die Sache sei so kompliziert, daß wir einen Rückzieher machen und die Entscheidung an den Richter zurückverweisen wollten. Ohne große Begeisterung akzeptierte der Richter das als unser Recht und beendete die Anhörung. Sein Urteil setzte er aus.

Mir blieb nur, nach St. Nicholas zu fahren und Annie zu sagen, daß es keine Neuigkeiten gäbe und auch so bald wohl keine geben würde. Unsere Anwälte seien pessimistisch: Wir hätten zwar die Fakten und das Recht auf unserer Seite, aber dies sei ein Präzedenzfall, der viele andere Fälle nach sich ziehen würde. Wir würden vermutlich in der ersten Instanz verlieren, aber in der Berufung gewinnen. Es war nicht leicht, Annie dies in einigermaßen munterem Ton zu erzählen.

Als ich Freitag wieder zur Arbeit ging, mußte ich entdecken, daß der Schrank mit den Privatsachen der Kinder aufgebrochen worden war, während ich beim Gericht war, und all ihre Tagebücher und Notizhefte verschwunden waren.

Am Sonntag veranstaltete die *Health Commission* einen »Tag der Offenen Tür« in St. Nicholas. Ich verpflichtete ein paar freiwillige Helfer dazu, den ganzen Tag über bei den Kindern zu bleiben und dafür zu sorgen, daß die Leute nicht in ihrer Gegenwart über sie diskutierten. Die *Health Commission* leistete sich ein paar Aushängeschilder: Drei neue Farbfernseher tauchten auf, und ein ganzes Arsenal von Spielsachen, noch mit Preisschildern dran, wurde verstreut. Wenigstens gab der »Tag der Offenen Tür« allen, denen der Besuch verboten gewesen war, Gelegenheit, die Kinder zu sehen. Manche Eltern entdeckten plötzlich, daß ihr Kind zu der angeblich »intelligenten Gruppe« gehörte – die *Healte Commission* hatte ihnen nichts davon gesagt.

Marks Mutter kam ihn besuchen und fand sich vor ihrem buchstabierenden Sohn wieder. Nachdem sie elf Jahre lang geglaubt hatte, Mark sei hochgradig geistig behindert, war das ein Schock. Im »Age« wurde sie später zitiert: »Ich weiß nicht, was ich glauben soll. Ich sah ihn die Buchstaben zeigen, um Wörter zu bauen, aber alles schien irgendwie zufällig... Wenn eines Tages so etwas vom Himmel fällt, kann man's fast nicht glauben. Man wünscht sich, daß er's wirklich tut, aber dann fängt man an zu zweifeln nach all den vielen Jahren, wo man ihn ganz anders gesehen hat.«

Lesley, die ohne Unterstützung zeigen kann, buchstabierte für ihre Mutter: »Hol mich nach Hause!« Sie kommunizierte zum erstenmal mit ihr. Annie war von ihren Eltern abgeholt worden.

Vier Tage später bekam ich einen Anruf von unseren Anwälten: Das Urteil sollte am nächsten Tag bekanntgegeben werden.

Am Donnerstagmorgen versammelten wir uns im Gericht. Richter Jenkinson ordnete seine Papiere und begann: »Verkündigung eines vorläufigen Urteils zur Haftprüfung nach Habeas Corpus.« Detailliert und ohne Eile ging er Annes Krankengeschichte durch. Bei der Besprechung ihrer Kommunikationsmethoden fügte er jedesmal ein »es wird behauptet« hinzu. Er stellte die juristische Lage dar und behandelte die Frage ihrer Kommunikation. Seine Schlußfolgerung lautete: *Falls* Annie kommuniziere, dann sei Dr. Healeys

Einschätzung ihrer Intelligenz als überdurchschnittlich gerechtfertigt. Dann sprach er über mich.

Richter Jenkinson: »Das Beweismaterial und die Dokumente der Beklagten zielen nicht auf die Schlußfolgerung, daß Miss Crossley die Bewegungen der Antragstellerin bei der Auswahl der Buchstaben mit bewußter Täuschungsabsicht manipuliert hat. Vielmehr wurde mir nahegelegt, die Auswahl der Buchstaben – von der behauptet wird, daß sie durch Miss Crossley und nicht durch die Antragstellerin hervorgebracht wurde – den Auswirkungen ihrer starken emotionalen Hingabe zuzuschreiben. Sie hat sich mit ganzem Herzen und allen Kräften dafür eingesetzt, eine Kommunikation mit der Antragstellerin herzustellen und genausoviel Kraft und Hingabe darauf verwendet, die Beklagte und andere davon zu überzeugen, daß eine intelligente Kommunikation der Antragstellerin in deren Kompetenz liegt. Obwohl in dieser Hinsicht keine Beweise vorliegen, muß ich wohl in meiner Eigenschaft als Richter zur Kenntnis nehmen, daß derartige psychologische Mechanismen bei einer Person in Miss Crossleys Situation dazu führen könnten, daß sie sich Illusionen hingibt und versucht, andere zu täuschen, ohne daß sie wahrnimmt, was sie tut.«

Das klang nicht sehr verheißungsvoll.

Richter Jenkinson: »Andererseits legt Miss Crossleys Verhalten im Zeugenstand nicht im mindesten den Verdacht nahe, daß sie Opfer dieser Mechanismen war, noch gab ihre Haltung Anlaß zu solchen Verdächtigungen, bis auf ihre Behauptungen...«

Er brachte mich an den Rand des Wahnsinns – er sprach seit zwanzig Minuten, und noch immer konnte ich nicht erraten, worauf das alles hinauslaufen sollte.

Richter Jenkinson: »Das einzige andere Zeugnis, das gegen die Annahme spricht, daß tatsächlich Anne McDonald selbst kommuniziert, stammt von Dr. Maginn. Und er ist sicher besonders qualifiziert, diese Frage zu beurteilen.«

Er besprach nun ausführlich Dr. Maginns Qualifikation, seine Erfahrung und seine Meinung über Annie.

Richter Jenkinson: »Dr. Maginns Beweise verdienen gebührende Beachtung. Aber die Überzeugungskraft der Beweismittel zugunsten der Schlußfolgerungen, daß die Antragstellerin mit Intelligenz kommuniziert, hat überwogen.«

Die Tränen liefen mir übers Gesicht. Ich konnte nicht einmal lächeln.

Richter Jenkinson: »Wir sehen Miss Crossley vor uns als intelligente und gebildete Frau von dreiunddreißig Jahren, gegen deren Charakter und geistige Gesundheit nichts vorgebracht wurde. Ihr Zeugnis – nämlich, daß es die Intelligenz der Antragstellerin ist, die sich in der Auswahl von Buchstaben äußert – wird durch die Meinung eines Kinderarztes und eines erfahrenen klinischen Psychologen unterstützt und in mehrfacher Hinsicht durch die Zeugnisse von zwei Sozialarbeitern und einem Mathematiker untermauert. In Anbetracht des gesamten Beweismaterials und der Wahrscheinlichkeiten, die für beziehungsweise gegen die Schlußfolgerung sprechen, daß die Antragstellerin selbst die Buchstaben wählt, durch welche die Kommunikation zustande kommt, während der Arm der Antragstellerin durch Miss Crossley unterstützt wird, gelange ich zu der Überzeugung, daß diese Kommunikation durch die Antragstellerin hervorgebracht wird. Wenn dem so ist, folgt daraus, daß die Antragstellerin den Wunsch geäußert hat, das Hospital zu verlassen. Denn nichts läßt darauf schließen – noch würden die Beweise einen entsprechenden Verdacht rechtfertigen –, daß diese Wünsche trotz der Fähigkeit der Antragstellerin, logisch zu denken und ihre Wünsche mitzuteilen, in den Aussagen falsch wiedergegeben wurden. ... Die Ergebnisse, die ich dargelegt habe, führen außerdem zu dem Schluß, daß der Anwalt und Rechtsberater, der in Anspruch nahm, während dieses Verfahrens im Auftrag der Antragstellerin zu handeln, tatsächlich ihre Ermächtigung besaß.«

Er befand, daß die *Health Commission* mit der Behauptung im Unrecht war, daß eine Person, die einen Antrag auf Habeas Corpus stellt, diesen beeidigen müsse oder daß nachgewiesen werden müsse, daß sie durch Gewalt daran gehindert wurde. Er befand, daß Annes Anwälte ordnungsgemäß instruiert worden waren. Es war weder seine Aufgabe, darüber zu entscheiden, ob es in ihrem wohlverstandenen Interesse läge, das Hospital zu verlassen, noch ob sie überhaupt dazu fähig sei, herauszufinden, worin ihr wohlverstandenes Interesse bestünde. Er hatte geurteilt, daß sie verstand, was mit dem Verlassen des Hospitals gemeint ist. Nichts deutete darauf hin, daß sie in akute Gefahr geriete oder ernsten Schaden nehmen würde, wenn sie das Hospital mit mir zusammen verließe – so wäre es nicht gerechtfertigt, ihre Entlassung aufzuschieben. Wenn die *Health Commission* ihr besonderen Schutz angedeihen lassen wollte, so hätte sie andere Maßnahmen einleiten können. Sie hätte das Vormundschaftsgericht einschalten oder sich auf den *Mental Health Act* berufen können, aber das sei nicht geschehen. Unter diesen Umständen sah er keinen Anlaß, die gerichtliche Anordnung ihrer Entlassung aufzuschieben.

Annie hatte gewonnen.

Jetzt erhob sich Mr. Gillard und wedelte mit einem Blatt Papier, das gerade in den Gerichtssaal gebracht worden war. Die *Health Commission* wollte Annie unter Amtspflegeschaft stellen, ja, sie hatte das gerade getan. Zwei Ärzte waren bei ihr gewesen, hatten sie für »körperlich gebrechlich« und damit für im Sinne des Gesetzes geschäftsunfähig erklärt. Dem Richter schlug Mr. Gillard vor, den Entlassungsbescheid zurückzustellen, damit der Pfleger und Annes Eltern sich darüber einigen könnten, ob sie eine Kommission berufen wollten, die über ihre Zukunft entscheiden könnte. Es war ein letzter Versuch, und selbst der Richter schien verärgert, daß man so versuchte, den Gerichtsbeschluß zu umgehen.

Richter Jenkinson sah die Bescheinigungen durch und vertagte den Fall auf den späten Nachmittag. Bis dahin sollten alle darüber nachdenken, aber so wie die Dinge lägen, würde er wohl bei seinem Spruch bleiben und den Entlassungsbescheid fertigen.

Es führt eine lange Treppe von den Gerichtsgebäuden hinunter zum Bürgersteig, und unten wartete ein wogendes Meer von Reportern und Fernsehkameras. Alle diese Stufen hinunterzugehen, war wohl mit das Schwierigste in meinem bisherigen Leben. Ich kann mich weder an die Fragen noch an meine Antworten erinnern. Das Urteil war noch nicht endgültig, die Sache lag dem Gericht noch vor. Ich konnte keine Kommentare abgeben.

Wieder fuhr ich nach St. Nicholas, diesmal mit guten Nachrichten. Einige Mitarbeiter des Hospitals waren bei Gericht gewesen und vor mir zurückgekommen. Alle wußten von den Geschehnissen im Gericht, aber niemand konnte etwas damit anfangen. Zum erstenmal seit drei Monaten durfte ich allein mit Annie reden, und ich nutzte das Durcheinander, um Stephen zu besuchen und ihm zu erzählen, was geschehen war.

Nach einem verspäteten Sektfrühstück mit Chris und vielen Freunden telefonierte ich mit unseren Anwälten, um zu fragen, ob sich in letzter Minute noch Änderungen in unserer Strategie ergeben hätten. Sie waren von den Reportern mit Fragen bombardiert worden und gaben mir eine Liste von Leuten, die mich sprechen wollten.

Am Nachmittag mußte ich mich zum Gericht durchkämpfen. Drinnen trat ein Anwalt für Annies Eltern auf und beantragte Aufschub, damit man eine Kommission bilden könne, die für Annies Schutz, ihre Versorgung und die Regelung ihrer Geschäfte sorgen sollte. Dagegen bezog Mr. Heerey Stellung mit der Begründung, die Anhörung habe ergeben, daß sie »ausreichend fähig sei, über ihr eigenes Leben zu entscheiden«, und beantragte, daß der Erlaß gemäß Habeas Corpus ergehen möge. Richter Jenkinson fragte den Anwalt der McDonalds, ob Hinweise vorlägen, daß Annie Gefahr für Leib und Leben drohe, wenn sie mit mir St. Nicholas verließe. Er erwiderte, man habe ihm gesagt, daß »Miss McDonalds Gesundheitszustand extrem gefährdet sei«. Das war sein einziger Kommentar.

Richter Jenkinson sagte: »Ich schlage vor, einen Erlaß zu formulieren.« Es gab Diskussionen um die Form des Erlasses, bis der Richter verkündete: »Es ergeht die Anordnung, daß die Beklagte die Antragstellerin nicht daran hindert, das Grundstück des St.-Nicholas-Hospitals in Carlton in Begleitung von Rosemary Crossley zu verlassen.«

Als ich nun die lange Treppe hinunterging, gab es keine Entschuldigung, die Fragen der Reporter nicht zu beantworten, und als ich endlich nach St. Nicholas kam, warteten dort auf der einen Seite der Zufahrt Reporter und Kameraleute, auf der anderen Beamte und Ärzte der *Health Commission*. Ich ging mitten hindurch und wußte nicht, vor wem ich mehr Angst haben sollte. Oben fand ich Annie in den Kleidern, die ich für sie hinterlassen hatte. Ich wunderte mich nicht, sie sehr angespannt zu finden – sie wußte noch kaum etwas. Ich nahm sie mit hinunter, um den anderen Kindern gute Nacht zu sagen. Ich machte mir Sorgen um sie, wollte sie beruhigen und ihnen sagen, daß ich wiederkäme. Überall waren Kameras, und Fotografen riefen Annie zu, in ihre Richtung zu schauen. Ein Reporter zeichnete sich besonders aus. Er fragte: »Versteht sie, was los ist?«

Ich fragte Annie, ob sie der Presse etwas sagen wolle. Ein begeistertes »Ja!« war die Antwort. Wir gingen hinaus auf die Veranda, und sie buchstabierte: »Danke sehr. Befreit die übrigen Gefangenen!«

Ich mußte unterschreiben, daß ich Annie ohne die Einwilligung des Direktors aus dem Hospital holte, und dann gingen wir zum Tor hinaus.

ANNIE: Ich konnte nicht glauben, daß ich wirklich fortgehen würde, als die Schwestern mir meine neuen Kleider anzogen. Keine sprach mit mir und sagte, was passiert war, aber ich hörte, wie sie erzählten, Rosie hätte gewonnen. Viele Schwestern glaubten es nicht. »Hipp, hipp, hurra«, sagte eine, »jetzt müssen wir sie nicht mehr füttern.« Niemand freute sich, daß ich gewonnen hatte. Es kam mir vor, als wartete ich stundenlang in dieser Unsicherheit, ob es auch wirklich wahr wäre. Als Rosie endlich auftauchte, war ich zu angespannt, um noch lächeln zu können.

Niemand sagte »Auf Wiedersehen«.

19. Annie ist frei

Bei unserer Rückkehr wurden wir im Kreuzfeuer der Öffentlichkeit mit Blumen und Telegrammen empfangen, und Annie gab ihr erstes Fernsehinterview. Sie wurde gefragt, ob sie außerhalb des Hospitals etwas fürchte.

»Ja«, erwiderte sie, »Menschen.«

Was Menschen ihr anhaben könnten, fragte der Interviewer. »Mich anstarren«, war ihre Antwort. Und wieder bat sie die Welt, die anderen Kinder in St. Nicholas nicht zu vergessen.

Annies Eltern standen dem Urteil ablehnend, ja feindselig gegenüber, und das öffentliche Interesse konzentrierte sich darauf, wie bestürzt und gekränkt sie sein mußten.

Annies Entlassung veränderte unser Leben fast so sehr wie das ihre. Da es so wichtig war, daß ich weiter mit den anderen Kindern im Hospital arbeitete, blieb Chris den ersten Monat zu Hause, um sich um Annie zu kümmern. Währenddessen suchten wir nach einer passenden Betreuung für sie. Es war eine schwierige Zeit. Annie vermißte die anderen Kinder, und zugleich ärgerte sie sich, daß sie mich mit ihnen teilen mußte. Sie war glücklich und benahm sich bestens, solange ich da war, doch kaum war ich aus dem Haus, schmollte sie, und Chris hatte zu leiden.

Es war klar, daß wir für Annies Betreuung jemanden finden mußten, der mehr als nur körperliche Versorgung bieten konnte. Wir hatten Glück: Am Ende dieses schwierigen Monats fanden wir, was wir gesucht hatten. Donna Anderson hatte früher als Krankenschwester in St. Nicholas gearbeitet; Annie und ich kannten sie und mochten sie gern. Donna brachte Annie nun zum Schwimmen, besuchte Konzerte und Filme mit ihr, ging mit ihr einkaufen, besuchte Freunde, machte mit ihr die Übungen, die die Physiotherapeutin vorschlug, und half ihr bei den Unterrichtsprogrammen, die ich für sie entwarf. Annies Seitenwender und ihr Fernseher waren mit zu uns gekommen, und sie sah sich weiterhin die Schulprogramme an und las Bücher, die sie sich in der Leihbibliothek aussuchte.

Annie hatte sich ihr Leben bei uns so vorgestellt, wie sie es von den Wochenenden und besonderen Gelegenheiten kannte – doch die alltägliche Wirklichkeit blieb hinter diesen Erwartungen natürlich zurück. Vielleicht war sie deswegen enttäuscht, aber sie beklagte sich nie. Ganz sanft gewöhnte sie sich an die Routine bei uns, mit einer Ausnahme: dem Essen. Annie wußte nie, wann sie satt war. Früher hatte sie nie mehr bekommen, als sie bei einer Fütterungszeit essen konnte. Wenn sie am Wochenende zu uns gekommen war, hatte sie sich bei jeder Mahlzeit bis zum Platzen vollstopfen können, ohne daß sie davon krank geworden wäre. Ein, zwei Tage ging so etwas, aber nicht länger. Wenn Essen vor ihrer Nase stand, konnte sie nicht widerstehen, und wenn man ihr den Teller wegnahm, bevor er leer war, brach sie in Tränen aus, auch wenn sie genau wußte, daß ihr vom nächsten Bissen schlecht werden würde. Von Überlebenden aus Konzentrationslagern wird ähnliches berichtet.

Es überraschte uns nicht, daß Annie zu wachsen begann. Sie wurde größer und kräftiger, und zu ihrer großen Freude mußten wir sie ganz neu einkleiden. Auch die Schuhe wurden ihr zu klein. Dann verlor sie einen Zahn, und in der Zahnklinik stellte sich heraus, daß sie noch fast alle ihre Milchzähne hatte. Darunter warteten die zweiten Zähne; man sagte uns, daß sie ein »Zahnalter« von ungefähr neun Jahren habe. Als noch ein Zahn ausfiel, begannen ihre zweiten Zähne durchzubrechen und in den Lücken zu wachsen. Annies Körper war wie eine Uhr, die vor vielen Jahren stehengeblieben war und die jetzt, da sie aufgezogen wurde, wieder weiterlief. Es gibt viele Berichte von Kindern, die plötzlich dramatisch wachsen, nachdem sie einer deprivierenden Umgebung entkommen sind und ordentlich zu essen bekommen; aber es gibt kaum Beispiele in Annies Alter.

Annie war nun zu Hause, aber ich mußte als Lehrerin in St. Nicholas bleiben. Den anderen Kindern in meiner Gruppe wurde keine Verschnaufpause gegönnt. Als nächster Punkt stand auf ihrer Tagesordnung eine Untersuchung durch die »Kommission zur

Überprüfung von Behauptungen über Kinder im St.-Nicholas-Hospital«. Diese Kommission bestand aus vier Personen: dem Kinderpsychiater Dr. Peter Eisen, dem Neurologen Dr. Ian Hopkins, dem Psychologen Dough McCully und der Lehrerin Gwenda Wilkinson. Es war kein Therapeut darunter, und Frau Wilkinson war das einzige Mitglied, das regelmäßig Kontakt zu körperbehinderten Menschen hatte und im Umgang mit Kommunikationstafeln geübt war.

Kurz bevor die Untersuchungskommission zum erstenmal zusammentrat, ordnete Dr. Maginn an, daß die Kinder meiner Gruppe voneinander getrennt werden sollten, damit Mitarbeiter anderer Stationen Gelegenheit bekämen, meine Methoden zu beurteilen. Alle achtzig Mitarbeiter des Hospitals sollten mindestens ein halbes Dutzend Unterrrichtsstunden mit jedem Kind meiner Gruppe haben. Die Verlegung der Kinder fand am Wochenende statt. Ich erfuhr erst hinterher von dem neuen Programm, und die Kinder hatte man gar nicht gefragt, noch ihnen das »Wohin« oder »Warum« erklärt.

Die offizielle Haltung gegenüber den Kindern zeigte sich einmal mehr in der Methode, die ich bei der Unterweisung der Mitarbeiter anwenden sollte, einer Methode nämlich, die sonst zum Training von Fließbandarbeitern in der Industrie benutzt wird: Für jede Unterrichtsstunde hatte ich ein Kind, eine Schwester als Schülerin und zwei Schwestern, die Notizen machten. In den beiden Wochen, in denen dies Programm durchgeführt wurde, hatten die Kinder keinen Unterricht und keine Möglichkeit zu kommunizieren, außer wenn sie gerade das »Subjekt« einer Trainingssitzung waren. Außerdem wurde mir verboten, die Kinder außerhalb der Arbeitszeit zu besuchen. Das Programm wurde nach zwei Wochen wieder fallengelassen – nicht etwa, weil sich irgend jemand Gedanken über seine Auswirkungen auf die Kinder gemacht hätte, sondern weil die Schwestern Widerstand leisteten. Mir gab man eine Woche Zeit, um eine Schwester in die Ja-Nein-Antworten einzuweisen (aber nicht in den Gebrauch der Alphabettafel). Die Kinder sollten auf drei verschiedene Stationen verteilt bleiben, und ich wurde als Stationshilfe auf Station vier eingesetzt.

Ich wandte mich wieder an die Presse. Die Melbourner Zeitung »Sun« befragte die *Health Commission* nach ihrer Sichtweise der Geschichte und veröffentlichte drei sich widersprechende Erklärungen. Ein Sprecher der *Health Commission* erklärte, ich hätte andere Mitarbeiter in meine Methoden eingewiesen, weshalb keine Notwendigkeit mehr bestand, daß ich selbst mit den Kindern weiterarbeitete. Man hätte mich daher wieder an den Arbeitsplatz zurückversetzt, für den ich qualifiziert sei. Die Kinder seien auf verschiedene Stationen verteilt worden, weil die Untersuchungskommission darum gebeten hätte, die Kinder zu trennen, damit »beobachtet werden könne, wie sie auf unterschiedliche Reize reagierten«. Das war einfach nicht wahr. Die Untersuchungskommission war erst einige Tage *nach* der Verlegung der Kinder zum erstenmal zusammengetreten. Angesichts dieser Tatsache war Dr. Eisen, der Vorsitzende der Untersuchungskommission, gezwungen, diese Darstellung zu berichtigen. Die Kommission bat darum, die Kinder wieder auf eine Station zu verlegen. Das geschah (nur Stephen wurde wie zuvor ausgenommen), aber mir erlaubte man noch immer nicht, sie zu unterrichten oder sie während der Arbeitszeit zu besuchen. Statt dessen sollten sie fünf Stunden pro Woche an einem Entwicklungsprogramm für Säuglinge teilnehmen, das eine der Pflegerinnen durchführte. Dafür wurden Paare zusammengestellt, bestehend aus jeweils einem Kind meiner Gruppe und einem geistig schwer behinderten Kind, das der Gruppe nicht angehörte. Kommunikationstafeln waren verboten.

In dieser angespannten Atmosphäre nahmen die Mitglieder der Untersuchungskommission ihre Arbeit auf. Sie haben nie gesehen, wie ich die Kinder unterrichtete, denn das durfte ich ja nicht mehr; und wenn sie wollten, daß ich ihnen die Kommunikationsfähigkeit eines Kindes vorführte, mußten sie mich meistens vom Reinigen der Toiletten wegholen.

In dieser Zeit hatten die Kinder nur dann eine Chance zu kommunizieren, wenn sie der Kommission vorgeführt wurden. Die Mitglieder der Kommission zeigten dafür kein Verständnis, sondern wurden ärgerlich, wenn zum Beispiel Stephen buchstabierte: »Wie geht es Annie?«, anstatt im Sinne der Aufgabenstellung weiterzuarbeiten. (Damals durfte Annie nicht zu Besuch kommen, und Stephen hatte sie seit Monaten nicht gesehen.)

Dennoch war ich sehr glücklich über die Leistungen der Kinder. Die Kommission sah viele von ihnen nur ein- oder zweimal für kurze Zeit kommunizieren, manchmal wurden sie nur von zwei Mitgliedern beobachtet, und die meisten bekamen nie die Möglichkeit, einen vollständigen Satz zu buchstabieren. Trotzdem zeigten manche von ihnen ausgezeichnete Leistungen im Lesen und in Mathematik, vor allem ältere Kinder, die keine Armunterstützung brauchten. Erst als die Besuche der Kommission aufhörten, durfte ich wieder mit den Kindern arbeiten.

Die Kommission hatte sich ihre eigenen Richtlinien erarbeitet – Annie war in ihre Überlegungen nicht einbezogen. Aber sie luden sie immerhin zu einem Gespräch ein und diskutierten mit ihr über die Widerstände, die die Kinder bei der Arbeit mit der Kommission gezeigt hatten. Annie meinte, sie fühlten sich wohl bedroht und fürchteten tätliche Angriffe, wie sie selbst ja einen erlitten hatte.

Ein Brief vom Penguin-Verlag in Melbourne läutete das nächste Drama ein: Man habe gehört, daß Annie ein Buch schreiben wolle, und Penguin sei an einer Veröffentlichung interessiert.

Annie hatte große Lust, einen Vertrag mit Penguin abzuschließen, aber da eine Pflegschaft für sie eingerichtet worden war, brauchte sie die Zustimmung ihres Pflegers. Der jedoch lehnte mit der Begründung ab, daß Annie Inhalt und Folgen des Vorschlags nicht übersehen könne. In seinen Worten: Er sähe nicht, »wie die zu beschützende Person ihm überzeugend vermitteln könne«, daß sie den Vertrag verstünde.

Für Annie war das, als stünde sie wegen desselben Vergehens zum zweitenmal vor dem Richter: Ihre geistigen Fähigkeiten waren gerade vom Höchsten Gericht bestätigt worden, und obwohl sie nur wegen ihrer körperlichen Gebrechen unter Pflegschaft gestellt worden war, zog der Vermögenspfleger anscheinend eben diese geistigen Fähigkeiten in Zweifel.

Der Vertrag hätte in dem Sinne umformuliert werden können, daß nur ich als Autorin auftrat, und ich hätte Annie ihren Anteil an den Tantiemen durch ein internes Abkommen zwischen uns zusichern können. Aber für mein Gefühl war es genauso ihr Buch wie meines, und ich konnte dieses Buch nicht schreiben, wenn Annie nicht ganz offiziell als Koautorin anerkannt war.

Die nun folgende Korrespondenz zwischen Annies Anwälten und ihrem Pfleger machte klar, daß jeder, der wegen körperlicher Gebrechlichkeit unter Pflegschaft steht, auch als »geistesschwach« angesehen wird und damit als unfähig, seine Angelegenheiten selbst zu regeln.

Der Pfleger entschied sich, in der Frage des Vertrages den Rat des Höchsten Gerichts einzuholen, was ihm vom Gesetz her auch zustand. Solche Probleme würden nun immer wieder auftauchen, sobald Annie etwas tun wollte, was im Pflegschaftsgesetz nicht vorgesehen war. Dieses Gesetz war für Menschen gemacht worden, die im Alter senil werden, geistig behindert oder psychisch krank sind. Körperbehinderte waren eher zufällig mit eingeschlossen und wurden so den gleichen Beschränkungen unterworfen, die für Menschen mit ganz anderen Behinderungen gedacht waren.

Annie bat ihren Anwalt, den Pfleger zu ersuchen, die Verwaltung ihrer Angelegenheiten zu beenden und sie für »nicht geistesschwach« zu erklären. Dazu wurde ihm ein Gutachten von Dr. Graves vorgelegt, in dem Philip bescheinigte, daß Annie seiner Meinung nach nicht länger unfähig sei, ihre eigenen Geschäfte zu führen. Auch in dieser Frage wollte der Pfleger den Rat des Höchsten Gerichts einholen, und so wurden beide Punkte miteinander verbunden. Der Pfleger bat also in beiden Fällen um Anleitung – in Wirklichkeit aber um ein Urteil über Annies Intelligenz.

Annie bezahlte für diese Gerichtsentscheidung, und zwar für alles. Denn auch der Antrag des Pflegers auf richterlichen Rat ging zu ihren Lasten. So finanzierte sie die Anwälte zweier Parteien, die ihren Fall zwischen sich aushandelten. Es war eindeutig, daß die Gesuche des Pflegers in Wirklichkeit in einen Rechtsstreit ausarteten: Pfleger gegen Annie.

Richter Murphy stellte sehr zu Recht fest, daß die Bearbeitung des Materials das Gericht eine Menge Zeit kosten und für Annie äußerst anstrengend werden würde. Und so übertrug er den Fall Master Jacobs, einem höheren Gerichtsbeamten, der Untersuchung und Befragung übernehmen sollte. Der Pfleger wurde zuallererst vor Master Jacobs zitiert, aber statt sich neutral zu verhalten, spielte er eine Art Advocatus Diaboli, indem er Annie die Beweislast zuschob, ihre Fähigkeiten zu demonstrieren.

Dafür wurde Annie wieder einmal psychologisch untersucht, wieder von einem anderen Psychologen. Diesmal sollte sie den »Peabody-Wort-Bild-Test« machen. Dabei muß die Versuchsperson zeigen, welches von vier Bildern die Bedeutung eines vom Prüfer genannten Wortes am besten illustriert.

Der Schwierigkeitsgrad der Wörter reicht von ganz simplen wie »Katze« bis zu so elaborierten wie »Kandelaber«. Wir unterteilten den oberen Bereich eines Spieltisches mit weißem Klebestreifen in vier Felder und numerierten sie von eins bis vier. Annie zeigte ihre Wahl, indem sie die rechte Hand langsam in das Feld mit der Zahl des gewählten Bildes bewegte. Das konnte sie mittlerweile ganz ohne Armunterstützung – vor vier Monaten wäre ihr das noch nicht möglich gewesen.

Der Psychologe stellte fest, daß Annie schon in einem Teil des Tests ein Ergebnis im Durchschnittsbereich erzielt hatte, nachdem sie 68 von 75 Fragen richtig beantwortet hatte.

Zur ersten Anhörung bei Master Jacobs waren wir sehr spät und in großer Eile aufgebrochen, und als wir reichlich abgehetzt sein Amtszimmer betraten, fragte er freundlich, ob Annie zu Hause vielleicht weniger unter Streß stehen würde? Ob sie sich wohler fühlen würde, wenn er die Anhörung dort durchführen würde? Sie bejahte, und so kündigte er an, daß wir uns dort nach dem Mittagessen treffen würden. Vor diesem Nachmittagstermin wurden noch einige Zeugen gehört.

Zu Hause saßen die Vertreter der Presse auf den Treppen und Fernsehkameras filmten jeden, der durch den Hintereingang hereinkam oder hinausging, Master Jacobs saß im Großvatersessel, und unser bescheidendes Wohnzimmer verwandelte sich für kurze Zeit in das Höchste Gericht von Victoria.

Master Jacobs wollte nun sehen, ob Annie Fragen beantworten konnte, so wie es der Psychologe in seinem Bericht geschildert hatte. Er bat sie, einige der Aufgaben aus dem Peabody-Test zu wiederholen. Sie zeigte alles sehr deutlich und ohne Armunterstützung auf dem Spieltisch. Dann stellte er Fragen, die Annie beantwortete, indem sie mit den Augen Ja-Nein-Zeichen gab oder die Antwort buchstabierte:

»Was ist ein Vertrag?«

»Man sagt, man wird etwas unter bestimmten Bedingungen tun.«

»Was sind Tantiemen?«

»Gewinnanteile, die nach Prozenten für Aufführungs- und Veröffentlichungsrechte berechnet werden«, erwiderte Annie.

Es war klar, daß Annie kommunizierte, und ich glaube nicht, daß Master Jacobs oder der Anwalt des Pflegers daran zweifelten. Doch dann weigerte sich Annie, den Test zu machen, der das unzweideutig bewiesen hätte. Bei dieser Verhandlung trieb sie ihren Widerstand gegen Tests, die davon ausgingen, daß ich sie möglicherweise manipulierte und sie kein eigenständiger Mensch sein könnte, auf die Spitze.

Bei der nächsten Anhörung am Montag schickte Master Jacobs mich aus dem Zimmer und fragte Annie: »Was ist Verleumdung?« Das war etwas, was sie beim Verfassen ihrer Autobiographie wissen mußte – eine ganz faire Frage. Als ich wieder hereingerufen wurde, buchstabierte sie: »Ich mag es nicht, wenn in Erwägung gezogen wird, daß meine Kommunikation nicht von mir stammt.« Das war also ihr Standpunkt; aber die Probleme, denen sich das Gericht gegenübergestellt sah, waren damit nicht gelöst.

Am Dienstag mußte ich wieder den Raum verlassen, und als ich zurückkam, buchstabierte Annie: »Ich glaube, Miss Crossley hat von allen Menschen, die ich kenne, am wenigsten Egoismus.«

An diesem Abend sprach sie über ihren Widerstand gegen den Test: »Mein Eigensinn ist meine Rettung und mein ärgstes Laster.«

»Rettung?« fragte ich.

»Wenn mein Überleben auf irgendeiner Eigenschaft beruht, dann auf meinem Eigensinn«, erwiderte sie, »sich nicht von diesen Bastarden unterkriegen lassen.«

Ich glaubte ihr das, aber ich war nicht damit einverstanden. Was immer mit »geschäftsfähig« gemeint war, es bedeutete sicher, daß man sich mit der Welt ein wenig arrangiert und sich nicht aus falschem Stolz selbst zerstört.

Zum Glück befaßte sich Master Jacobs nicht die ganze Zeit mit Annies Widerstand. Eine Reihe von Zeugen lieferten Beweise für Annies Kommunikations- und Geschäftsfähigkeit. Das eine bedingte nicht unbedingt das andere. Jean Vant hatte sich zwar positiv über Annies Kommunikationsfähigkeit geäußert, fügte dann aber ganz offen hinzu: »Ich bin völlig sicher, daß Anne geistig und körperlich in der Lage sein wird, ihre Angelegenheiten selbst zu regeln, aber ich bin nicht sicher, ob sie schon so weit ist.« Angesichts von Annies kindischem Trotz war ich geneigt, ihr zuzustimmen.

Zwei Ärzte hatten bescheinigt, daß Annie im Sinne des Gesetzes »körperlich gebrechlich« und damit nicht geschäftsfähig sei. Einer von ihnen, Dr. John Court, hatte in seinem Gutachten festgestellt, daß es nach seiner Beobachtung »keine Möglichkeit einer erkennbaren Kommunikation mit ihr gäbe«. Während der Anhörung war er verreist und konnte nicht befragt werden.

Dr. Bernard Neal, der andere, hatte sich darauf beschränkt, ihre körperlichen Behinderungen festzuhalten: ihre Unfähigkeit zu sitzen, zu stehen, zu gehen oder eine »zielgerichtete Bewegung« auszuführen. Master Jacobs fragte ihn, warum er der Meinung sei, daß diese körperlichen Gebrechen sie als nicht geschäftsfähig gelten ließen. In seinem Bericht faßte er Dr. Neals Aussage später so zusammen:

»Dr. Neal argumentiert in seinem Gutachten, daß eine Person, die sich ohne fremde Hilfe nicht von einem Ort zum andern bewegen kann, etwa jemand, der beidseitig gelähmt ist und nicht ohne Hilfe in seinen Rollstuhl kommt, als ›körperlich gebrechlich‹ im Sinne des Gesetzes betrachtet werden könne. Dann aber ändert er seine Meinung, da ihm wohl eingefallen ist, daß dann auch der verstorbene amerikanische Präsident Roosevelt für ›nicht geschäftsfähig‹ hätte erklärt werden müssen...«

Mittwoch legte Dr. Eisen, der Vorsitzende der Untersuchungskommission von St. Nicholas, seine Stellungnahme vor, die, wie Master Jacobs befand, doch sehr »allgemeiner Natur« war. Dr.

Eisen ging es offenbar vor allem darum, die Entscheidung zu verzögern. Er schlug eine Reihe weiterer Untersuchungen vor – etwa Seh- und Hörtests –, die seiner Meinung nach durchgeführt werden sollten, um Annies Geschäftsfähigkeit einzuschätzen.

Ich wurde stundenlang befragt, von Master Jacobs wie auch von den Anwälten beider Seiten. Aber wir hatten nicht zwei konkurrierende Teams von Anwälten mit einem Schiedsrichter vor uns, sondern es schien, als wären alle mehr daran interessiert, die Wahrheit festzustellen als Punkte zu gewinnen. Das mag wohl an Master Jacobs gelegen haben, dem Annies Wohlergehen offensichtlich mehr am Herzen lag als juristische Formalitäten.

Am Donnerstag schickte Master Jacobs mich aus dem Zimmer und gab Annie eine Aufgabe. Er wußte, daß Annie sich dadurch verletzt fühlte, aber Richter Murphy hatte ihn um den Test gebeten. Ich kam zurück, und Annie buchstabierte: »Ich weiß, wenn ich gewinnen will, muß ich die Frage beantworten. Anwälte wissen nicht, was das Leben in einer Anstalt mit einem macht.« Das hatte leider gar nichts mit der Aufgabe zu tun. Master Jacobs bat uns hinauszugehen. Chris, Annies Anwälte, die Anwälte des Pflegers und ich warteten auf dem Korridor, und Master Jacobs redete eine Viertelstunde lang mit Annie unter vier Augen. Ich glaube, sie wußte es zu schätzen, daß er dazu bereit war. Wir kamen wieder herein, und ich brachte sie zur Tafel. Selbst jetzt spielte sie noch herum, indem sie, wie Master Jacobs sagte, immer einen Buchstaben neben dem richtigen traf und so bis zum letzten Augenblick verzweifelt an ihrem Widerstand festhielt. Master Jacobs bat alle bis auf Annie und mich, den Raum zu verlassen. Nun endlich buchstabierte sie »Schnur« und »Freiheit«. Ich kam mir ziemlich dumm vor, als die anderen wieder hereinkamen und ich sagen mußte, was Annie buchstabiert hatte. Alle lachten hemmungslos, teils aus Erleichterung und teils aus Bewunderung für ihren Mut. Denn Master Jacobs hatte ihre diese Wörter gegeben: »Schnur« und »Freitag«.

Die Anwälte faßten die Ergebnisse zusammen. Der Anwalt des Pflegers nahm davon Abstand, Annies Geschäftsfähigkeit zu diskutieren, und konzentrierte sich statt dessen auf ihre »emotionale Unreife«. Ihm war sicher klar, daß emotionale Unreife keine der

Kategorien ist, aufgrund derer jemand als »gebrechlich oder geistesschwach« im Sinne des Gesetzes bezeichnet werden kann. Annies Anwalt lieferte eine feurige Rede in Anlehnung an Isaiah Berlins Essay über Paternalismus. Er sprach über alles mögliche, nur nicht über das anstehende Urteil.

Ich machte mir Sorgen. Zwar bezweifelte ich nicht, daß Master Jacobs Annie als intelligente Frau anerkannte; aber so wie das Gesetz über Pflegschaften formuliert war, reichte das vielleicht nicht, um sie für geschäftsfähig zu erklären. Als das Gesetz gemacht wurde, hatte niemand daran gedacht, daß auch ärztliche Gutachter einmal irren könnten. Ich erwartete, daß Annie verlieren würde.

Am Freitag schickten Annies Anwälte eine Kopie von Master Jacobs' Bericht. Erst als ich schon eine Stunde zu Hause war, sagte Chris in ziemlich verdrossenem Tonfall: »Da ist übrigens was, was du lesen solltest.« Mir sank das Herz. Ganz langsam las ich mich durch alle Einzelheiten der Anhörung, um die unvermeidliche Enttäuschung hinauszuzögern. Da stand es: »Ich komme zu dem Schluß, daß Miss McDonald im Sinne des Gesetzes nicht ›körperlich gebrechlich oder geistesschwach‹ ist.« Chris, dessen Sinn für Humor manchmal äußerst seltsam ist, lachte sehr über meinen Gesichtsausdruck. Annie hatte wieder gewonnen!

In Master Jacobs' Bericht spürte man all die Anteilnahme an Annies Zukunft, die er schon während der Untersuchung gezeigt hatte. Er sprach nicht nur über ihre intellektuellen und kommunikativen Fähigkeiten, sondern auch über ihre offenkundigen Entwicklungsfortschritte seit der Entlassung von St. Nicholas: »Seit Mai 1979 ist Miss McDonald so gewachsen, daß sie jetzt die Größe einer Sieben- bis Achtjährigen erreicht hat. Ihr Gewicht hat sich in den letzten beiden Jahren verdoppelt. Sie verliert jetzt ihre Milchzähne und bekommt ihre zweiten Zähne.«

Über mich äußerte er sich fast zu freundlich: »Miss Crossley hat mich durch ihre Haltung und ihre Antworten während des Kreuzverhörs und bei meinen Fragen vollkommen von ihrer Redlichkeit überzeugt. Sie hat den ernsthaften Wunsch, ihrem Schützling zu helfen, ohne Kapital daraus schlagen zu wollen. Darüber hinaus gewann ich das Bild, daß sie sich wirklich für eine Verbesserung der

Lebensqualität von Menschen mit Zerebralparese engagiert, sowohl im allgemeinen als auch speziell im Falle von Anne McDonald. Ich glaube, sie verfügt in dieser Richtung über beachtliche Talente und Fähigkeiten. Damit möchte ich nicht behaupten, sie sei blind dafür, daß sie auch persönlichen Nutzen daraus ziehen könnte. Diese Möglichkeit räumte sie durchaus ein. Aber ich bin sicher, daß dieses Motiv, falls es vorliegt, untergeordneter Natur ist und daß es ihr nicht darum geht, Miss McDonald auszunutzen. Diese Schlußfolgerungen bezüglich Miss Crossley haben gewichtige Konsequenzen für die Frage, ob Miss McDonald unter den jetzigen Umständen geschäftsfähig ist.«

Die Schwierigkeiten von Annies Eltern behandelte er mit großem Feingefühl: »Es fällt wohl niemandem schwer, Verständnis und Mitgefühl für die Eltern zu haben, die achtzehn Jahre lang in dem ehrlichen Glauben gelebt haben, daß ihr Kind hoffnungslos geistig behindert ist, und denen es jetzt schwerfällt, die Tatsache zu akzeptieren, daß sie viele Jahre lang von einem Menschen getrennt waren, der in Wirklichkeit intelligent ist. Ich habe die aufrichtige Hoffnung, daß Miss McDonalds geistige Fähigkeiten auf Dauer so deutlich sichtbar werden, daß auch ihre Eltern sie erkennen und dann die Freude einer neuen Beziehung zu ihrer Tochter erleben werden.«

Nun mußte noch Richter Murphy seine Entscheidung treffen. Auch wenn ihm Master Jacobs' Bericht als Richtschnur diente, so war er doch nicht gezwungen, dessen Empfehlungen zu folgen. Der Tag der Entscheidung war Dienstag, der 25. September. Während wir warteten, sagte uns der Pfleger, daß er seine Kosten nicht aus Annies Vermögen bestreiten würde.

Richter Murphy legte den Fall ausführlich dar, wiederholte kurz Richter Jenkinsons Ergebnisse, lobte Master Jacobs' Bericht und besprach ihn ausführlich. Er hatte offenbar lange darüber nachgedacht: »Dieser Fall hat öffentliches Interesse geweckt, denn er hat offensichtlich einige anerkannte Normen unserer Gesellschaft in Frage gestellt. Angesichts der vorliegenden Untersuchungen kann man zu der Forderung gelangen, daß die Kriterien, nach denen bislang die Geschäftsunfähigkeit eines Menschen beurteilt wurde, neu durchdacht werden sollten. Das ist jedoch eine sehr komplexe Frage. Im vorliegenden Fall kann von Geistesschwäche nicht die Rede sein. Die körperliche Gebrechlichkeit ist für jedermann sichtbar. Damit lautet die Frage: Bedingen diese körperlichen Mängel unter den gegebenen Umständen, daß Miss McDonald unfähig ist, ihre Angelegenheiten selbst zu regeln? Mir scheint klar zu sein, daß Miss McDonald nicht in der Lage ist, ganz normal für sich selbst zu sorgen; aber ich lasse gelten, daß sie fähig ist, mit Miss Crossley und einer begrenzten Zahl anderer Personen zu kommunizieren, wohl mit solchen Menschen, die bereit sind, die dafür erforderliche Zeit und Mühe aufzuwenden.«

Und das war sein Ergebnis: »Ich ordne an, daß der Pfleger eine Urkunde gemäß Anhang 5 des Gesetzes zur Einrichtung von Pflegschaften von 1958 unterzeichnet und siegelt, in der bestätigt wird, daß Miss Anne Therese McDonald von heute an nicht mehr als ›geistesschwache Person‹ im Sinne des Gesetzes von 1958 gilt.«

Nach zwei Verhandlungen vor dem Höchsten Gericht hatte Anne endlich die vollen Menschenrechte.

ANNIE: Nach meinem Umzug von St. Nicholas in einen normalen Haushalt merkte ich zum erstenmal, wie wenig ich über das wirkliche Leben wußte. Wenn ich am Wochenende kam, war das wie ein Ausflug. Chris und Rosie hatten schon alles vorbereitet, und ich sah gar nicht, wieviel Arbeit darin steckte, daß wir eine schöne Zeit miteinander verbringen konnten. Für uneingeweihte Besucher sah es so aus, als sei es gar keine Arbeit, ein Haus zu unterhalten. Geschirr und Kleidung wurden gewaschen, wenn ich wieder fort war, und das Haus war schon geputzt, wenn ich kam.

Erst als ich Rosie jeden Abend meine Wäsche waschen sah, erkannte ich, was sie für mich opferte. Und dann die Kosten: Rosies gesamtes Gehalt ging drauf als Lohn für Donna – damit halbierte sich das Familieneinkommen.

Als ich St. Nicholas verlassen hatte, durfte ich die anderen Kinder eine Zeitlang nicht besuchen. Das machte mich sehr unglücklich. Es war, als hätte ich sie im Stich gelassen. Wenn ich sie auf der anderen Straßenseite im Garten des Hospitals sah, brach ich in Tränen aus.

Ich fand es so ungerecht, daß nur eine von uns eine Chance bekam. Warum war die *Health Commission* nicht bereit, auch bei ihnen im Zweifelsfall zu ihren Gunsten zu entscheiden? Das Traurigste ist meine Unfähigkeit, ihnen zu helfen.

Ich vermißte sie sehr, denn in St. Nicholas hatte ich meine Freunde immer um mich. Ich brauchte eine Weile, bis ich mich an das normale System gewöhnt hatte, wo man seine Freunde nur in Abständen von Tagen oder auch Monaten sieht. Ich fand allmählich Freunde, mehr als in der Zeit, als ich nur am Wochenende gekommen war. Ich freute mich riesig, als ich endlich auch ohne Chris und Rosie eingeladen wurde. Da fühlte ich mich nicht länger als Anhängsel, sondern als eigenständige Person. Als ich eines Abends mit Chris und Rosie in einem französischen Restaurant speiste und Dr. Lipton am Nachbartisch sitzen sah, wurde mir klar, wie sehr mein Leben sich verändert hatte.

Es fiel mir schwer, mich nicht an Rosie zu klammern. Wenn man so plötzlich aus der Säuglingszeit ins Erwachsenenalter springt, lassen sich Rückfälle nicht vermeiden. Ich hatte nun eine Chance, aber auch schreckliche Angst. Würde ich in der Außenwelt akzeptiert werden? Alle sagten, daß Rosie es mit mir nicht schaffen würde und ich in einem Monat wieder in St. Nicholas wäre. Wie es Chris wohl gefallen würde, wenn ich bei ihnen lebte? Wußten sie, wieviel Arbeit ich machte? Ich brauchte dauernd die Bestätigung, daß sie mich liebten und mich behalten würden, ganz gleich, wie ich mich benahm. Deshalb war ich oft unausstehlich, um sie auf die Probe zu stellen.

Jetzt, nach einem Jahr, erscheinen mir meine Zweifel von damals absurd. Chris und Rosie sind manchmal ganz wehmütig, weil sie nun weniger zum Geburtstag bekommen als früher, aber ich bekomme dafür mehr – so gleicht sich alles aus. Zu dritt läßt sich's ebenso glücklich leben wie zu zweit.

Nachspiel

Am 30. April 1980 wurde der Bericht der Untersuchungskommission dem Parlament vorgelegt. Ich bekam ihn zum erstenmal zu Gesicht, als ich mit Philip vom Schwimmen ins Hospital zurückkehrte. Reporter begleiteten mich in den Garten. Ich sagte, ich hätte ihn noch nicht gelesen, und sie reichten mir ein Exemplar. Die Seite mit den Ergebnissen der Kommission war schon aufgeschlagen:

Die Kommission stellt fest:

Bei keinem der elf Kinder lassen sich Anzeichen dafür finden, daß es auf einem höheren Intelligenzniveau als dem eines zweieinhalb- bis dreijährigen Kindes funktioniert. Die elf Kinder funktionieren auf dem Niveau schwerer bis schwerster geistiger Behinderung.

Es gibt keinen gültigen Beweis für die Behauptung, daß diese Kinder mit einer Alphabettafel kommunizieren können. Miss Crossleys Behauptungen, daß diese Kinder in der Lage seien, anspruchsvolle intellektuelle Konzepte zu verstehen und zu kommunizieren, sind falsch. Keines der Kinder zeigt auch nur das geringste Verständnis für die einfachsten Wort- und Zahlbegriffe.

Die Kommission empfiehlt:

Da die Kinder im Bereich schwerer und schwerster geistiger Behinderung funktionieren, ist Miss Crossleys Unterrichtsprogramm inadäquat und sollte sofort abgebrochen werden.

Da sich aus Miss Crossleys Fehlurteilen und falschen Wahrnehmungen wahrscheinlich schädliche Konsequenzen für die Kinder ergeben, sollte sie keinen fortgesetzten offiziellen Kontakt mit ihnen haben.

> Wegen ihrer Haltung gegenüber anderen Mitarbeitern und den Eltern dieser Kinder wäre es nicht angebracht, wenn Miss Crossley weiterhin am St.-Nicholas-Hospital arbeiten würde.

Ich brauchte eine Weile, bis ich anfing zu begreifen. Wir hatten zwar alle vermutet, daß die Kommission zu feige sein würde, um zu positiven Ergebnissen zu gelangen, aber es lagen so viele gewichtige Beweise vor, daß wir schlimmstenfalls ein neutrales Gutachten mit der Empfehlung weiterer Untersuchungen erwartet hatten. Plötzlich waren die Fundamente meiner Welt geborsten.

Glücklicherweise war Redaktionsschluß, und nachdem ich ein paar unzusammenhängende Kommentare abgegeben hatte, verschwanden die Reporter. Mir blieb nur noch übrig, es den Kindern zu erzählen und auf Wiedersehen zu sagen. Ich sagte ihnen, daß die Ergebnisse der Kommission so übel wie möglich ausgefallen seien, aber daß wir sie anfechten würden. Ich wußte damals nicht, wie machtlos wir waren.

Der Untersuchungsbericht war eine Mischung aus Verleumdungen, Unterstellungen, verdrehter Logik, eklatanten Versäumnissen und glatten Lügen; aber er hatte dem Parlament vorgelegen, und seine Autoren konnten sich unter dem Mantel parlamentarischer Privilegien verstecken. Weder mir noch den anderen, die in dem Dokument diffamiert wurden, standen Rechtsmittel zu. Das Höchste Gericht hatte zweimal die Fehler der Ärzteschaft korrigiert, diesmal war es machtlos. Es gibt keine juristischen Schritte gegen ein Dokument, das dem Parlament vorgelegen hat, und es gibt keine Berufungsinstanz. Dieses Dokument kann bis ans Ende unseres Lebens gegen die Kinder und mich verwendet werden, und wir können uns nicht dagegen wehren. Ob die Behauptungen wahr sind, ist ganz ohne Belang.

Nur zwei Kinder der Gruppe waren offiziell psychologisch untersucht worden – die anderen hatte man vermutlich einfach aus dem Zusammenhang heraus für schuldig befunden –, und diese beiden hatten ihre Kommunikationstafeln nicht benutzen dürfen: Die Psychologen fanden diese Kommunikationsmethode »zeitaufwendig« und »sehr beschränkt«.

Die Kommission hatte einige Kinder gebeten, Worte weiterzugeben, so wie Master Jacobs es mit Annie gemacht hatte, doch die meisten Kinder waren der Aufforderung nicht gefolgt, und wo ein Erfolg erzielt worden war, wurde er verschwiegen. Vorhandene Beweise, wie die Ergebnisse von Roger Wales' Tests, wurden gänzlich ignoriert, ebenso die Sitzungen, in denen Kinder ohne Unterstützung ihrer Arme kommuniziert hatten.

Die Untersuchungskommission erhielt Stellungnahmen von verschiedenen Fachgremien – der Australischen Gesellschaft für Psychologie, der Spastikergesellschaft, der Staatlichen Vereinigung für Geistig Behinderte –, aber diese Stimmen wurden nicht beachtet. Die Wesley-Central-Mission bot für drei Kinder der Gruppe Plätze in ihren Häusern an. Die Kinder hätten dort eine langfristige Ausbildung mit kontinuierlicher Überprüfung ihrer Fähigkeiten erhalten können. Die Kommission ignorierte das Angebot und informierte den Minister, daß es für keines der Kinder eine alternative Unterbringungsmöglichkeit außerhalb des Hospitals gäbe.

Trotz wiederholter Forderungen von seiten aller Fachleute, die mit den Kindern in Berührung kamen, zog die Kommission keinen einzigen Therapeuten zu Rate, der Erfahrungen auf dem Gebiet schwerer Kommunikationsprobleme hatte. Es wurde immer wieder darauf hingewiesen, daß es das Pferd beim Schwanz aufzäumen hieß, wenn man unabhängige Kommunikation von Kindern verlangte, denen alle dazu notwendigen Hilfsmittel vorenthalten worden waren, wie Stühle, Therapie und Geräte.

Die Untersuchungskommission verurteilte mich, aber sie konnte St. Nicholas nicht von aller Schuld freisprechen, so sehr sie sich auch bemühte:

> Die Einrichtung des Hospitals ist für schwerbehinderte Kinder nicht ganz optimal... Es fehlt überall an verwendungsfähigem und geeignetem Mobiliar zum Sitzen und zur Unterstützung der Körperhaltung. Es ist offenkundig, daß *die Prävention von Deformierungen des Muskelapparates und des Knochenbaus* (Hervorhebung von mir) verbessert werden könnte und die Kinder leichter auf... Unterrichtsprogramme ansprechen könnten,

wenn ihnen Sitzmöglichkeiten und andere Hilfsmittel zur Verfügung stünden, die den individuellen Erfordernissen gerecht würden...

Die Kinder tragen ein wenig uniforme Kleidung, werden oft in Gegenwart anderer auf den Topf gesetzt und gewickelt und gehen am späten Nachmittag beziehungsweise frühen Abend ins Bett. Ob dies falsche, schädliche, gefährliche, entwürdigende oder verletzende Praktiken sind, scheint von der Haltung, der Einstellung, dem Wissen, der Erfahrung oder den Fähigkeiten der Kritiker abhängig zu sein. Die Kommission konnte keine Beweise dafür finden, daß diese Praktiken sich nachteilig auswirken.

Besonders aufschlußreich fand ich diesen Satz: »Kein Kind zeigte Gefühle von Scham, Zweifel oder Schuld...« Die Kommission sagte nicht, warum die Kinder sich schämen oder schuldig fühlen sollten. Sollten sie sich schämen, weil sie am späten Nachmittag ins Bett gesteckt wurden? weil sie keine eigenen Kleidungsstücke besaßen? weil sie ihre Freunde nicht besuchen und keinen Besuch empfangen durften? weil sie Windeln trugen und in der Öffentlichkeit gewickelt wurden? weil sie keine Rollstühle hatten? weil sie keine Therapie bekamen? weil sie Haltungsschäden haben, die zu verhindern gewesen wären? Wer immer sich hier schämen sollte – es sind nicht die Kinder. Nachdem sie auf Anraten der *Health Commission* ihre Unterlagen verbrannt hatten, kehrten die Mitglieder der Untersuchungskommission an ihre Arbeitsplätze im Kultusministerium beziehungsweise der *Health Commission* zurück.

In Fachkreisen wirbelte der Report viel Staub auf, und bei einer öffentlichen Versammlung in einer Fachhochschule wurden zwei Psychologen, Dr. Robert Cummings und Heather Bancroft, beauftragt, Ermittlungen über das Vorgehen der Kommission anzustellen.

Sofort nach Veröffentlichung des Berichts der Kommission wurde ich in die Bibliothek der *Health Commission* versetzt. Besuche in St. Nicholas waren mir verboten. Angela Wallace versuchte, ein Verfahren gemäß Habeas Corpus anzustrengen, aber es fand ein schnelles Ende. Die Kirche, die ihr zunächst Unterkunft und

Versorgung angeboten hatte, gab auf öffentlichen Druck hin eine Erklärung ab, daß sie ohne Einwilligung der Eltern keine behinderte Person aufnehmen würde, unabhängig von deren Alter und Intelligenz. Angelas Eltern waren nicht bereit, ihre Einwilligung zu geben. An die Eltern der übrigen Kinder in der Gruppe trat die *Health Commission* mit der Forderung heran, die Verantwortung für die Kinder dem Hospital zu übergeben. Wo sie zustimmten oder sich einer Antwort enthielten, fühlte das Hospital sich ermächtigt, alle Besuche zu verbieten (ausgenommen die der Eltern, von denen die meisten ohnehin nicht kamen). Kommunikationstafeln wurden verboten.

Draußen taten wir, was wir konnten. Wir versuchten auf Parlamentarier Einfluß zu nehmen. Wir kämpften über die Medien. Wir veröffentlichten die erste Auflage dieses Buches. Einiges änderte sich. Ende 1980 wurde ein altes Versprechen erfüllt: In der Behörde wurde eine gesonderte Abteilung für geistig Behinderte eingerichtet. Errol Cocks, ein Psychologe bei der Bundesbehörde, wurde der erste Direktor der neuen Abteilung. Er vertrat liberale Ansichten über behinderte Menschen und deren Rechte und war nicht in die laufende Kontroverse verwickelt. Zwar konnte er die Situation in St. Nicholas nicht sofort ändern, aber er setzte bei der Regierung eine langfristige Lösung durch.

Im September 1981 legten Dr. Cummings und Mrs. Bancroft ihren Bericht über die Ergebnisse der Untersuchungskommission vor, und der Gesundheitsexperte der parlamentarischen Opposition in Victoria, Tom Roper, kündigte die Veröffentlichung dieses Berichts an. Darin wurden nicht nur die Methoden der Kommission, sondern auch die Zustände in St. Nicholas angegriffen. Die Verlautbarung war für einen Montag angesetzt – am Freitag davor gab der Gesundheitsminister die Schließung von St. Nicholas bekannt. Alle Bewohner sollten in Kleingruppen in normalen Häusern, verstreut über die ganze Kommune, untergebracht werden. Das Hospital sollte abgerissen und das Grundstück verkauft werden. Aus dem Erlös – es handelte sich um ein Spitzenobjekt in der Innenstadt – sollten die neuen Unterkünfte finanziert werden.

Es schien, als sei mit dieser Ankündigung und der Verlautbarung des Berichts der Kampf beendet. Nachdem wir am Montag das Parlamentsgebäude verlassen hatten, ging ich nach St. Nicholas. Man ließ mich nicht hinein, aber ich hinterließ für Stephen Blumen mit einem Zettel: »St. Nick kommt runter, und du kommst raus.« Stephen starb in dieser Nacht.

ANNIE: Bei Stephens Tod verlor ich meinen Glauben an Gott. Bis dahin hatte ich an einen fürsorglichen Gott glauben wollen, der sogar Menschen wie uns liebte. Aber niemand, der Stephen liebte, hätte ihn als Gefangenen seines eigenen Körpers und der *Health Commission* sterben lassen.

Während seines letzten Lebensjahres hatte niemand Stephen besuchen dürfen. Er konnte sich nicht beschweren, sich nicht verständigen. Er durfte das Hospital nicht verlassen. Seine Post wurde zensiert. Er war ein politischer Gefangener. Es brach mir das Herz, daß ich nie wissen würde, was er dachte. Dachte er, daß wir ihn verlassen hätten? Wußte er, wie sehr er geliebt wurde und wie wir arbeiteten, um ihn zu befreien?

Ich bin draußen, aber ich kann keinen Augenblick vergessen, daß andere warten. Lesley Waddingham starb 1982, Mark Corkhill starb 1983. St. Nicholas wurde bis heute nicht geschlossen. Alles, was ich getan habe, zeigt nur den Unterschied zwischen meinen Möglichkeiten und denen der Überlebenden.

Seit meiner Entlassung bin ich 40 cm gewachsen. Heute sitze ich in einem normalen Rollstuhl und benutze einen Stift, der an einem Stirnband befestigt ist, um eine Mini-Schreibmaschine oder einen Stimm-Synthesizer zu bedienen. 1981 legte ich ein öffentliches Examen in Englisch ab. 1983 begann ich mit dem Studium der Geisteswissenschaften. Ende 1983 bekam ich ein Stipendium, um an einem Buch über die Ethik der Entscheidungen einer Gesellschaft bezüglich ihrer behinderten Mitbürger zu arbeiten. Ich beziehe keine Rente mehr, sondern bin Steuerzahlerin und also berechtigt, mich darüber zu beklagen, daß mein sauer verdientes Geld für den Unterhalt von behinderten Kindern verwendet wird, die niemals zum Nationaleinkommen beitragen werden.

Manches hat sich nicht verändert. Immer noch bin ich der Meinung, daß man mich nicht hätte wiederbeleben sollen, wenn ich nur dazu bestimmt war, in einer Anstalt zu leben. Meine Eltern besuchen mich nicht. Ich glaube, sie weigern sich, mich tippen zu sehen, weil sie Angst haben, daß dies Buch die Wahrheit sagt.

Das Leben draußen hat mich körperlich wachsen lassen. Ich bin mir nicht sicher, ob ich auch emotional reifer geworden bin. Ich bin noch immer sehr besitzergreifend und hasse es, Menschen zu teilen. Wenn ich jemanden kennenlerne, bin ich oft so schüchtern, daß ich nicht kommunizieren kann. Es ist ein gewaltiger Sprung vom Fußboden in St. Nicholas bis zur Konversation mit einem Staatsminister – mir fehlt die Strecke dazwischen. Von mir wird erwartet, daß ich mich entweder wie ein Tier oder wie ein Botschafter benehme. Bei einer normalen Rollenverteilung würde ich einfach eine Jugendliche spielen.

So wie mein Wachstum verzögert sich auch meine Pubertät. Das erschwert Beziehungen, die sonst mit Sexualität verbunden wären. Vielleicht wird das nicht immer so bleiben – jetzt jedenfalls bin ich noch eine Erwachsene mit dem Körper eines Kindes. Ich finde es interessant, mir auszumalen, wie die Pubertät mein Denken verändern wird.

Ein behinderter Mensch zu sein, ist nicht nur schlecht. Mit meinen dreiundzwanzig Jahren habe ich mehr erlebt, als wenn ich als normales Kind in einer Kleinstadt aufgewachsen wäre. Bald wird der Film zu diesem Buch uraufgeführt, und wenn ich auch zu sehr gewachsen bin, um die Rolle selbst zu spielen, so war ich doch an der Produktion beteiligt. Ich habe mich dreimal in Theaterstücken, die ebenfalls nach diesem Buch entstanden, auf der Bühne gesehen. Ich habe bemerkenswerte Menschen kennengelernt und wunderbare Freunde gewonnen. Und nie verlangt jemand, daß ich das Geschirr spüle.

All diese Jahre habe ich mit Chris und Rosie zusammengelebt. Wir streiten uns ständig, und jeder bezeichnet die beiden andern als doof, ungezogen und fett. Soweit es Chris und Rosie betrifft, ist das auch einigermaßen gerechtfertigt. Im ganzen sind sie aber nicht schlecht – ich könnte auch sagen: sie sind wunderbar!

ROSEMARY: Seit Anne nicht mehr in St. Nicholas lebt, sind

wir uns der größeren Gemeinschaft behinderter Menschen viel bewußter geworden. Wir arbeiten daran, die Mauern von Ignoranz und Vorurteilen einzureißen, die nicht nur zwischen Nichtbehinderten und Behinderten, sondern auch zwischen Menschen mit verschiedenen Arten von Behinderungen bestehen. Annie wird nie wieder ihre Anstecknadel mit »Ich bin behindert, nicht doof!« tragen, weil es ihre geistig benachteiligten Freunde verunglimpft.

Ich habe meine Arbeit als Bibliothekarin bei der *Health Commission* gekündigt und arbeite heute mit Menschen, die bei Unfällen Hirnverletzungen erlitten haben. Wenn sie, wie es häufig geschieht, Sprache und Bewegungsfähigkeit verlieren, sind sie ebenso Fehldiagnosen ausgeliefert wie Säuglinge mit Zerebralparese.

Ende 1982 bekam St. Nicholas einen neuen Pflegedienstleiter, und seitdem geht es mit den Verbesserungen schneller voran. Die strengen Besuchsregelungen wurden gelockert, allerdings nicht aufgehoben. Für Leonie, Noelene, Philip und Sharon wurden am Spastikerzentrum besondere Kommunikationsprogramme eingerichtet, an denen ich mitarbeite.

Angela Wallace versucht noch immer, gerichtlich gegen das Verdikt der Untersuchungskommission anzukämpfen. Bevor sie eine ihrer erfolglosen Aktionen startete, tippte sie: »Ich will kommunizieren dürfen, was, wann, wo, wie und mit wem ich möchte.«

Für Anne und Menschen wie sie ist freies Sprechen unmöglich. Freiheit des Ausdrucks ist ihnen möglich, bleibt aber verletzlich, weil sie immer von der Kooperation anderer abhängig bleiben wird. Voltaire sagt: »Ich mißbillige, was du sagst; aber dein Recht, es zu sagen, werde ich bis zum äußersten verteidigen.« Wird einem Menschen dieses Recht vorsätzlich vorenthalten, so gerät damit unser aller Freiheit in Gefahr. Demokratie ist das erste Opfer der Zensur, Menschlichkeit das zweite. Solange wir die Rechte behinderter Menschen nach Belieben von unserer Großzügigkeit abhängig machen, verstoßen wir gegen ihre Menschenwürde und ihr Recht auf ein lebenswertes Leben.

Nachwort zur deutschen Ausgabe

Anne ist so gewachsen, daß sie sich meine Kleider ausborgt – ein Risiko, das ich wahrhaftig nie ins Auge gefaßt hätte, als sie St. Nicholas verließ. Nachdem sie eine Vielzahl von Kommunikationshilfen ausprobiert hat, ist sie wieder zu ihrer guten alten Alphabettafel zurückgekehrt – damit geht es immer noch am schnellsten. So diktiert sie ihre Seminararbeiten für die Universität, bestellt sich in der Kneipe etwas zu trinken und scheucht die Leute herum, die ihr tagsüber helfen, wenn Chris und ich arbeiten.

Der Film, der nach »Annie« entstand, wurde vom »Australian Film Institute« als bester Film des Jahres 1984 ausgezeichnet. Und Chris, der, trotz allem und allem, noch immer mit uns lebt, bekam endlich die lang verdiente Anerkennung: Er gewann mehrere Preise für sein Drehbuch. Zur Zeit ist er aktiv daran beteiligt, für die Schließung einer Anstalt zu sorgen, die nicht nur größer, sondern auch noch viel schrecklicher ist als St. Nicholas.

St. Nicholas wurde 1985 endlich geschlossen und später abgerissen. Die meisten von Annes alten Freunden leben heute in einem Haus zusammen. Wir besuchen sie oft und sie uns. Die einzigen Probleme, die sie bei der Benutzung von Kommunikationshilfen noch haben, sind praktischer Art. Denn ihre Betreuer gehen zwar sehr freundlich mit ihnen um und behandeln sie als Erwachsene, aber sie wechseln oft. Darum müssen wir jedes Jahr eine ganz neue Belegschaft in sprachfreier Kommunikation ausbilden. Alle Bewohner des Hauses sind tagsüber in einem Spastikerzentrum, doch leider wird ihre Kommunikationsfähigkeit dort nicht so gefördert, wie wir das gehofft hatten. Leonie hat eine Kurzausbildung in Computerprogrammieren absolviert, aber ansonsten haben sie nicht die Ausbildungsmöglichkeiten, die sie sich wünschen und die sie verdienen.

1985 bekammen wir Zugang zu den Aufzeichnungen der Untersuchungskommission von St. Nicholas. Sie zeigten, daß die Kommission die Kommunikationsfähigkeit der Kinder sehr wohl erkannt hatte – in ihrem Bericht aber nichts davon erwähnte. Im gleichen Jahr erfuhren wir, daß DEAL von der Regierung finanziell unterstützt werden sollte, um das erste Spezialzentrum Australiens für Menschen mit schweren Kommunikationsproblemen zu gründen.

Das DEAL-Kommunikationszentrum eröffnete Anfang 1986 mit einem Team von Therapeuten und Technikern. Ich arbeite dort als Lehrerin und Koordinatorin. Seit der Eröffnung haben wir über 500 Klienten gehabt. Viele der ehemaligen Bewohner von St. Nicholas sind zu uns gekommen, und ich habe oft mit Schrecken feststellen müssen, daß meine damalige negative Einschätzung ihrer Fähigkeiten falsch war. Es wird deutlich, daß wir gerade erst beginnen, die Fähigkeiten von Menschen, die nicht sprechen können, zu erkennen und Wege zu finden, ihnen zu helfen. Und auch, daß viele unserer Annahmen über Intelligenz und das Lernen von Sprache – vor allem geschriebener Sprache – dringend revidiert werden müssen. Bei DEAL machen wir gerade besonders aufregende Erfahrungen damit, Kommunikationshilfen bei Menschen anzuwenden, die als autistisch und geistig behindert diagnostiziert wurden. Seitdem wir ihnen solche Hilfen an die Hand gegeben haben, sind einige von ihnen an normale Schulen übergewechselt, wo sie mit Erfolg dem üblichen Lehrplan folgen.

Es ist traurig, daß viele Menschen, die nicht verständlich sprechen können, immer noch keine alternativen Verständigungsmöglichkeiten bekommen. Die Folge ist oft, daß sie falsch beurteilt und sozial geächtet werden. Und sie können sich nicht einmal darüber beklagen. Doch sind wir die Verlierer, wenn wir ihnen, durch unsere Trägheit und Ignoranz, weiterhin die Stimme verweigern – denn wir verpassen die Chance, mit außergewöhnlichen Menschen zu sprechen und von ihnen zu lernen.

August 1989 Rosemary Crossley

Pädagogik und Psychologie

Sera Anstadt
Alle meine Freunde sind verrückt
Aus dem Leben eines schizophrenen Jungen. Bericht einer Mutter.
Aus dem Holländischen von Karin Arends-Kailer. 157 Seiten. Kt.

Silvano Arieti
Schizophrenie
Ursachen, Verlauf, Therapie, Hilfen für Betroffene.
Vorwort von Asmus Finzen. 252 Seiten. Serie Piper 713

Jens Asendorpf
Keiner wie der andere
Wie Persönlichkeits-Unterschiede entstehen.
Vorwort von Franz Emanuel Weinert. 346 Seiten mit 60 Diagrammen und Tabellen. Kt.

Thea Bauriedl
Das Leben riskieren
Psychoanalytische Perspektiven des politischen Widerstands.
215 Seiten. Kt.

Thea Bauriedl
Die Wiederkehr des Verdrängten
Psychoanalyse, Politik und der Einzelne. 250 Seiten. Serie Piper 892

Elisabeth Badinter
Die Mutterliebe
Geschichte eines Gefühls vom 17. Jahrhundert bis heute.
Aus dem Franz. von Friedrich Griese. 336 Seiten. Geb.

Bruno Bettelheim
Gespräche mit Müttern
Aus dem Amerik. von Friedrich Griese. 234 Seiten. Serie Piper 155

Bruno Bettelheim / Daniel Karlin
Liebe als Therapie
Gespräche über das Seelenleben des Kindes. Aus dem Franz. von Friedrich Griese.
256 Seiten. Serie Piper 257

Pädagogik und Psychologie bei Piper

Christof T. Eschenröder
Hier irrte Freud
Zur Kritik der psychoanalytischen Theorie und Praxis.
220 Seiten mit 17 Abbildungen. Serie Piper 1021

Lili Feldmann
Leben mit der Alzheimer Krankheit
Eine Therapeutin und Betroffene berichten. Vorwort von Prof. Dr. Hans Lauter.
174 Seiten. Kt.

Andreas Flitner
Konrad, sprach die Frau Mama ...
Über Erziehung und Nicht-Erziehung. 173 Seiten. Serie Piper 357

Andreas Flitner
Spielen – Lernen
Praxis und Deutung des Kinderspiels. 137 Seiten. Serie Piper 22

Carol Gilligan
Die andere Stimme
Lebenskonflikte und Moral der Frau. Aus dem Amerik. von Brigitte Stein.
222 Seiten. Kt.

Albert Görres
Kennt die Psychologie den Menschen?
Fragen zwischen Psychotherapie, Anthropologie und Christentum.
270 Seiten. Kt.

Pädagogik und Psychologie

Albert Görres
Kennt die Religion den Menschen?
Erfahrungen zwischen Psychologie und Glauben.
140 Seiten. Serie Piper 318

Silvia Görres
Leben mit einem behinderten Kind
115 Seiten. Serie Piper 644

Erving Goffman
Wir alle spielen Theater
Die Selbstdarstellung im Alltag. 251 Seiten. Serie Piper 312

Bernhard Hassenstein
Instinkt Lernen Spielen Einsicht
Einführung in die Verhaltensbiologie.
259 Seiten mit 33 Abbildungen. Serie Piper 193

Bernhard Hassenstein
Verhaltensbiologie des Kindes
In Zusammenarbeit mit Helma Hassenstein.
673 Seiten mit zahlreichen Abbildungen. Leinen.

Bernhard und Helma Hassenstein
Was Kindern zusteht
188 Seiten. Serie Piper 169

Eva Jaeggi
Psychologie und Alltag
141 Seiten. Serie Piper 689

Eva Jaeggi / Walter Hollstein
Wenn Ehen älter werden
Liebe, Krise, Neubeginn. 311 Seiten. Serie Piper 867

Piper 36/12d

PIPER

Pädagogik und Psychologie

Geneviève Jurgensen
Die Schule der Ungeliebten
Als Kindertherapeutin bei Bruno Bettelheim. Mit einem Vorwort von Bruno Bettelheim und einem Geleitwort von Christa Meves. Aus dem Franz. von Brigitte Weitbrecht. 227 Seiten. Serie Piper 569

Jerome Kagan
Die Natur des Kindes
Aus dem Amerik. von Friedrich Griese. 408 Seiten. Geb.

Louise J. Kaplan
Die zweite Geburt
Dein Kind wird zur Persönlichkeit. Mit einem Vorwort von Margaret S. Mahler. Herausgegeben von Reinhard Fatke. Aus dem Amerik. von Hainer Kober. 258 Seiten. Serie Piper 324

Das Kinderspiel
Texte. Herausgegeben von Andreas Flitner. 310 Seiten. Serie Piper 244

Alexander Mitscherlich
Auf dem Weg zur vaterlosen Gesellschaft
Ideen zur Sozialpsychologie. 400 Seiten. Serie Piper 45

Alexander Mitscherlich
Das Ich und die Vielen
Parteinahme eines Psychoanalytikers.
Ein Lesebuch. Ausgewählt und eingeleitet von Gert Kalow. 336 Seiten. Serie Piper 647

Alexander Mitscherlich
Der Kampf um die Erinnerung
Psychoanalyse für fortgeschrittene Anfänger. 259 Seiten. Serie Piper 303

Alexander Mitscherlich / Margarete Mitscherlich
Die Unfähigkeit zu trauern
Grundlagen kollektiven Verhaltens. 383 Seiten. Serie Piper 168

Pädagogik und Psychologie bei Piper

Paul Watzlawick
Wie wirklich ist die Wirklichkeit?
Wahn – Täuschung – Verstehen.
252 Seiten mit 17 Abbildungen. Serie Piper 174

Wege zum Sinn
Logotherapie als Orientierungshilfe.
Für Viktor E. Frankl. Herausgegeben von Alfred Längle.
215 Seiten. Serie Piper 387

Wolfgang Wickler
Die Biologie der Zehn Gebote
Warum die Natur für uns kein Vorbild ist. 181 Seiten. Serie Piper 296

Wolfgang Wickler / Uta Seibt
männlich weiblich
Der große Unterschied und seine Folgen. 182 Seiten. Serie Piper 285

Daniel Widlöcher
Die Depression
Logik eines Leidens – psychoanalytisch, biologisch, historisch, sozial.
Aus dem Franz. von Hainer Kober. 236 Seiten. Kt.

Die erfundene Wirklichkeit
Wie wissen wir, was wir zu wissen glauben? Beiträge zum Konstruktivismus.
Herausgegeben von Paul Watzlawick.
326 Seiten mit 31 Abbildungen. Serie Piper 373

Dieter E. Zimmer
Die Vernunft der Gefühle
Ursprung, Natur und Sinn der menschlichen Emotion. 272 Seiten. Serie Piper 227